OEUVRES COMPLÈTES

DE M. LE VICOMTE

DE CHATEAUBRIAND.

TOME XXXI.

DE L'IMPRIMERIE DE FELIX LOCQUIN,
RUE NOTRE-DAME-DES-VICTOIRES, n° 16.

OEUVRES COMPLÈTES

DE M. LE VICOMTE

DE CHATEAUBRIAND,

MEMBRE DE L'ACADÉMIE FRANÇOISE.

TOME TRENTE ET UNIÈME.

OPINIONS ET DISCOURS. OEUVRES DIVERSES.

PARIS.

POURRAT FRÈRES, ÉDITEURS.

M. DCCC. XXXVIII.

POLITIQUE.

OPINIONS ET DISCOURS.

OPINION

SUR LE PROJET DE LOI

RELATIF

A LA DETTE PUBLIQUE ET L'AMORTISSEMENT

PRONONCÉE A LA CHAMBRE DES PAIRS,

DANS LA SÉANCE DU 26 AVRIL 1826.

MESSIEURS, un des moindres inconvénients que j'éprouve en paroissant à cette tribune, après des hommes d'un grand mérite, c'est de venir répéter ce qu'ils ont dit beaucoup mieux que je ne le dirai. Les deux orateurs qui ont parlé contre le projet de loi ont dévasté mes chiffres et emporté mes principaux arguments. Si je retranchois de mon discours tout ce qui ne sera pas nouveau, il n'y resteroit rien : vous y gagneriez du temps, messieurs, et moi aussi. Toutefois la gravité de la matière m'impose le devoir de me faire entendre.

Il est certain qu'un moyen puissant de conviction pour beaucoup de personnes, c'est de voir que des esprits divers se sont rencontrés dans une même vérité. Ensuite chaque esprit a sa nature; la génération des idées ne s'y fait pas de la même façon, les principes et les conséquences s'y enchaînent d'une manière différente, et il arrive que tel auditeur se rend à une raison qui ne l'avoit pas frappé d'abord, parce qu'elle étoit autrement développée; c'est donc ce qui m'engage à vous présenter mon travail sans y rien changer.

Les orateurs qui ont soutenu le projet de loi ont vu échouer leur habileté contre ce projet insoutenable.

C'est toujours la liberté d'une conversion, qui ne sera pas libre; le dégrèvement des contribuables, qui ne seront pas dégrevés; l'accroissement de l'industrie, qui ne s'accroîtra pas; la diminution de l'intérêt de l'argent, qui ne diminuera point; l'élévation des fonds publics, qui ne monteront que pour descendre; le refoulement dans les provinces des capitaux, qui viendront et resteront à Paris; enfin le triomphe du crédit, qui sera perdu. Nous reverrons tout cela.

Maintenant, nobles pairs, voici la disposition de la matière, et l'ordre de la marche que je vais suivre dans mes raisonnements.

Je jetterai d'abord un coup d'œil sur l'ensemble

du projet; ensuite j'examinerai les deux nécessités qui forcent, nous dit-on, le gouvernement à prendre la mesure financière qu'on nous propose d'adopter; je dirai quels sont les rapports de cette mesure avec la loi d'indemnité, et je terminerai mon discours par des considérations générales.

Venons à l'ensemble de la loi.

Le premier article de ce projet, en engageant la Caisse d'amortissement jusqu'au 22 juin 1830, nous met dans l'impossibilité de nous défendre contre les événements qui peuvent survenir, à moins de reprendre cette Caisse et de manquer à nos engagements envers les 3 pour 100 de l'indemnité, envers les 3 à 75 de la conversion, de même que nous retirons aux anciens 5 pour 100 leur gage spécial.

Ceci répond à ce que nous a dit, à propos de la Caisse d'amortissement et du cas de guerre, un ministre qui exprime les faits recueillis par sa longue expérience, avec ce ton de modération qui donneroit la puissance de la vérité aux choses les plus contestables.

L'article III imprime à la Caisse d'amortissement un mouvement tout-à-fait arbitraire, et, comme les 5 pour 100 pourroient être un centime au-dessus du pair, tandis que les autres fonds s'approcheroient beaucoup du pair, depuis 60 jusqu'à 100, il résulte du texte même de l'article III, qu'il y auroit ruine pour le trésor à racheter des 3 ainsi ascendants vers leur pair, au lieu des 5 descendants vers leur pair.

Les 3 pour 100 au-dessus de 80 donnent une perte plus considérable que les 5 pour 100 à 100 francs et au-dessous, et comme les 3 pour 100 sont déjà cotés à 80, la perte pour les contribuables seroit certaine, si l'on pouvoit racheter dès aujourd'hui des 3 pour 100.

Étoit-il possible de déterminer l'emploi des sommes affectées à l'amortissement pour les différentes valeurs ? Le noble président de la commission de surveillance a indiqué avec science et mesure le besoin d'une base d'opération, et il a posé des questions qui sont encore, messieurs, présentes à votre esprit : une simple règle de proportion suffiroit pour établir, entre les cours des 3 et des 5, le taux relatif où chaque fonds doit être racheté à l'avantage de la Caisse, c'est-à-dire pour le bien des contribuables. Rien de semblable n'existe dans le projet de loi.

Après ce que vous avez entendu hier de la bouche de deux nobles comtes, sur la Caisse d'amortissement, sur l'impossibilité d'en retirer le gage aux 5 pour 100, sans manquer à la foi donnée; sur l'administration de cette Caisse, qui n'est point, quoi qu'on en ait dit, semblable à l'administration de l'amortissement anglois, il y auroit, messieurs, présomption à remanier un sujet si supérieurement traité.

La conversion, dite facultative, accordée aux rentiers 5 pour 100, par l'article IV, est une conversion forcée; et afin qu'on n'en doute pas on vous a déclaré, dans l'exposé des motifs du projet de loi, *qu'on a remis à l'avenir l'exercice du droit de remboursement, si la faculté de conversion n'amenoit pas des résultats tels qu'il soit permis d'y renoncer complétement.* Sous le coup de cette menace, qui restera dans les 5 pour 100 ? Quand la loi déclare que les 5 pour 100 convertis en 4 et demi auront garantie contre le remboursement jusqu'au 22 septembre 1835, n'est-ce pas dire que les autres 5 pour 100 n'ont pas la même garantie, et qu'on les force à se réduire eux-mêmes ?

Si les porteurs des 5 pour 100 pouvoient garder ces valeurs aux mêmes titres, aux mêmes conditions qu'ils les ont reçues, avec le gage de la Caisse d'amortissement, hypothèque qui leur étoit particulièrement assignée, et sans laquelle beaucoup d'entre eux n'auroient pas prêté leur argent, on pourroit dire que la conversion est véritablement facultative ; mais lorsque, pour obliger les rentiers à échanger leurs effets, on ôte à leur position tout ce qu'elle avoit de sûr ; lorsqu'on viole envers eux le contrat primitif, comment peut-on dire que la conversion est volontaire ?

Car, remarquez bien, messieurs, que le projet de loi dit qu'on ne rachètera plus les effets au-dessus du pair ; mais il ne détermine pas l'espèce de fonds que l'on rachètera, lorsque tous les fonds se trouveront au-dessous du pair. Les 5 pour 100, par exemple, pourroient décroître jusqu'à 90 et au-dessous, et pourtant la Caisse d'amortissement pourroit encore ne leur être pas appliquée et ne soutenir que les 3 pour 100. Un pareil oubli de tous les contrats passés peut-il être toléré ? Et, encore une fois, chargés de toutes ces servitudes, les 5 pour 100 ne sont-ils pas forcés de se précipiter dans la conversion ? Parce qu'un homme cède ce qu'on menace de lui enlever par violence, s'ensuit-il qu'il a été libre de céder ?

L'article V semble soulager les contribuables ; mais, par le fait, ils ne gagnent rien d'un côté, et ils perdent beaucoup de l'autre. Si les 140 millions de rentes, 5 pour 100, pouvoient tout à coup se convertir en 3 pour 100 à 75, ce seroit sans doute un prodige, et il est vrai que par ce prodige les contribuables se trouveroient déchargés de 30 millions pris sur les rentiers; mais, comme en même temps on les charge de 30 millions donnés aux indemnisés, ils demeureroient tout juste comme ils sont aujourd'hui. D'une autre part, s'ils étoient dans la même position, quant aux rentes à solder, ils ne s'en trouveroient pas moins obligés de payer un capital de dettes accru de 2 milliards : 1 milliard pour l'indemnité et 1 milliard que coûte la réduction par la création des 3 pour 100 à 75.

Pour résoudre la difficulté de l'accroissement du milliard, on a dit que les 3 pour 100 monteroient ou ne monteroient pas; que s'ils montoient, le milliard de dettes seroit en effet réel; mais qu'alors les effets publics seroient dans l'état le plus prospère, et que tout le monde se ressentiroit de cette prospérité; excepté apparemment les contribuables qui payeroient le milliard.

Dans le cas où les 3 pour 100 ne monteroient pas, il n'y auroit pas accroissement d'un milliard dans le capital de la dette; c'est juste : mais alors les rentiers 5 pour 100 auroient perdu à leur tour ce milliard de capital qu'on leur offre en dédommagement de la réduction de leur intérêt. Dans ce dilemme, il faut bien qu'il y ait quelqu'un lésé ou chargé d'un milliard.

Voilà, messieurs, ce que renferment en substance les cinq articles du projet de loi et le sommaire des raisons que l'on donne pour le soutenir.

Passons aux deux prétendues nécessités qui ont, nous assure-t-on, motivé la création du projet de loi.

On nous dit premièrement :

Que le projet de loi est nécessaire, afin que le gouvernement ne paie pas l'argent plus cher que ne le paient les particuliers, et dans tous les cas, pour faire baisser l'intérêt de l'argent dans les transactions commerciales et les affaires particulières. De là suit l'obligation de soumettre les rentiers à une conversion, ce qui signifie à une réduction.

On nous dit secondement :

Que le projet de loi est nécessaire pour ne pas continuer à racheter la rente au-dessus du pair; car, dans ce cas, il y auroit ruine pour l'État, si l'on rachetoit; perpétuité de la dette, si on ne rachetoit pas.

Examinons ces deux sources, d'où l'on prétend faire jaillir toute la loi.

Je pourrois, écartant le fond du procès par une question préjudicielle, demander d'abord si les rentes sont réellement aujourd'hui au-dessus du pair; s'il n'y a pas un taux où des 5 pour 100 peuvent encore être rachetés avec avantage par l'État au-dessus du pair; et s'il n'a pas été un temps où l'on soutenoit fortement cette doctrine. Mais passons et parlons de l'intérêt de l'argent en France.

L'intérêt général de l'argent n'est point dans ce pays agricole, à 3 pour 100 : on l'a cent fois démontré.

Les prêts sur hypothèque, à Paris, chacun le sait, sont à 5 pour 100, ils sont à 6 dans presque toutes les provinces, avec des garanties prodigieuses, pour la valeur de l'immeuble affecté à l'hypothèque.

Dans le commerce, l'intérêt de l'argent n'est à 4 et à 3 et demi, à Paris et dans de grandes villes du royaume, que pour quelques maisons puissantes de banquiers, de manufacturiers et de commerçants, encore pour des valeurs assez peu considérables, et à trois mois de date. Partout ailleurs, l'intérêt commercial, et à 5, à 6 et au-dessus, et dans plusieurs localités on en est réduit aux échanges en nature : pourtant, messieurs, on soutient que l'abondance des capitaux est ce qui oblige à baisser l'intérêt de l'argent.

Il n'y a aucune induction générale à tirer du

placement des bons royaux à 3 pour 100. On a très bien dit que l'effet des intérêts de ces valeurs vient de ce qu'elles ne sauroient dépasser les besoins auxquels elles s'appliquent, et qu'elles sont à courte échéance.

Quant à l'élévation actuelle de la rente, on sait qu'elle est due aux efforts de quelques capitalistes porteurs de rentes déclassées, qui ont un intérêt majeur à continuer ce jeu, jusqu'à la publication du projet de loi sur la dette publique. L'élévation des reports dont la moyenne proportionnelle présente un intérêt de plus de 9 pour 100 depuis un an, suffit seule pour démontrer que l'intérêt actuel de la rente n'est pas du tout au-dessous de 5 pour 100, bien qu'elle ait dépassé le pair où les moyens artificiels qui l'ont fait monter ont de la peine à la soutenir.

Un noble comte, si habile en finances, et qui nous a fait entendre hier un discours profond sur la matière, nous a rappelé les emprunts des villes autorisés par le gouvernement, et n'a rien laissé à dire après lui.

On a répondu qu'il ne s'agissoit pas de l'intérêt de l'argent, très variable dans un pays comme la France, selon la nature des entreprises et le degré de confiance que les spéculateurs inspirent. La remarque est juste; mais alors il ne falloit pas donner le taux de l'intérêt comme un des principaux motifs de la loi.

Je ne veux point m'occuper trop longuement de l'examen philosophique des divers intérêts de l'argent. Il étoit en général à 12 pour 100 chez les Romains, et on l'appeloit *usura centesima*, parce qu'au bout de cent mois, les intérêts égaloient le capital. Les lois s'opposoient inutilement à cet intérêt : tant il est vrai qu'un gouvernement ne fait pas baisser l'intérêt de l'argent, en déclarant qu'il le réduit.

Je pense que la société chrétienne avoit trouvé le point juste, en fixant, dans les pays essentiellement agricoles, cet intérêt à 5 pour 100 : au-dessus de ce taux, il y a usure ou trop grande cherté des capitaux; au-dessous, il y a dépréciation ou avilissement des capitaux. Accroissez la masse du numéraire, vous ferez baisser l'intérêt; mais il vous faudra 200 mille francs pour acheter ce que vous auriez eu pour 100 mille. C'est ce qui arriva après la découverte de l'Amérique; c'est ce qui arriva de nos jours pour des valeurs fictives, par la multiplication des assignats. On sait que l'or, dans certaines parties de l'Afrique, n'atteint pas la valeur du cuivre.

La Grande-Bretagne commence à sentir cette vérité; elle voudroit hausser le prix de ses emprunts; elle cherche déjà à se mettre en garde contre l'inondation des métaux qui peuvent déborder par l'exploitation angloise de toutes les mines du Nouveau-Monde. Le chevalier Stewart a proposé de réduire le capital de la dette publique, en en élevant l'intérêt; le docteur Price prétendoit porter l'intérêt de cette dette à 5 pour 100, et ce n'étoit qu'à ce taux de l'intérêt qu'il vouloit appliquer la

Caisse d'amortissement. Cette théorie, essayée en Irlande, réussit, et l'Angleterre s'en trouva bien, en la mettant en pratique en 1818. Colquhoun établit que les fonds publics de l'Angleterre devroient être élevés à un même niveau de 5 pour 100 : un noble comte vous a déjà cité ces autorités. N'est-il pas singulier, messieurs, qu'au moment même où l'Angleterre reconnoît les vices de son ancien système de finances et de douanes, et qu'elle entre dans une nouvelle route avec tant de succès, nous, nous prenions le sentier qu'elle commence à quitter, et que l'avilissement de l'intérêt de l'argent et les prohibitions de l'acte de navigation nous paroissent des mesures à imiter pour la prospérité de la France ?

On veut détruire notre dette compacte de 5 pour 100. On veut avoir différentes valeurs négociables pour la facilité des opérations de bourse, et toujours dans la vue d'abaisser l'intérêt de l'argent. Mais même en ce point suivons-nous exactement le le système que tend à abandonner l'Angleterre ? Non. L'Angleterre ne s'est pas réveillée un matin, disant : « Je n'ai que des 5 pour 100, je vais les couper en « 3 pour 100 simples, en 3 pour 100 à 75, en 4 et demi. » Elle a eu différentes valeurs, en faisant des emprunts à différents prix, pour des nécessités publiques ; et quand ces valeurs ont été ainsi naturellement fondées, elle a offert le remboursement des valeurs plus élevées, ou la réduction de l'intérêt au taux du nouveau papier qui avoit été créé. Et encore pourquoi l'a-t-elle fait ? Parce que ces emprunts nouveaux étoient déclarés remboursables à des époques fixes ; parce que ces emprunts étoient des annuités, et non des fonds perpétuels et déjà réduits comme les nôtres. L'établissement de la Banque à Londres date de 1696. Guillaume III avoit apporté en Angleterre le génie de la Hollande. Cette Banque prêta au gouvernement à 8 pour 100 : avant cette époque les emprunts se faisoient par annuités à 10 pour 100, et pour quatre-vingt-dix-neuf ans. Treize ans après ses premières opérations avec le gouvernement, la Banque, enrichie de l'or du Brésil, réduisit elle-même de 2 pour 100, en prêtant une nouvelle somme au gouvernement, les intérêts de son prêt antérieur, et elle obtint, en considération de cette réduction, une prorogation de privilége. Ainsi, ce n'étoit pas l'emprunteur, mais le prêteur qui baissoit le taux de l'intérêt. Bientôt le gouvernement ouvrit un emprunt à 5 pour 100, qui fut rempli, et dont le produit fut destiné à rembourser la partie de l'ancienne dette, à 6 et à 8 pour 100, stipulée remboursable. D'emprunt en emprunt, de réduction en réduction, elle arriva aux 4 pour 100, et enfin aux 3 pour 100 en 1750 : grande faute qu'elle sent vivement aujourd'hui; car il est prouvé que les 4 pour 100 sont l'intérêt naturel et nécessaire pour un pays commerçant et industriel, comme les 5 pour 100 pour un pays agricole. Quelle comparaison, messieurs, est-il donc possible de faire entre la conversion en masse de nos 5 pour 100 à 3 pour 100, et la réduction successive des annuités de l'Angleterre, depuis l'intérêt de 10 pour 100 jusqu'à 3, dans l'espace de cent trente ans.

Ainsi, l'intérêt de l'argent en France n'est point au-dessous de 5 pour 100; ainsi nous croyons imiter l'Angleterre, et nous ne l'imitons ni dans son nouveau système, qui tend à hausser l'intérêt des capitaux, ni dans son ancien système, qui réduisoit lentement cet intérêt, par une suite d'emprunts stipulés remboursables. Reste une question.

Est-il nécessaire d'abaisser l'intérêt de la dette publique, pour réduire l'intérêt de l'argent dans les transactions particulières? Non, messieurs; c'est l'amoindrissement de l'intérêt de l'argent dans les transactions particulières qui doit faire décliner l'intérêt des fonds publics, et non pas la réduction de l'intérêt des fonds publics qui peut faire descendre le taux de l'intérêt dans les transactions particulières.

Le gouvernement semble croire que celui qui emprunte fixe le maximum de l'intérêt, tandis que c'est celui qui prête qui le règle. Que le gouvernement prête de l'argent à 3 pour 100, il va faire fléchir le taux de l'intérêt dans toutes les affaires privées; mais il aura beau emprunter à 3 pour 100, il ne fera pas diminuer l'intérêt des capitaux d'un seul denier. La méprise ici est évidente.

Mais pourquoi le gouvernement trouveroit-il donc à emprunter à 3 pour 100, si l'intérêt de l'argent n'est pas à ce taux?

Que le gouvernement cherche à emprunter à 3 pour 100 sans accroître le capital du prêteur, sans détourner la Caisse d'amortissement de sa destination primitive, et il verra s'il trouvera de l'argent à 3 pour 100 : toute l'illusion est là; et c'est sur cette base fictive que pose un édifice chancelant. Le gouvernement, en empruntant à 3 pour 100, offre aux spéculateurs d'abord un accroissement énorme de capital, ensuite des chances de gain, par des opérations de bourse, qui compensent, et bien au-delà, la perte pour eux très légère, qu'ils font sur l'intérêt de leur capital. C'est une opération d'une nature toute différente qu'un placement ordinaire de fonds; c'est une entreprise, c'est une aventure, c'est une loterie de joueur, où pourtant la fortune est assurée au banquier qui fait les fonds et qui tient les cartes.

Pour les particuliers, qui ne peuvent offrir de pareils avantages, l'intérêt de l'argent reste au taux naturel.

Voilà, messieurs, ce que j'avois à vous exposer sur la première nécessité qui, dit-on, oblige à présenter le projet de loi. Je passe à l'examen de la seconde, savoir : Qu'il faut se procurer des fonds qu'on puisse racheter au-dessous du pair, pour ne pas ruiner l'État, ou pour ne pas consentir à ne jamais amortir la dette.

Je répéterai d'abord la question que j'ai faite au commencement de ce discours : ne peut-on pas racheter à un certain taux au-dessus du pair, et n'a-t-on pas même soutenu autrefois cette doctrine? Je dis ensuite : Ne poussez pas vos fonds violemment au-dessus du pair par une Caisse d'amortissement exagérée; rendez aux contribuables ce qu'elle a de trop, ou servez-vous-en pour rembourser au pair le rentier; diminuer l'impôt, c'est comme si vous réduisiez l'intérêt de la rente, et c'est le moyen le plus simple et le plus salutaire : vos fonds resteront où ils doivent être, quand votre amortissement sera en équilibre avec votre dette.

Je dis encore : Ne favorisez pas l'élévation fictive des effets publics, en éveillant la cupidité par des opérations de finances, qui présentent à l'agiotage des chances d'un gain démesuré; n'accroissez pas le capital des sommes à payer, et vous ne serez pas obligés de faire les plus dangereux efforts pour hâter l'extinction de la dette, quand cette dette restera proportionnée à la richesse du pays.

Et qu'entend-on par ne plus racheter les fonds au-dessus du pair? Nous avons vu plus haut que les 3 pour 100 embarrasseront bientôt autant que les 5. Convertir les 5 en 3 pour 100 à 75, afin de se donner la satisfaction de se servir d'une caisse d'amortissement trop forte, est une conception qui n'entre pas bien dans l'esprit. Que diroit-on d'un homme qui feroit des dettes pour avoir le plaisir de les racheter en empruntant?

Telle est l'objection théorique que j'oppose à une théorie; la réponse pratique sera encore plus simple.

Vous voulez des effets à un taux plus bas que les 5 pour 100, pour employer la Caisse d'amortissement? Eh bien, qu'avez-vous besoin de convertir les 5? ne venez-vous pas, par la loi d'indemnité, de créer une dette d'un milliard à l'intérêt de 3 pour 100 ? N'y a-t-il pas là de quoi employer votre Caisse d'amortissement : d'autant mieux que les 3 pour 100 de l'indemnité étant plus éloignés du pair que les 3 pour 100 à 75, vous aurez plus de jeu pour le mouvement de cette Caisse. Qu'avez-vous donc besoin de créer d'autres 3 pour 100 ? Épargnez-vous la perte d'un milliard en capital, qu'il vous en coûtera par la conversion des 5 pour 100 à 75, afin de mettre en jeu l'amortissement. Que peut-on répondre à ce fait ? je l'ignore, à moins que l'on n'avoue qu'il y a des embarras autres que ceux qui tiennent à la Caisse d'amortissement.

Voyez, messieurs, comme les esprits sont divers ! On soutenoit hier à cette tribune qu'il falloit créer d'autres 3 pour 100, par la raison qu'on a créé des 3 pour 100 dans l'indemnité; on sembloit dire : « Puisque le mal est fait, ce n'est pas la peine de faire tant de compliments. » Et moi je dis qu'il ne faut plus créer de 3 pour 100, précisément parce qu'on a déjà un milliard de ces valeurs dans la loi d'indemnité.

Soutiendra-t-on qu'il faut d'autres 3 pour 100, afin de ne faire peser sur la France le poids d'un nouveau milliard de dettes, qu'en la soulageant d'un autre côté d'une partie de son fardeau ?

Je conçois que si vous pouviez diminuer les taxes, au moment où vous proclamez l'indemnité, ce seroit à la fois un tour de force et un avantage financier et politique. Mais quoi ! c'est en convertissant les rentes 5 pour 100 en 3 pour 100, que vous prétendez dégrever les contribuables? C'est aux dépens d'une classe de citoyens que vous dédommagez une autre classe de ce qu'elle paiera à l'indemnité. Et pourquoi le rentier, lui qui donnera déjà sa part à l'indemnité par les impôts indirects, seroit-il obligé de livrer encore une partie de sa rente à la masse des contribuables, de sorte qu'il se trouveroit seul chargé des frais de l'indemnité? Qu'a donc fait ce rentier pour le poursuivre ainsi? lui imputerez-vous à crime d'avoir cru à votre foi, de vous avoir prêté son argent; souvent à l'heure de votre détresse, aux jours de votre péril? Vingt mille familles de rentiers dans Paris, de vieux domestiques retirés, de petits marchands, vivant à peine du fruit de leurs économies, doivent-ils porter toutes les rigueurs de nos combinaisons fiscales, afin que nous puissions nous vanter d'avoir dégrevé les peuples, lorsque nous leur reprenons d'une main ce que nous leur donnons de l'autre? Voilà, certes, un étrange soulagement pour la nation, et qui doit la réconcilier puissamment à l'indemnité! Laissez l'indemnité seule; laissez-la pour ce qu'elle est, pour une dette qu'il faut acquitter en tout honneur et en toute justice; elle vous donne des 3 pour 100; vous devez être satisfaits, si encore une fois il ne s'agit que de la Caisse d'amortissement.

Ce que je viens de dire, messieurs, nous amène naturellement à traiter des rapports existants entre les deux projets de loi des rentes et d'indemnité; je réclame votre bienveillante attention.

Ces lois n'ont pas de connexité dans ce sens que

l'une n'est pas nécessaire à l'existence de l'autre ; que l'on pourroit rejeter l'une ou l'autre sans que celle qui demeureroit cessât de vivre. Mais supposez-vous ces deux lois votées, à l'instant leur union devient intime, union aussi fatale à l'indemnité sous les rapports financiers que sous les rapports moraux.

Je ne rentrerai point, messieurs, dans tous les calculs que j'ai eu l'honneur de vous présenter lors de la discussion sur la loi d'indemnité. Qu'il me soit permis seulement de rappeler que les 5 pour 100, convertis en 3 à 75, arriveront à la négociation six semaines avant les 3 pour 100 des premières liquidations, et certainement bien long-temps avant qu'il y ait à la Bourse une masse considérable de ces 3 pour 100 ; les 5 pour 100 convertis en 3 pour 100 à 75, profiteront seuls des premiers effets de hausse au détriment des 3 pour 100 de l'indemnité : cela est si clair qu'il est inutile d'insister.

Il résulte de ce seul fait, sans parler de mille autres, que la conversion nuit à l'indemnité ; et il en résulte encore que si quelque chose peut rendre la loi de l'indemnité moins illusoire, c'est le projet de loi de la conversion de la rente.

Si ce projet étoit retiré, les 3 pour 100 de l'indemnité ne seroient plus devancés sur la place ; ils n'auroient plus à rencontrer la concurrence des 3 à 75 ; ils auroient pour eux toute la jouissance de l'amortissement. Si l'on peut espérer que les 3 pour 100 de l'indemnité montent jamais à leur pair nominal, et que la fiction du milliard se change jamais en réalité, c'est certainement dans ce système.

Et d'une autre part, le gouvernement, qui désire que les 5 pour 100 se convertissent en 3 pour 100, verra vraisemblablement ses souhaits s'accomplir; car les capitalistes, porteurs des 5 pour 100 dont ils peuvent être engorgés, les convertiront en 3 pour 100 de l'indemnité, quand ces 3 pour 100, étant les seuls 3 pour 100 sur la place, auront à parcourir, soulevés qu'ils seront par la Caisse d'amortissement, tous les degrés de 80 à 100, leur pair nominal. Vous ferez le bien de l'indemnisé sans dépouiller le rentier. Si celui-ci veut prendre des 3 pour 100 de l'indemnité, alors la conversion sera véritablement volontaire. Les 3 pour 100 de l'indemnité seront d'autant plus recherchés qu'ils seront rares, puisque, en supposant même que chaque cinquième des liquidations eût véritablement lieu chaque année pendant cinq ans, il n'y auroit, la première année, que 6 millions de rentes 3 pour 100 sur la place, en face d'une Caisse d'amortissement qui, dès la première année, rachèteroit la moitié. Ainsi, l'indemnisé auroit un meilleur effet, le rentier ne seroit plus dépouillé; et les capitalistes, auxquels l'État peut prendre un intérêt plus ou moins justifié, pourroient sortir de l'embarras où ils se trouvent.

Dans la séance dernière, une voix prépondérante confirmoit l'opinion que j'exprime ici, en soutenant sa propre opinion. Elle vous disoit, pour vous engager à adopter la conversion, que la Caisse d'amortissement, ne rencontrant sur la place que les 3 pour 100 de l'indemnité, élèveroit trop rapidement ces valeurs. Il faudroit, messieurs, se résoudre à ce bien, si l'on ne pouvoit l'empêcher. Il y auroit d'ailleurs des consolations : l'État seroit plus vite libéré du milliard de l'indemnité et n'auroit plus un autre milliard à payer pour la conversion des 5 en 3 à 75; les 5 pour 100 deviendroient plus précieux. Enfin, si l'on vouloit ne pas appliquer toute la Caisse d'amortissement aux 3 pour 100 de l'indemnité, il seroit facile d'employer une partie déterminée des fonds de cette Caisse à rembourser des 5 pour 100 au pair, ou mieux encore à dégrever les contribuables.

Sous le rapport moral, il n'y a personne qui ne sente l'immense avantage pour l'indemnisé de n'être plus exposé aux reproches dont la loi sur la dette publique semble offrir un fécond sujet.

Quoi! pour dernière adversité, la noblesse françoise, après tant de sacrifices, se verroit calomniée! Ses injustes ennemis l'accuseroient de ne retrouver ce qu'elle a perdu si généreusement pour le trône, qu'aux dépens d'autres François, eux-mêmes atteints par les malheurs de la révolution!

En vain l'on soutiendroit que les deux lois d'indemnité et de conversion ne seront pas dans leur exécution matériellement et moralement unies; elles le seront : je l'ai déjà prouvé en parlant de la prétendue nécessité de convertir la rente pour obtenir un dégrèvement dans l'impôt. Qu'importe que les bénéfices faits sur le rentier n'aillent pas directement à l'indemnisé, s'ils sont donnés aux contribuables en dédommagement de ce que celui-ci paiera à l'indemnisé? Le contribuable n'est plus dans ce cas que l'intermédiaire qui transmet à l'indemnisé le tribut imposé au rentier : 30 millions à gagner sur les rentes ; 30 millions à livrer à l'indemnité ; budget et loi des comptes, balance trop exacte de dépenses et de recettes !

L'indemnisé seroit à l'abri de ces divers malheurs, si le projet de loi de conversion n'obtenoit pas, messieurs, vos suffrages. Si, au contraire, vous l'adoptez, toutes les combinaisons changent ; il y a perte matérielle et morale pour tout le monde.

Les 3 pour 100 de l'indemnité, en concurrence avec les 3 pour 100 à 75, devancés et noyés sur la place dans la masse des 5 pour 100 convertis, ne pourront pas s'élever ; et s'ils ont pendant quelque moment un peu de faveur, ils retomberont bientôt, et de leur propre poids, et par suite de toutes les influences de bourse. Les 3 pour 100 à 75 éprouveront bientôt eux-mêmes une catastrophe inévitable.

Nous savons tous, messieurs, que chacun a fait d'avance à peu près le même projet ; chacun s'est dit : « J'entrerai vite dans les 3 pour 100 à 75, et « quand ils seront à 82, 83 et 84, je me hâterai « d'en sortir en réalisant mon gain. »

Tout le monde, adoptant la même spéculation, et brûlant de sortir d'une nouvelle rente frappée de réprobation par tous les hommes versés en matière de finances; il en résultera une baisse forcée et considérable, au moment où l'on touchera le point regardé comme la limite fatale, comme la borne au-delà de laquelle il y a péril.

Ce n'est pas tout : d'autres calculs font voir combien l'opération est dangereuse, même pour les 5 pour 100 convertis en 3 à 75.

D'après l'excellent rapport sur la Caisse d'amortissement, il est prouvé que 25 à 30 millions de rentes déclassées 5 pour 100 flottent sur la place. Or, si ces 30 millions se précipitent dans la conversion, et que cette masse de 3 pour 100 à 75, augmentée des 3 pour 100 de l'indemnité, se trouvent à la Bourse, ce n'est pas 3 millions rachetés par an par la Caisse d'amortissement, qui peuvent avoir une influence sensible sur une somme de rentes aussi considérable.

Qui les achètera donc? Sera-ce les porteurs de ces rentes jouant entre eux? il y a peu de capitaux françois, et ce jeu ne mènera qu'à des ruines réciproques. Sera-ce les capitaux étrangers venant élever à la fois et les 3 pour 100 de l'indemnité, et les 4 et demi au pair, et les 5 pour 100 convertis en 3 pour 100 à 75? Mais ces capitaux n'arrivent presque plus; ils ont trouvé d'autres débouchés, le monde entier leur est ouvert; ils vont servir à exploiter les mines du Mexique, du Pérou et du Chili, à raviver les pêcheries de perles dans l'océan Pacifique, à joindre la mer du Sud à l'Atlantique, la Méditerranée à la mer Rouge. L'Angleterre a commencé dans son propre sein d'immenses travaux sur les mines, les chemins, les canaux, où d'autres capitaux trouvent de gros intérêts, sans sortir des limites de son île.

Un noble duc qui a le rare talent de donner à la langue des affaires ce degré d'ornement qui contribue à la clarté, le rapporteur de votre commission vous a dit avec autant d'élégance que de précision : « Le taux de l'intérêt est haussé ; l'argent « qui regorgeoit de toutes parts à Londres est ren- « chéri et recherché ; des métaux précieux sont em- « barqués ; ils s'étonnent de traverser une seconde « fois l'Atlantique ; c'est le Pactole qui remonte vers « sa source. »

Ce seroit d'ailleurs, messieurs, un singulier moyen d'attirer les capitaux étrangers, que de baisser le taux de nos effets publics. Les Anglois qui trouvent des 3 pour 100 chez eux viendront-ils en chercher en France ? Quelques spéculateurs, peut-être, accourront pour jouer sur le capital, et quand ils auront fait monter un moment nos 3 pour 100 et réalisé leur gain, ils iront placer leur profit dans les 3 pour 100 de leur pays.

Tous les calculs comme tous les raisonnements portent à penser qu'en promettant des 3 pour 100 à 75, on a détruit la solidité des 5 pour 100, pour ne faire la fortune que de quelques spéculateurs, au détriment des rentiers, des indemnisés et des contribuables.

Les prêts par nos caisses publiques, les lingots déposés à la Banque, sont de grandes opérations particulières, mais qui nuisent peut-être aux opérations publiques, en donnant au mouvement de nos fonds une apparence d'affaire privée toujours impopulaire en matière de finances. S'il étoit vrai, ce que je n'affirme pas, que plusieurs millions en souverains (monnoie d'Angleterre) fussent arrivés dernièrement encore pour soutenir la liquidation et maintenir la hausse au moment de l'exécution de la loi, ces précautions ne contribueroient pas à rappeler la confiance qui semble s'éloigner de la conversion proposée.

Un noble pair a demandé si c'étoit le taux de la rente qui faisoit l'agiotage, et si l'on ne joueroit pas autant dans les 5 que dans les 3 pour 100. Sans parler de la différence qui existe pour les spéculations entre un effet qui a passé le pair et un effet qui est beaucoup au-dessous, je me contenterai de faire observer qu'en multipliant les maisons de jeu et les espèces de jeux, on multiplie nécessairement les joueurs.

Une maladie financière assez semblable à une peste pour les gouvernements, est née en Europe de la corruption de la révolution, et des limons qu'elle a laissés en se retirant. Cette maladie tue le crédit véritable, pour y substituer un crédit factice, connu sous le nom d'agiotage : ces emprunts qui se multiplient sur la surface du globe; ces effets publics émis par des États à peine nés, et dont on sait à peine le nom; cette masse de papiers de divers titres, de diverses sortes, cotés à toutes les bourses, négociés dans tous les pays, n'ont pour la plupart d'hypothèque que les promesses de la fortune. Qu'un régiment se mette en mouvement en Europe, le bruit de sa marche suffira seul pour faire tomber ces valeurs fictives, et amener une commune ruine. Défendons-nous donc, messieurs, de cette maladie; restons appuyés sur notre sol, base de ce crédit solide, qui ne peut périr que de nos propres mains.

Les deux tableaux que je viens de tracer font connoître l'effet en bien pour les indemnisés, les rentiers, les capitalistes, les contribuables, du rejet du projet de loi de conversion, et l'effet en mal pour tous les intérêts, excepté pour ceux de l'agiotage, de l'adoption de ce projet.

Mais si le projet de loi étoit rejeté, n'y aura-t-il pas une grande baisse dans les fonds publics?

Distinguons :

Il y a dans le projet de loi deux choses : une loi premièrement; mais des capitalistes embarrassés peuvent y voir secondement une affaire. Si le projet de loi est adopté, l'affaire est bonne pour ces capitalistes, mais la loi est mauvaise pour la France.

Les fonds monteront pendant quelque temps, les capitalistes profiteront d'abord du jeu, se retireront ensuite, et il y aura ruine prolongée pour notre malheureux pays.

Si le projet de loi n'est pas adopté, y aura-t-il baisse? Cela d'abord est fort douteux; le rejet de l'amendement de M. le comte Roy, amendement qui étoit un véritable chef-d'œuvre, amendement qui détruisoit les 3 pour 100 de l'indemnité, le rejet de cet amendement a-t-il fait monter ou baisser les fonds?

Mais supposons un moment la baisse par le rejet du projet de loi actuel : cette baisse, bien différente de celle qui résulteroit un peu plus tard de l'adoption du projet, seroit de très courte durée, et n'affecteroit pas les véritables rentiers, les fonds descendroient simplement à leur taux réel, et le cours fictif finiroit.

Est-ce ici une assertion gratuite de ma part? Écoutez le noble rapporteur de votre commission : « On a prétendu, dit-il, que si le projet de loi étoit « adopté, la place seroit agitée de mouvements con- « vulsifs... Qu'une hausse subite et factice seroit « bientôt suivie d'une baisse... D'un autre côté, l'o- « pinion générale est que si la loi est rejetée, une « baisse immédiate et considérable en sera la consé- « quence. » Le savant rapporteur cherche à dissiper ces alarmes et ajoute : « Rappelez-vous ce qui est « arrivé l'année dernière dans des circonstances « semblables; une baisse assez forte a suivi le rejet « de la loi des rentes, les 5 pour 100 qui s'étoient « élevés au-dessus du pair sont retombés au-dessous; « qu'en est-il résulté ? les rentiers des départements « qui s'étoient presque tous retirés de la rente dans « les prix élevés des premiers mois de l'année, ont « jugé convenable d'y rentrer à un cours plus mo- « déré. Des ordres partis de toutes les grandes places « de commerce feroient bientôt remonter nos fonds « à leur cours naturel. »

C'est ainsi, messieurs, que s'explique la majorité de votre commission, en soutenant le projet de loi : vous ne révoquerez pas en doute cette autorité, si bien exprimée par son éloquent et noble organe.

Si donc il doit y avoir baisse dans le cas de l'adoption comme dans celui du rejet; s'il faut se décider entre l'affaire et la loi, entre les capitalistes et la France, entre l'accident particulier et une catastrophe générale, mon choix, et sans doute le vôtre, messieurs, est tout fait.

Ainsi le projet de loi dans son ensemble est désastreux, et ne peut produire aucun des avantages qu'on lui attribue.

Il enchaîne notre avenir politique, il augmente notre dette d'un milliard, il surcharge d'un tiers le capital de la Caisse d'amortissement, il diminue de deux cinquièmes la force de l'intérêt composé, puisque l'amortissement sera surtout affecté au rachat des 3 pour 100; il nous forcera à emprunter postérieurement à 3 pour 100, ce qui fera croître nos dettes à venir de deux cinquièmes, et il attaque virtuellement le crédit public, en avilissant nos rentes destinées à devenir, sous leurs différents titres, des véhicules d'agiotage.

Les deux nécessités dont on veut faire sortir ce projet, la nécessité d'abaisser le taux de l'argent, la nécessité de mettre en mouvement la Caisse d'amortissement, n'existent pas. Les 3 pour 100 sont créés dans la loi d'indemnité, ils suffisent, et le projet de loi de conversion rejeté, les indemnisés héritent de tous les bénéfices qui, dans l'autre cas, iroient aux seuls agioteurs, en ruinant le rentier et en augmentant le fardeau du contribuable.

Il ne me reste plus, messieurs, qu'à développer quelques considérations générales.

Lors de l'apparition du système de Law, la magistrature et le sacerdoce élevèrent la voix; le Parlement fit des remontrances, l'Église tonna du haut de la chaire contre un système également subversif de l'ordre et de la morale publique. Aujourd'hui la France entière est appelée à la Bourse; tous les genres de propriété sont obligés de venir s'y perdre. Ceux qui voudroient éviter de jouer, la loi les y contraint par corps, les uns cédant aux tentations, les autres aux menaces. Toutes les classes de la société ont appris le bas langage de l'agiotage; une inquiétude générale s'est emparée des esprits. On entend répéter de toutes parts cette question alarmante : « Où allons-nous ? que « devenons-nous ? » On ne sait comment disposer de ce qu'on possède : se retirera-t-on d'une rente continuellement menacée? placera-t-on son argent en fonds de terre? l'ensevelira-t-on dans ses coffres, en attendant de meilleurs jours? La perplexité des propriétaires les précipite dans une multitude de spéculations hasardeuses, pour éviter une catastrophe que chacun pressent, et contre laquelle chacun veut se prémunir.

Et pourtant notre crédit s'affermissoit tous les jours! Encore quelque temps, et notre dette étoit réduite à ce qu'elle doit être pour nous rendre toutes nos forces; et nous eussions fait alors des emprunts, s'il eût été nécessaire, et nous eussions eu des valeurs de différentes espèces, sans violence, sans aventure, sans engager et compromettre l'avenir de la France.

Aperçoit-on la plus petite raison satisfaisante pour toute cette agitation ? Pas la moindre. Un sage monarque disoit : « A côté du besoin d'améliorer « est le danger d'innover. » Cinq ans de repos auroient fait ce que vous prétendez faire par cinq ans d'inquiétudes et de périls ; l'intérêt auroit baissé par l'élévation naturelle d'une rente respectée. Nous sommes réduits à désirer que l'Europe nous laisse tranquilles pendant cinq ans, pour ébranler nous-mêmes en paix nos fortunes pendant cinq ans. Ou des événements forceront l'Europe à ne pas écouter nos vœux, ou, applaudissant à notre impuissance volontaire, elle règlera sans nous le sort du monde.

Toute la question se réduit à ce peu de mots : si la mesure est nécessaire, si l'État ne peut être sauvé que par cette mesure, il faut la prendre ; il faut courir toutes les chances de l'avenir, priant Dieu qu'elles soient assez favorables pour nous faire échapper aux écueils que multipliera autour de nous un pareil projet de loi.

Mais si cette mesure n'est pas nécessaire, s'il n'y a pas péril dans la demeure, s'il n'y va pas de notre existence sociale ; si, au contraire, nous trouvions notre sûreté extérieure et notre indépendance, comme nation, à ne rien changer ; si nous trouvions notre prospérité intérieure, et l'affermissement du trône et de l'autel, à laisser nos fortunes et nos existences en repos pendant quelques années, ne seroit-ce pas folie de tenter, de propos délibéré, une opération désastreuse en elle-même, et au milieu de laquelle peuvent encore nous surprendre les événements renfermés dans un temps qui s'approche rapidement de nous?

Veuille le ciel que mon opinion soit erronée! Mais je pense que la loi actuelle, combinée avec la loi d'indemnité, peut ouvrir sous nos pas des abîmes. Certes, des ministres, si sincèrement dévoués à leur auguste maître, ont dû se faire une cruelle violence, ont dû étrangement souffrir de venir nous demander la conversion des rentes dans les circonstances où nous sommes. Au commencement d'un règne nouveau, à la première session de ce règne, étoit-ce bien le moment d'embrasser des mesures qui ébranlent le crédit, détruisent la confiance, alarment et divisent les citoyens?

L'huile sainte qui coula sur le front de Louis IX, de François Ier, d'Henri IV, de Louis XIV, va couler sur la tête de Charles X : quelle époque pour toucher à la dette publique, que celle d'une cérémonie qui consacra, il y a treize cent vingt-neuf ans, la fondation de l'empire des rois très-chrétiens, cérémonie que l'usurpation même crut devoir adopter pour emprunter à la religion l'air du pouvoir légitime. La monarchie va, pour ainsi dire, renaître dans son berceau, à ce baptistère de Clovis où j'eus le bonheur de l'appeler le premier, quand un roi-chevalier vint nous consoler de la perte d'un roi-législateur. Lorsque Paris, qui jadis avoit vu notre prince orné de toutes les grâces de la jeunesse, le revit paré de toute la dignité du malheur, ce n'étoit encore qu'un simple François, *qu'un François de plus* parmi nous : aujourd'hui c'est un monarque ; car cette France remplie de gloire a toujours des couronnes à donner ou à rendre. Ah ! qu'il eût été facile d'offrir au cœur compatissant et paternel de Charles X, des moyens bien différents de ceux par lesquels on nous invite à signaler son avénement au trône ! Que ne laissoit-on déborder la joie populaire ? Faudra-t-il que quelques voix plaintives se mêlent à des bénédictions, qui pourtant sortiront encore du fond des cœurs les plus attristés ?

Si, à l'intérieur de la France, le moment est mal choisi pour courir les terribles aventures du projet de loi, l'est-il mieux dans l'ordre de la société générale ? On nous dit que rien ne menace notre tranquillité. Peut-être la politique du moment est-elle stagnante, et il seroit facile d'assigner les causes de cet engourdissement : mais il y a une grande politique, qui sort de l'esprit, des mœurs et des événements du siècle ; politique que doit comprendre un homme d'État, qui doit entrer dans tous ses calculs, s'il veut se rendre maître des destinées de son pays.

Jetez les yeux sur l'Europe, vous n'y verrez plus que des royaumes, des institutions, des hommes mutilés dans cette lutte à main armée entre les principes anciens et les principes modernes des gouvernements. Les limites des États, le cercle des Constitutions, la barrière des mœurs, les bornes des idées, sont déplacées ; rien n'est assis, rien n'est stable, rien n'est définitif ; tous les peuples semblent attendre encore quelque chose. Il y a trêve entre les principes, mais la paix n'est pas faite ; ce qui se passe en Grèce et dans un autre univers augmente les embarras du traité. Les vieux soldats, fatigués d'une mêlée sanglante, veulent le repos ; mais les générations nouvelles arrivent au camp, et sont impatientes de partir. La tranquillité du monde tient peut-être au plus petit événement.

Et lorsqu'en France tout recommence à peine, que chaque élément n'a pas encore repris sa place ; lorsqu'au mouvement général qui entraîne la société nous joignons notre mouvement intérieur, lorsque entre les crimes du passé et les fautes du présent, nous vacillons sur un terrain remué, labouré, déchiré par le soc révolutionnaire ; sans avoir égard à cette position déjà si difficile, nous nous précipiterions tête baissée dans des projets qui sont à eux seuls des révolutions ! La restauration a bâti sur les débris de notre antique monarchie le seul édifice qui puisse s'y maintenir, la Charte : il dépend de nous d'y vivre à l'abri de tout malheur ; mais ce n'est pas en admettant les mesures qu'on nous propose. L'expérience, messieurs, doit nous avoir appris que tout va vite dans ce pays, que beaucoup de siècles peuvent se renfermer dans peu d'années. Deux avenirs plus ou moins éloignés existent pour la France : l'un ou l'autre peut sortir de l'urne où vous déposerez bientôt vos suffrages.

Le système de Law et les réductions de l'abbé Terray contribuèrent à la ruine de la monarchie; les assignats en tombant précipitèrent la république; les banqueroutes de Buonaparte préparèrent la chute de l'empire. Que tant d'exemples nous avertissent. Qui bouleverse les fortunes bouleverse les mœurs, qui attaque les mœurs ébranle la religion, qui ébranle la religion perd les États.

Il nous importe, messieurs, de sauver le gouvernement d'une grande méprise dans laquelle les dépositaires de l'autorité ne sont tombés, sans doute, que par le louable désir d'accroître la prospérité publique. Qu'ils ne dédaignent pas, dans l'illusion du pouvoir, des prévoyances salutaires, parce qu'elles leur sembleroient sortir d'une bouche suspecte; qu'ils rendent justice à ceux qui, en évitant de blesser, et respectant toutes les convenances, expriment avec ménagement, mais avec sincérité, des choses qu'ils croient utiles au roi et à la patrie.

Nobles pairs, supplions les ministres de Sa Majesté de retirer un projet funeste. Toutefois, s'ils se trouvoient trop engagés, s'ils se croyoient obligés de renoncer à cet honneur, nous, nous n'aurions plus qu'à suivre ce qui me semble la route du devoir. De même que nous n'avons point écouté les cris des partis contre le principe d'une loi de propriété et de justice, tout en reconnoissant les vices multipliés des détails; de même nous pouvons secourir l'autorité qui s'égare en croyant faire le bien : prêtons l'oreille à des plaintes trop motivées; mettons à l'abri le rentier, en honorant le sort de l'indemnisé. L'adoption de la loi d'indemnité sera pour les garanties monarchiques ; le rejet de la loi des rentes sera pour les garanties nationales : notre place est sur les marches du trône entre le roi et ses peuples.

Je vote contre le projet de loi.

DISCOURS

SUR L'INTERVENTION,

PRONONCÉ A LA CHAMBRE DES PAIRS [1]
EN MAI 1823.

ON m'a sommé, messieurs, de répondre à des questions qu'on a bien voulu m'adresser. On a accusé mon silence, je vais vous en exposer les raisons, et peut-être vous paroîtront-elles avoir quelque valeur.

Un noble comte auroit voulu, messieurs, qu'à l'exemple de l'Angleterre nous eussions déposé sur le bureau les pièces officielles relatives aux affaires d'Espagne. On n'avoit pas besoin d'en appeler à cet exemple. La publicité est de la nature même du gouvernement constitutionnel ; mais on doit

[1] Ce discours a été prononcé par l'auteur en qualité de ministre des affaires étrangères.

garder une juste mesure, et surtout il ne faut jamais confondre les temps, les lieux et les nations.

Si le gouvernement britannique n'est pas, sous quelque rapport, aussi circonspect que le nôtre doit l'être, il est évident que cela tient à la différence des positions politiques.

En Angleterre, la prérogative royale ne craint pas de faire les concessions les plus larges, parce qu'elle est défendue par les institutions que le temps a consacrées. Avez-vous un clergé riche et propriétaire? Avez-vous une Chambre des pairs qui possède la majeure partie des terres du royaume, et dont la Chambre élective n'est qu'une sorte de branche ou d'écoulement? Le droit de primogéniture, les substitutions, les lois féodales normandes, perpétuent-elles dans vos familles des fortunes pour ainsi dire immortelles? En Angleterre l'esprit aristocratique a tout pénétré : tout est priviléges, associations, corporations. Les anciens usages, comme les antiques lois et les vieux monuments, sont conservés avec une espèce de culte. Le principe démocratique n'est rien; quelques assemblées tumultueuses qui se réunissent de temps en temps, en vertu de certains droits de comtés, voilà tout ce qui est accordé à la démocratie. Le peuple, comme dans l'ancienne Rome, client de la haute aristocratie, est le soutien et non le rival de la noblesse. On conçoit, messieurs, que dans un pareil état de choses, la couronne en Angleterre n'a rien à craindre du principe démocratique; on conçoit aussi comment des pairs des trois royaumes, comment des hommes qui auroient tout à perdre à une révolution, professent publiquement des doctrines qui sembleroient devoir détruire leur existence sociale : c'est qu'au fond ils ne courent aucun danger. Les membres de l'opposition angloise prêchent en sûreté la démocratie dans l'aristocratie : rien n'est si agréable que de se donner les discours populaires en conservant des titres, des priviléges et quelques millions de revenu.

En sommes-nous là, messieurs, et présentons-nous à la couronne de pareilles garanties? Où est l'aristocratie dans un État où le partage égal anéantit la grande propriété, où l'esprit d'égalité n'avoit laissé subsister aucune distinction sociale, et souffre à peine aujourd'hui les supériorités naturelles?

Ne nous y trompons pas : il n'y a en France de monarchie que dans la couronne : c'est elle qui, par son antiquité et la force de ses mœurs, nous sert de barrière contre les flots de la démocratie. Quelle différence de position! En France, c'est la couronne qui met à l'abri l'aristocratie; en Angleterre, c'est l'aristocratie qui sert de rempart à la couronne : ce seul fait interdit toute comparaison entre les deux pays.

Si donc nous ne défendons pas la prérogative royale, si nous laissons les Chambres empiéter sur cette prérogative, si le gouvernement croit devoir céder à toutes les interpellations qui lui sont faites, apporter tous les documents que l'opposition croira pouvoir lui demander, vos institutions naissantes seront promptement renversées, et la révolution rentrera dans ses ruines.

J'ai peur, messieurs, d'avoir fatigué votre patience par ces développements un peu longs. Il m'étoit nécessaire d'établir solidement que ce n'est ni par ignorance de la constitution, ni par abus de pouvoir, que le gouvernement n'a pas imité l'Angleterre, mais pour conserver à la prérogative royale cette force qui supplée à celle qui manque encore à nos institutions. Cette vérité une fois posée, je ne fais aucune difficulté d'examiner les autres objections.

Un noble comte a cru devoir reproduire tout ce qu'on a dit contre le congrès de Vérone. Un noble duc, que vous venez d'entendre, est entré dans cette question avec la candeur, la noblesse, la sincérité qui le caractérisent. Je pourrois donc me dispenser de répondre; mais je demanderai la permission de joindre quelques réflexions à celles du noble duc.

La préoccupation de nos adversaires les a fait tomber dans une singulière erreur; ils partent toujours du dernier congrès comme du commencement de tout en politique. Mais, messieurs, les transactions de Vérone ne sont point le principe et la cause de l'alliance, elles en sont la conséquence et l'effet : l'alliance prend sa source plus haut. On peut dire qu'elle remonte jusqu'au congrès de Vienne; et lorsque M. le prince de Talleyrand a donné, au nom du roi, son assentiment à l'union des grandes puissances contre l'invasion de Buonaparte, il a réellement posé les premiers fondements de l'alliance. Régularisée au congrès d'Aix-la-Chapelle, cette alliance, toute défensive contre les révolutions, a pris ses développements naturels dans les congrès qui se sont succédé. Les puissances y ont examiné ce qu'elles avoient à espérer ou à craindre des événements : cette politique en commun a l'avantage de ne plus permettre à des cabinets de poursuivre des intérêts particuliers, et de cacher des vues ambitieuses dans le secret de la diplomatie.

Ainsi tombe, messieurs, par cette grande explication, tout l'échafaudage qu'on a prétendu élever autour du congrès de Vérone. On voit encore par-là que la France n'a point amené à Vérone la question de l'Espagne comme une chose à laquelle personne ne pensoit. L'établissement de notre armée d'observation nous obligeoit d'en exposer les motifs à nos alliés, et la révolution d'Espagne n'étoit pas une chose assez inconnue, assez insignifiante, pour qu'elle ne se présentât pas dans la série des affaires de l'Europe : il y avoit déjà long-temps qu'elle avoit fixé l'attention des cabinets ; on en avoit parlé à Troppau et à Laybach ; et avant d'être examinée à Vérone, elle avoit occupé les conférences de Vienne. Que la France, plus particulièrement menacée, et craignant d'être obligée tôt ou tard de recourir aux armes, ait voulu connoître le parti que prendroient les alliés, le cas d'une guerre avenant, elle a agi selon les règles d'une simple prudence.

Remarquez bien, messieurs (et ceci répond péremptoirement à un noble baron), que les questions posées à Vérone par un noble duc sont éventuelles, hypothétiques; elles laissent aux cours à qui elles sont faites le libre exercice de leur volonté; elles ne demandent rien, ne sollicitent rien dans le sens positif. Chaque cour pouvoit répondre ce qu'elle vouloit, et tel a été le cas: l'une pouvoit dire : *J'agirai comme la France;* l'autre, *je resterai neutre;* une troisième auroit pu même se déclarer ennemie. Il est impossible de ne pas reconnoître dans cette conduite une politique franche qui va droit au but et cherche seulement à connoître sa position extérieure, pour proportionner ses moyens aux événements.

Enfin, messieurs, et je l'ai déjà remarqué, voudroit-on que la France fût séparée de tous les autres peuples, qu'elle fût abandonnée au milieu de l'Europe? Si elle étoit attaquée, ne devroit-elle avoir aucun allié? Une nation civilisée a-t-elle jamais existé dans un tel état d'isolement? L'Angleterre elle-même ne se réunit-elle pas dans plusieurs points à l'alliance, et n'a-t-elle pas aussi ses traités particuliers? Par exemple, ne doit-elle pas défendre le Portugal, si le Portugal étoit exposé à une agression? Vous voyez, messieurs, comment les objections s'évanouissent quand on les examine de près.

D'ailleurs, qu'est-ce que les papiers publiés en Angleterre vous ont appris? Rien de nouveau, rien que je n'eusse déjà dit et expliqué à la tribune; mais du moins ils font voir une chose, c'est que les doctrines secrètes du gouvernement ont été parfaitement d'accord avec ses doctrines publiques; qu'il n'est pas échappé à un ministre, ni dans ses dépêches, ni dans ses conversations confidentielles, un seul mot qui ne montrât le plus sincère désir de maintenir la paix, qui ne fît voir la plus réelle sollicitude pour la liberté et le bonheur de l'Espagne. Y avez-vous remarqué les principes du pouvoir absolu, de l'intolérance religieuse, les vœux de l'ambition et de l'intérêt? Ces deux mots, *paix et honneur,* se retrouvent partout; et si la faction qui domine l'Espagne ne nous a pas permis de les concilier, ce n'est pas la faute de la France.

Un noble pair veut savoir s'il a été conclu des traités en vertu desquels les étrangers doivent entrer en France. Je lui répondrai ce que j'ai déjà répondu à la Chambre des députés : Jamais.

On nous fait un crime de toute chose. Une junte fait une proclamation : quoique cette proclamation ait été imprimée de diverses manières, quoique nous ayons cent fois déclaré que nous ne nous mêlerions en rien de la politique intérieure de l'Espagne, quoique la proclamation de Mgr le duc d'Angoulême soit le seul document que nous puissions reconnoître, n'importe, nous répondrons de tout ce qui se fera, de tout ce qui se dira en Espagne.

Il faut que nous touchions encore la question la plus délicate en politique, il faut que nous disions ce que nous pensons sur les colonies espagnoles, que nous prononcions sans façons et sur-le-champ sur l'avenir de l'Amérique, afin que l'on voie si dans nos réponses nous ne heurtons pas quelques-uns de ces intérêts si divers et si compliqués.

Autre grief : si nous voulions sincèrement la paix, que n'avons-nous accepté la médiation de l'Angleterre ?

Nous n'avons jamais refusé ses bons offices pour un accord amical; quant à la médiation, nous n'avions de jugement à subir de personne. L'Angleterre n'auroit pas pu peser nos torts, puisque nous n'en avions pas envers l'Espagne, et que nous ne pouvions pas consentir à établir l'arbitrage entre la révolution et la légitimité. La France est reconnoissante de la bienveillance qu'on lui témoigne, mais elle prendra toujours soin de prononcer elle-même sur tout ce qui concerne sa dignité et son honneur.

Après tout, messieurs, le moment approche où les événements vont décider la question; mais il est clair que si, comme on l'a prétendu, la guerre d'Espagne étoit d'abord impopulaire, elle se popularise tous les jours depuis que les hostilités sont commencées, et surtout depuis qu'on a prodigué à la France des outrages qui ont retenti dans tous les cœurs françois.

N'imitons point, messieurs, ces exemples; les gouvernements représentatifs deviendroient impossibles si les tribunes se répondoient : les récriminations imprudentes auroient bientôt changé l'Europe en champ de bataille. C'est à nous à donner l'exemple de la modération parlementaire.

On a fait des vœux contre nous : souhaitons la prospérité à toute puissance avec laquelle nous conservons des relations amicales. On a osé élever la voix contre le plus sage des rois et contre son auguste famille. Qu'avons-nous à dire du roi d'Angleterre, sinon qu'il n'y a point de prince dont la politique soit plus droite et le caractère plus généreux ; point de prince qui, par ses sentiments, ses manières et son langage, donne une plus juste idée du monarque et du gentilhomme ? On a traité avec rigueur les ministres françois. Je connois les ministres qui gouvernent aujourd'hui l'Angleterre, et ces personnages éminents sont dignes de l'estime et de la considération dont ils jouissent. J'ai été l'objet particulier des insultes : qu'importe, si vous trouvez, messieurs, que je ne les ai méritées que pour avoir bien servi mon pays ? Ne craignez pas que ma vanité blessée puisse me faire oublier ce que je dois à ma patrie ; et quand il s'agira de maintenir la bonne harmonie entre deux nations puissantes, je ne me souviendrai jamais d'avoir été offensé.

Au surplus, on a posé un principe que je ne puis adopter dans toute sa rigueur et sans restriction, car il établiroit la société sur le droit physique ou le droit de la force, et non sur le droit moral : je crois que les décisions de la justice doivent passer avant les décrets d'une majorité qui peuvent quelquefois être injustes. Mais j'adopte dans le cas particulier où nous sommes ce droit de la majorité. Les hommes respectables qui blâment l'intervention armée de la France disent donc que cette intervention sera justifiée si la majorité espagnole se prononce en notre faveur. Alors, messieurs, notre cause est gagnée, même aux yeux de nos adversaires.

L'erreur qui fait le fond de tous les raisonnements contre la guerre d'Espagne vient d'avoir éternellement comparé l'invasion de Buonaparte à la guerre que nous avons été obligés d'entreprendre contre la faction militaire de l'île de Léon. Buonaparte fit la guerre la plus injuste, la plus violente au roi et à la nation espagnole; nous, nous prenons les armes pour ce même roi et cette même nation. On nous a prédit tous les malheurs qui suivirent l'invasion de l'usurpateur, comme si la position étoit la même pour l'intervention tout amicale d'un roi légitime.

Sans doute, si nous prétendions agir comme Buonaparte, quatre cent mille hommes et quatre cent millions ne suffiroient pas; mais voulons-nous suivre son exemple? Remarquez, messieurs, dès nos premiers pas en Espagne, une différence de fait qui détruit toutes les comparaisons de nos adversaires.

Dans la guerre de Buonaparte, presque toutes les villes fortifiées qu'il avoit d'abord occupées comme allié étoient pour lui, parce qu'il y avoit mis garnison; mais toutes les populations des campagnes étoient contre lui. Aujourd'hui, c'est précisément le contraire : les villes où les Cortès ont jeté quelques soldats nous ferment les portes, mais le peuple entier des campagnes et des villes ouvertes est pour nous. Non-seulement le peuple et le paysan sont pour nous, mais ils nous regardent comme leurs libérateurs : ils embrassent notre cause, ou plutôt la leur, avec une ardeur qui ne laisse aucun doute sur les sentiments de l'immense majorité espagnole. Les paysans servent eux-mêmes de guides à nos soldats. Dans ce même pays où nos officiers ne pouvoient voyager sans escorte, sans courir risque de la vie, ces mêmes officiers voyagent seuls comme en pleine paix, trouvant partout assistance, et sont salués sur la route par les cris de *vive le roi!* Les particuliers et les fonctionnaires publics s'empressent de donner aux commandants françois les lieux où les troupes des Cortès, en se dispersant, ont caché leur argent, leurs munitions et leurs armes.

Il ne se formera point, ou il ne se formera que peu de guérillas; car c'étoient les paysans qui formoient ces guérillas, et ces paysans sont pour nous. Ils seroient les premiers à s'armer contre les bandes qui pourroient rester des troupes des Cortès : on en a déjà vu des exemples.

Je ne dois point oublier qu'un noble comte qui soutient le principe de la guerre d'Espagne l'appuie sur la raison politique que c'est une guerre d'influence. Je suis obligé de lui déclarer que telle n'est point la pensée du gouvernement. Nous ne prétendons rétablir avec l'Espagne aucun des traités détruits à jamais par le temps. Nous combattons seulement pour nous soustraire au retour des maux dont nous avons été trente ans les victimes.

La question, messieurs, n'a jamais été pour nous de savoir ce que nous avions à gagner en prenant les armes, mais ce que nous avions à perdre en ne les prenant pas ; il y alloit de notre existence ; c'étoit la révolution, qui, chassée de France par la légitimité, vouloit y rentrer de force.

Il a donc fallu nous défendre : le bruit de toutes les déclamations n'a pu étouffer cette voix intérieure qui nous disoit que nous étions en danger. Non-seulement nous le sentions, mais nos ennemis le voyoient, et leur indiscrète joie, d'un bout de l'Europe à l'autre, trahissoit leur espérance. De cette nécessité qui nous a mis les armes à la main sortira, j'ose le dire, un bien immense. Vous le savez, messieurs, tous les efforts révolutionnaires s'étoient tournés contre notre armée ; on n'avoit pu soulever le peuple, on vouloit corrompre le soldat.

Que de tentatives faites sur nos troupes ! que de complots toujours déjoués et sans cesse renaissants ! On employoit jusqu'au souvenir de la victoire pour ébranler cette fidélité : de là cette fatale opinion (que, grâce à Dieu, je n'ai jamais partagée), de là, dis-je, cette opinion qu'il nous seroit impossible de réunir dix mille hommes sans nous exposer à une révolution. On ne nous menaçoit que de la cocarde tricolore, et l'on affirmoit qu'à l'apparition de ce signe aucun soldat ne resteroit sous le drapeau blanc. De cette erreur, adoptée même par des hommes d'État, résultoit pour la

France une foiblesse qui nous livroit sinon au mépris, du moins à la volonté de l'Europe.

Eh bien! messieurs, l'expérience a été faite, et comme je n'en avois jamais douté, elle a parfaitement réussi. Le coup de canon tiré à la Bidassoa a fait évanouir bien des prestiges, a dissipé bien des fantômes, a renversé bien des espérances. Huit années de paix avoient moins affermi le trône légitime sur ses bases que ne l'ont fait vingt jours de guerre. Un roi qui, après nous avoir rendu la liberté, nous rend la gloire, un prince qui est devenu au milieu des camps l'idole de cent mille soldats françois, n'ont plus rien à craindre de l'avenir. L'Espagne délivrée de la révolution, la France reprenant son rang en Europe et retrouvant une armée, la légitimité acquérant la seule force qui lui manquoit encore, voilà, messieurs, ce qu'aura produit une guerre passagère que nous n'avons pas voulu, mais que nous avons acceptée.

Ces grandes considérations devroient faire cesser toutes divisions politiques; nous devrions imiter ces vieux compagnons de Conégliano, ces vétérans de l'armée de Condé, qui dorment aujourd'hui sous la même tente, et qui n'ont plus qu'un même drapeau.

DISCOURS

SUR LES DÉBATS

DU PARLEMENT D'ANGLETERRE,

PRONONCÉ A LA CHAMBRE DES PAIRS
LE 26 DÉCEMBRE 1821.

Dans la déclaration que M. le ministre des affaires étrangères a cru devoir faire connoître, j'ai été étonné du silence que le noble ministre a gardé sur les discours prononcés dernièrement dans le parlement d'Angleterre. Je respecte cette prudence, bien que je n'en comprenne pas les motifs; mais moi, sur la tête de qui aucune responsabilité ne pèse, si ce n'est comme pour tout François, la responsabilité de mon pays, je dirai franchement ce que M. le ministre des affaires étrangères a cru devoir omettre.

Vous vous souvenez peut-être, messieurs, de m'avoir vu repousser, comme ministre, à cette tribune, des outrages adressés au nom françois, dans le parlement anglois. Les généreuses victoires de M. le dauphin répondroient bien mieux et bien plus haut que nos vaines paroles aux déclamations de nos adversaires.

Aujourd'hui les choses sont bien changées : je n'eus à combattre en 1823 que l'opposition angloise; en 1826, c'est le principal ministre de Sa Majesté britannique qui dépasse dans la carrière les membres de cette opposition; ma tâche est pénible, ce ministre fut mon honorable ami; j'admire ses talents, je respecte sa personne; mais il me pardonnera, j'espère, d'essayer de faire pour mon pays ce qu'il a trop bien fait pour le sien.

Il faut d'abord, messieurs, que je m'exprime nettement sur le fond de l'affaire de Portugal.

Je ne reconnoîtrai jamais à des soldats le droit de faire et de défaire des institutions politiques, de proclamer et de détrôner des rois; j'aime peut-être mieux la Charte portugaise que les ministres anglois eux-mêmes qui en parlent presque dérisoirement, et qui ont cru devoir rappeler sir Charles Stuart de sa mission, pour avoir envoyé cette Charte à Lisbonne. Je pense que l'indépendance appuie l'indépendance, qu'un peuple libre est une garantie pour un autre peuple libre; je crois qu'on ne renverse pas une Constitution généreuse, quelque part que ce soit sur le globe, sans porter un coup à l'espèce humaine tout entière.

Cette large part faite à mes principes, j'entre avec hardiesse dans l'examen du document qui nous est venu d'outre mer.

Le ministre de Sa Majesté britannique a commencé son discours par l'inventaire des traités qui lient l'Angleterre au Portugal : il auroit pu en citer davantage; il auroit pu parler de l'alliance de la maison de Lancastre avec l'ancienne maison de Portugal; mais alors nous aurions pu lui dire que la maison de Bragance tire son origine de la maison de France. Pourquoi se tant effaroucher de nos liaisons avec l'Espagne, quand on fait un si fastueux étalage des rapports que l'on a eus dans tous les temps avec le Portugal? Et nous, n'avons-nous pas des traités qui nous entraînent à l'Espagne? Sans remonter à la reine Brunehaut, à Charlemagne et à la mère de saint Louis, n'avons-nous pas le traité du roi Jean et de Pierre, roi de Castille, en 1351, pour le mariage de Blanche de Bourbon; le traité de Charles V et de Henri II le Magnifique, roi de Castille, en 1368; le renouvellement de la même alliance en 1380; le traité de Charles VI et de Jean, roi de Castille, en 1387, contre l'Angleterre, et renouvelé en 1408; le traité entre Louis XI et Henri, roi de Castille et de Léon, en 1469; un autre traité avec Ferdinand et Isabelle, roi et reine de Castille, en 1478? Louis XII renouvela ce traité en 1498. Germaine de Foix, nièce de Louis XII, fut promise en mariage à Ferdinand, roi d'Espagne, en 1503. Autre traité d'alliance.

Le traité du 13 octobre 1640 avec Louis XIII et la principauté de Catalogne, et les conditions de Barcelone du 19 septembre 1641, nous donnèrent des droits sur la Catalogne; puis viennent le fameux traité des Pyrénées du 7 mars 1659, le contrat de mariage de Louis XIV, du 7 novembre de la même année, tous les traités qui accompagnèrent et suivirent la guerre de la Succession de 1701 à 1713 et enfin le pacte de famille en 1761, qui, par son article VIII, déclare que les États respectifs doivent être regardés et agir comme s'ils ne faisoient qu'une seule et même puissance. Que le pacte de famille ait été annulé par les derniers traités, cela est vrai jusqu'à un certain point; mais il n'est pas du tout clair que ces mêmes traités avoient maintenu toutes les conventions antérieures entre l'Angleterre et le Portugal.

Au reste, qu'est-ce que cette érudition diplomatique prouve des deux côtés? rien du tout; elle n'établit pas plus notre droit nouveau de nous mêler des affaires d'Espagne, qu'elle ne confirme le droit que l'Angleterre prétend avoir de s'immiscer dans les affaires *intérieures* du Portugal : nos droits respectifs se tirent tout simplement de part et d'autre de nos intérêts essentiels. On parle beaucoup d'un *casus fœderis*, lequel seroit arrivé. Un membre de l'opposition angloise a très bien répondu qu'il ne voyoit pas comment la révolte de deux régiments portugais établissoit le *casus fœderis*. On cherche des coupables, les Espagnols sont derrière l'insurrection portugaise : si ce ne sont les Espagnols, ce sont les François; pourquoi pas les Autrichiens? Don Miguel n'est-il pas à Vienne? Dans ce pays-là on n'aime pas beaucoup les Chartes : pourquoi la colère du cabinet anglois ne se tourne-t-elle pas de ce côté? Pourquoi, messieurs? il y a de bonnes raisons pour cela; ces raisons sont les mêmes qui font que le libéralisme anglois porte le bonnet de la liberté à Mexico et le turban à Athènes.

Mais tandis qu'on proclame le *casus fœderis*, s'il

arrivoit, ce qui n'est nullement probable, que Lisbonne tombât aux mains du marquis de Chaves, et que les Anglois, au lieu d'y trouver un allié, n'y trouvassent qu'un ennemi, s'il falloit entrer de force en Portugal, n'est-il pas clair qu'au lieu *d'alliance et d'occupation* il y auroit *conquête*, et conquête sur les seuls Portugais ? Que deviendroit alors le *casus fœderis ?* La question politique sera entièrement changée pour l'Europe.

Je viens maintenant, messieurs, à la partie des discours qui nous regardent particulièrement; il faut rapporter les textes : « Je ne puis que redouter
« la guerre quand je pense au pouvoir immense de
« ce pays, quand je pense que les mécontents de
« toutes les nations de l'Europe sont prêts à se ran-
« ger du côté de l'Angleterre.

« Un des moyens de redressement étoit une guerre
« contre la France; il y avoit encore un autre moyen :
« c'étoit de rendre la possession de ce pays inutile
« entre des mains rivales; c'étoit de la rendre plus
« qu'inutile; c'étoit enfin de la rendre préjudiciable
« au possesseur; j'ai adopté ce dernier moyen. Ne
« pensez-vous pas que l'Angleterre ait trouvé en cela
« une compensation pour ce qu'elle a éprouvé en
« voyant entrer en Espagne l'armée françoise, et en
« voyant bloquer Cadix ?

« J'ai regardé l'Espagne sous un autre aspect; j'ai
« vu l'Espagne et les Indes; j'ai dans ces dernières
« contrées appelé à l'existence un nouveau monde,
« et j'ai ainsi réglé la balance; j'ai laissé à la France
« tous les résultats de son invasion.

« J'ai trouvé une compensation pour l'invasion
« de l'Espagne, pendant que je laisse à la France son
« fardeau, fardeau dont elle voudroit bien se débar-
« rasser, et qu'elle ne peut porter sans se plaindre.
« C'est ainsi que je réponds à ce qu'on a dit sur l'oc-
« cupation de l'Espagne... Je sais, dis-je, que notre
« pays verra se ranger sous ses bannières pour pren-
« dre part à la lutte, tous les mécontents et tous les
« esprits inquiets du siècle, tous les hommes qui,
« justement ou injustement, ne sont pas satisfaits
« de la condition actuelle de leur patrie.

« L'idée d'une pareille situation excite toutes les
« craintes; car elle montre qu'il existe un pouvoir
« entre les mains de la Grande-Bretagne plus ter-
« rible peut-être qu'on n'en vit jamais en action dans
« l'histoire de la race humaine. (Écoutez!) Mais est-il
« bon d'avoir une force gigantesque; il peut y avoir
« de la tyrannie à en user comme un géant, la con-
« science de posséder cette force fait notre sécurité;
« et notre affaire est de ne point chercher d'occasion
« de la déployer, excepté partiellement et d'une ma-
« nière suffisante pour faire sentir qu'il est de l'in-
« térêt des deux côtés de se garder de convertir leur
« arbitre en compétiteur. (Écoutez!) La situation de
« notre pays peut être comparée à celle du maître
« des vents telle que le décrit le poëte,

Celsa sedet OEolus arce.
. . . .

« Voici donc la raison, raison inverse de la crainte,
« contraire à l'impuissance, qui me fait appréhen-
« der le retour de la guerre, » etc.

Ces paroles ne peuvent que nous attrister profondément ; c'est la première fois que des aveux aussi dédaigneux, que des malédictions aussi franches ont été prononcées à une tribune publique ; ni les Chatam, ni les Fox, ni les Pitt, n'ont exprimé contre la France des sentiments aussi pénibles. Lorsque lord Londonderry faisoit au Parlement anglois le récit de la bataille de Waterloo, que disoit-il dans toute l'exaltation de la victoire ? il disoit : « Les sol-« dats françois et les soldats anglois lavoient leurs « mains sanglantes dans le même ruisseau en se fé-« licitant mutuellement de leur courage. » Voilà le langage d'un noble ennemi.

Que l'Angleterre soit un *géant*, je ne lui dispute point la taille qu'elle se donne; mais ce géant ne fait aucune frayeur, que je crois, à la France. Un colosse a quelquefois les pieds d'argile. Que l'Angleterre soit Éole, je le veux bien encore, mais Éole n'auroit-il pas des tempêtes dans son empire ? Il ne faut pas parler des mécontents qui peuvent se trouver en d'autres pays, quand on a chez soi cinq millions de catholiques opprimés, cinq millions d'hommes qu'on est obligé de contenir par un camp permanent en Irlande; quand on est dans la dure nécessité de faire fusiller tous les ans des populations ouvrières qui manquent de pain; quand une taxe des pauvres qui s'augmente sans cesse annonce une misère toujours croissante : on sait que la misère fait des mécontents. Et quoi ! messieurs, si l'étendard britannique se levoit, on verroit se ranger autour de lui tous les mécontents du globe !

Est-ce la France seule qui doive s'inquiéter de cette naïve révélation ? N'y a-t-il pas des mécontents en Italie, en Hongrie, en Pologne et en Russie ?

C'est une triste chose d'avoir à craindre pour auxiliaires les passions et les malheurs des hommes, d'apercevoir des succès qui pourroient prendre leur source dans le bouleversement des empires, de posséder un drapeau d'une telle vertu qu'il seroit à l'instant choisi par la discorde. Il est malheureux d'avouer qu'on pourroit trouver la puissance dans la confusion et le chaos ! Si le géant de l'Angleterre, en sortant de son île, reconnoît qu'il peut brûler le monde, ne justifie-t-il pas le blocus continental d'un autre géant ?

La France, messieurs, a des prétentions différentes. Si jamais, ce qu'à Dieu ne plaise, elle étoit obligée de reparoître pour sa défense sur les champs de bataille, *elle rallieroit autour de son drapeau, non les mécontents des divers pays, mais tous les hommes fidèles à leur roi, à leur honneur, à la patrie, tous les hommes amis des libertés publiques dans un ordre sage et légal.*

Si jamais nous étions obligés de combattre l'Angleterre elle-même, nous n'essaierions point de soulever dans son sein ces millions de mécontents que j'ai indiqués. Ce n'est point en allumant le flambeau de la guerre civile chez un peuple ennemi que nous tâcherions d'obtenir des succès ; une victoire qui ne seroit pas le prix de notre propre sang seroit indigne de nous.

Dieu nous préserve, messieurs, que la nation

angloise, qui fait tant d'honneur à la nature humaine, périsse à jamais par les troubles que l'on pourroit exciter dans son sein ! Le monde reconnoissant s'obstinera à ne voir dans la patrie des Bacon, des Locke et des Newton, que des lumières, que des principes de liberté et de civilisation. Le monde ne croira jamais que le pavillon britannique puisse être l'étendard de ces désordres qui amènent l'anarchie, et avec l'anarchie le despotisme, qui la suit et la punit.

Le ministre anglois se vante d'avoir prévu les résultats de la guerre d'Espagne, et d'en avoir profité pour affranchir un nouveau monde. Il n'y a là-dedans qu'une erreur de date. On oublie que long-temps avant le ministère de M. Canning, lord Castlereagh, au congrès d'Aix-la-Chapelle, avoit déclaré que l'Angleterre reconnoîtroit tôt ou tard l'indépendance des colonies espagnoles. Ce n'est donc point notre guerre en Espagne qui a produit cette reconnoissance. Les colonies espagnoles étoient émancipées, les ports de l'Angleterre étoient ouverts à leurs vaisseaux, pour le commerce, à l'époque même où l'honorable M. Canning alloit s'embarquer pour les Indes. Aujourd'hui cet homme d'État a tout simplement suivi les événements comme tant d'autres ministres. Nous l'en félicitons, car s'il avoit prévu les maux dont l'Espagne est accablée depuis trois ans, et s'il les avoit laissés s'accroître dans l'unique espoir de nuire à la France, de quel nom faudroit-il appeler cette politique ?

Le ministre anglois a déclaré que les forces britanniques alloient occuper le Portugal. Il le peut. et le doit aux termes de ses traités, si le *casus fœderis* est réellement arrivé : il faut être juste d'ailleurs, le ministère anglois nous a fait grâce, il a déclaré au gouvernement françois, appelé à la barre du Parlement anglois, qu'on est content de lui. On doute encore un peu de notre franchise ; on auroit voulu des actions et non des paroles ; mais enfin, vaille que vaille, on est satisfait.

La France étoit peu accoutumée à se voir ainsi mandée par *l'huissier de la verge noire*. Cela est assez dur pour cette France qui a encore les plus belles finances de l'Europe (il est vrai un peu malgré les combinaisons); pour cette France qui, sur un seul mot du roi, rassembleroit un million de soldats autour de monsieur le dauphin.

L'occupation du Portugal par les Anglois, qui peut avoir des avantages sous des rapports généraux, est cependant en particulier très fâcheuse pour nous, en ce qu'elle nous condamne à rester en Espagne. C'est ici le *casus fœderis* de l'honneur ; jamais les François ne refusent d'en accepter les charges.

Au reste, je ne crois point à une guerre entre l'Espagne et l'Angleterre. L'Angleterre n'a plus rien à prendre à un peuple dépouillé, si ce n'est son dernier manteau. On ne s'imagine pas sans doute que nous puissions livrer aux Anglois les portes de Barcelone et de Cadix. Pour s'emparer de Cuba, il faut faire la guerre aux États-Unis ; l'Angleterre sait tout cela.

Je ne crois pas davantage à la possibilité d'une guerre entre la France et l'Angleterre, dont nous nous déclarons d'ailleurs, dans ce moment même, les fidèles alliés. Qu'aurions-nous à perdre dans une guerre maritime ? deux ou trois rochers dans deux océans : nos cent cinquante vaisseaux armés, non réunis en escadre, mais dispersés sur les mers du globe, feroient plus de mal à l'immense commerce anglois que toutes les flottes de l'Angleterre n'en pourroient faire au commerce malheureusement trop borné de la France. Sur le continent, où est le point d'attaque ? Les Anglois, qui n'auroient plus pour eux les populations du Portugal, pourroient-ils s'y maintenir contre nous ? Puisque l'Angleterre se vante justement de sa force, elle nous donne le droit de parler de la nôtre. Qu'on n'oublie pas qu'il y a en France une population surabondante, pleine d'énergie et de courage, une population qui voit ce que la France a perdu, et qu'il est plus difficile de retenir que de soulever. Il seroit souverainement impolitique de blesser par des paroles méprisantes l'orgueil d'un million de jeunes François qui jettent des regards impatients sur le vaste champ de bataille glorieusement arrosé du sang de leurs aînés.

Je ne viens point, messieurs, vous proposer de rendre dans votre adresse outrage pour outrage ; cela ne conviendroit point à votre dignité, et j'ose dire que cela n'est point dans mon caractère. Mais je suis persuadé que vous penserez, comme moi, qu'un ton grave et même un peu sévère est celui qui convient dans ce moment à cette Chambre, gardienne de l'honneur françois comme des libertés publiques. On a déjà poussé bien loin les complaisances; quiconque se laisse humilier n'obtient pas la paix, mais la honte.

J'ai fait tous mes efforts pour mettre dans mes paroles la mesure et la modération que les circonstances exigent; je ne me suis pas même souvenu des ministres. Nous nous retrouverons dans les affaires intérieures de la France; aujourd'hui il s'agit de l'étranger : sur ce point-là l'opinion ne connoît point de dissensions; nous sommes tous François.

Soutenons, messieurs, les intérêts de notre pays, la majesté du trône et de la France. Si l'on vouloit encore une fois enchaîner nos pensées; si l'on osoit encore, par impossible, nous ravir les franchises que la Charte nous garantit et que les serments de nos rois nous assurent, sauvons du moins l'honneur : tôt ou tard avec l'honneur et la gloire nous referions la liberté.

DISCOURS

PRONONCÉ A LA CHAMBRE DES PAIRS,

DANS LA SESSION DE 1827,

SUR LA LOI DES POSTES.

MESSIEURS, il y a bientôt une douzaine d'années que la loi sur les *cris* et *écrits séditieux* m'obligea de me placer à regret dans les rangs de l'opposition, et j'eus l'honneur de prononcer devant vous mon premier discours en faveur de la plus précieuse de nos libertés. Depuis cette époque les autorités successives m'ont retrouvé au même poste. Le temps a marché : les uns, par un mouvement progressif et naturel, sont mieux entrés dans l'esprit de la Charte, et ont reconnu la nécessité de la liberté de la presse ; les autres, au contraire, par un mouvement rétrograde, après avoir défendu cette liberté, ont découvert qu'il n'y avoit rien de plus funeste. Ainsi tout le monde s'est corrigé ; il n'y a que quelques entêtés comme moi, qui, répétant toujours les mêmes vérités, sont restés incorrigibles.

Il a fallu qu'un malheureux article VIII se rencontrât dans un projet de loi sur les postes, pour me forcer à monter de nouveau à la tribune. En vérité, messieurs, je ne sais trop que vous dire, car je ne veux pas même effleurer aujourd'hui des questions que je me propose d'examiner plus tard, lorsque nous discuterons le projet de loi relatif à la police de la presse [1]. Il m'auroit beaucoup mieux convenu de me taire jusqu'à l'arrivée de ce projet; mais enfin il ne sera pas dit que j'aie laissé passer un article vexatoire pour la liberté de la presse, sans avoir au moins protesté contre.

Je déclare ne porter aucune inimitié secrète au présent projet de loi, considéré dans sa généralité : mon instinct de voyageur me rend plutôt favorable à l'institution des postes. Que l'on retranche l'article VIII du projet de loi, et je suis prêt à voter pour ce projet. Afin de ne rien perdre, on pourra transporter, si l'on veut, cet article dans le projet de loi sur la presse; il en est tout-à-fait digne, et lui appartient par ordre de matières. En effet, messieurs, cet article VIII se trouve dans le projet de loi actuel, on ne sait trop pourquoi : c'est un paquet dont on aura mal mis l'adresse, et que le courrier aura porté à une fausse destination.

J'ai néanmoins entendu dire que le projet de loi sur le tarif des postes a été conçu avant le projet de loi sur la presse. Ainsi l'article VIII, innocent d'intention et d'origine, se trouveroit par le plus grand hasard du monde avoir un air de complicité

---

[1] Voyez, dans les *Mélanges politiques*, l'opinion de l'auteur sur ce projet de loi.

et de parenté avec un étranger qui me paroît fort suspect. Si cela est, il faut plaindre la loi des postes d'être arrivée aux Chambres avec la loi de la presse, comme nous avons gémi de voir l'indemnité des émigrés accolée aux 3 pour 100 : rien ne montre mieux le danger des liaisons.

On assure qu'il n'y a rien d'hostile dans l'article VIII contre la liberté de la presse : c'est, dit-on, une mesure purement fiscale. Les journaux gagnent beaucoup d'argent : n'est-il pas juste qu'ils en rendent quelque chose ? D'ailleurs, ne pourront-ils pas accroître la dimension de leur papier ? Ces bonnes raisons, et mille autres encore meilleures, ont engagé à produire l'état commercial des journaux, ou le bilan de l'opinion publique : on a vu à qui cette opinion avoit fait banqueroute.

Ainsi, messieurs, les journaux, moyennant la somme de 600,000 francs qu'ils paieront de plus au trésor, auront l'inappréciable avantage de pouvoir s'enfler à la grosseur du *Moniteur* : ils pourront, en élargissant leur *justification* et en grossissant leurs *caractères*, transformer le petit in-folio dans le grand in-folio sans plus de dépense d'esprit et sans augmentation de frais de rédaction. Ils en seront quittes pour payer le papier plus cher, et une taxe plus élevée : bénéfice certain pour les propriétaires de ces feuilles ; et si, par contagion, en atteignant la taille du *Moniteur*, les journaux partageoient les autres destinées du journal officiel, ils auroient alors, en vertu de la loi des postes, un avantgoût des joies que la loi de la presse leur prépare.

Cependant, ce nouveau droit sur les journaux est-il réparti comme il devroit l'être, pour produire, indépendamment du résultat fiscal, la conséquence morale que sans doute on en espère? Non, messieurs, car cet article frappe également tous les journaux, quel que soit leur contenu. Les personnes habiles en matières de douanes ont très bien distingué les différentes grandeurs de papier, afin de leur faire payer un tarif proportionnel : espérons que l'on finira par inventer pour la pensée ces espèces de petits instruments avec lesquels on s'assure du nombre des fils qui composent un tissu, afin de l'assujettir à un droit plus ou moins élevé. Si les idées sont généreuses, elles paieront une surtaxe; on sera plus indulgent pour une autre espèce d'idées, marchandises dont il est bon que le peuple jouisse à vil prix, et dont même la contrebande sera tolérée.

En attendant ce perfectionnement, le gouvernement percevra-t-il les 600,000 francs qu'il espère? J'en doute.

On a calculé cette somme sur le nombre des journaux existants; mais, pour lever des contributions, il ne faut pas tuer les contribuables. Si la loi sur la presse venoit malheureusement à être adoptée, combien resteroit-il de journaux?

Il est donc plus que probable que les 600,000 fr. qu'on espère obtenir par la taxe sur les journaux n'entreront point dans les coffres publics; on aura nui à la liberté de la presse sans tirer aucun avantage pécuniaire de la mesure. Les trois quarts et demi des journaux périront : si même ils devoient survivre, il suffiroit, comme on l'a remarqué, qu'ils s'abstinssent de paroître le dimanche pour que l'impôt ne rendît pas une obole. Je sais que les compagnies formées pour l'amortissement des journaux s'écrieront : « Attrapez-nous toujours de même ! « Nous consentons volontiers à dédommager le gou-« vernement, à perdre 600,000 francs pour qu'il n'y « ait pas de journaux le dimanche, 600,000 autres « francs pour qu'il n'y en ait pas le lundi, et ainsi « de suite toute la semaine. Combien faut-il de mil-« lions pour retourner au temps où l'on faisoit une « croix au bas d'un acte, déclarant ne savoir signer ? « Parlez : nous nous cotiserons. » Ne prenez pas ceci, messieurs, pour une mauvaise plaisanterie ; il y a telles personnes qui achèteroient de toute leur fortune la ruine de la liberté de la presse pour arriver à la destruction de la Charte ; elles ne s'aperçoivent pas que la Charte est la seule chose qui les mette à l'abri :

>. . . . . . Le cerf hors de danger
> Broute sa bienfaitrice.

Il me semble, messieurs, que l'on pourroit trouver dans un budget d'un milliard les 600,000 francs nécessaires à l'exécution du projet de loi que nous examinons, sans prélever cette somme sur les canaux où coule la principale de nos libertés. L'article VIII a l'inconvénient d'introduire une disposition politique dans une loi d'administration, et une disposition fiscale dans une loi qui n'est pas une loi de finances. Pour être conséquent, il faut renvoyer cet article au budget ou au projet de loi sur la police de la presse. Au reste, en attaquant l'article VIII comme ne remplissant pas son but, et comme anomalie dans le projet de loi, ce n'est pas la grande raison pour laquelle je le repousse.

Que les journaux soient embarrassants à porter par leur poids et leur volume; qu'ils coûtent plus à l'administration qu'ils ne lui rapportent; qu'il y ait justice à leur faire payer quelque chose de plus pour avoir l'avantage d'un départ quotidien, peu m'importe : je veux bien ne rien contester de tout cela; car ce n'est pas là pour moi la question; ces petits détails administratifs sont dominés par un intérêt supérieur : au fait matériel se trouve mêlé le fait moral et politique. Il s'agit moins de connoître les poids et les distances, les embarras des commis et le prix des transports, que de savoir s'il faut gêner ou encourager la circulation de la presse périodique dans une monarchie constitutionnelle. Ainsi posée, la question doit être résolue autrement que par des additions de kilomètres et des multiplications de décimes. Mais cette question se lie à un système général dont les développements ne seroient pas à leur place dans la discussion d'une loi sur le tarif des postes. Je me contenterai donc de dire en peu de mots les motifs de mon vote; ces motifs, les voici :

Dans une législation où la liberté de la presse n'existe que par privilége, mon devoir est de refuser mon assentiment à tout ce qui donneroit de nouvelles entraves à cette liberté; si la presse étoit libre en France comme en Angleterre et aux États-Unis, je serois moins opposé à la chose qu'on me demande; mais ajouter un anneau à une chaîne déjà trop pesante, pressurer encore une propriété dont on vient de rendre les conditions doublement onéreuses, c'est à quoi je ne puis consentir.

Je ne puis consentir davantage à ce dernier paragraphe de l'article VIII, qui prive les recueils consacrés aux lettres de l'avantage accordé aux bulletins périodiques consacrés aux arts, à l'industrie et aux sciences. Et comment distinguerez-vous ce qui appartient aux lettres de ce qui appartient aux sciences? Où sera la ligne de démarcation? Aurez-vous à chaque bureau de poste un commis-priseur de l'intelligence humaine, un écrivain-juré à la police qui décidera que ceci est du domaine de Newton, et cela du ressort de Montesquieu?

Il y a là-dedans quelque chose à la fois de puéril et de sauvage qui fait véritablement rougir. La France est-elle donc redevenue barbare? Quoi! c'étoit sous la Restauration qu'une pareille haine des lettres devoit éclater! Les poursuivre partout où elles se rencontrent, les aller chercher jusque dans les parquets de la poste, c'est joindre l'ingratitude à la déraison. Les amis de la royauté ne doivent pas oublier que cette royauté a été long-temps absente, que lorsqu'elle étoit sans soldats, les écrivains étoient restés seuls pour elle sur le champ de bataille. Et ici il n'y a point d'hyperbole : la mort, la déportation, les cachots, voilà ce qui attendoit le dévouement des gens de lettres. Ils ne demandoient aucune récompense, mais ils ne pouvoient pas deviner qu'ils méritassent d'être punis de leurs sacrifices. Que faisoient dans les jours d'oppression les accusateurs des anciens serviteurs du roi? Ces nouveaux défenseurs de la religion rétablie et du trône relevé, osoient-ils écrire? Dès ce temps-là ils avoient une telle horreur de la liberté de la presse, qu'ils se donnoient bien garde d'en user pour l'infortune et pour la légitimité.

Pourquoi proscrire les lettres? Si elles se rendent coupables, manquons-nous de lois à présent pour les punir? N'a-t-on pas vu déjà un écrivain accouplé à des galériens, et renfermé dans les cachots de la plus basse espèce de scélérats? Il y a des esprits austères qui approuvent ces choses; moi, je ne saurois m'élever à tant de vertu. Partisan de l'égalité des droits, je ne vais pas jusqu'à désirer l'égalité des souffrances. Je n'ai jamais aimé l'anarchie politique; je ne me saurois plaire à celle des crimes et des douleurs.

J'ai à peine le sang-froid nécessaire pour achever ce discours, lorsque je viens à songer qu'au moment où je vous parle on recueille peut-être dans une autre Chambre les suffrages sur un projet de loi qui, dans un temps donné et assez rapproché de nous, doit nécessairement faire tomber le monopole de la presse périodique entre les mains du pouvoir administratif, quel qu'il soit. Si ce n'est pas là un péril, et un péril de la nature la plus menaçante, j'avoue que je ne m'y connois pas. C'est vous, messieurs, qui achèverez de décider une question d'où peut dépendre l'avenir de la France. Des hommes qui, comme vous, joignent au savoir et au talent le respect pour la religion, le dévouement pour le trône, l'amour pour les libertés publiques; des hommes qui, comme vous, sont placés si haut dans l'opinion, sauront se maintenir à ce rang élevé, également inaccessibles à un esprit d'hostilité ou de complaisance. Le calme de nos discussions apaisera les passions agitées ; vous saurez réprimer les abus de la liberté de la presse sans violer les principes de cette liberté, et sans déroger aux droits de la justice.

Je vote coi tre le projet [1].

DISCOURS

PRONONCÉ A LA CHAMBRE DES PAIRS

CONTRE LE BUDGET DE 1828.

MESSIEURS, il m'a fallu faire un effort sur moi-même pour paroître à cette tribune. La Chambre héréditaire considérablement réduite par le départ d'un grand nombre de ses membres; la Chambre élective à peu près absente

---

[1] On sait que le projet de loi a été adopté.

tout entière; une attention fatiguée d'une session de plus de six mois, sont des circonstances qui ne laissent aucun espoir raisonnable de succès à l'orateur qui prend la parole.

De plus, si les vérités qu'il se propose de faire entendre sont sévères et vives, elles tombent mal dans un moment où les esprits refroidis sont peu disposés à les écouter. Au milieu d'une session, lorsque chacun est à son poste, que la polémique a toute son ardeur, un pair, un député entouré de ses amis, voit ses arguments repris et développés; ce qu'il n'a pas assez bien prouvé, d'autres le prouvent mieux que lui; mais à la fin d'une session, que dis-je! au dernier jour, à la dernière heure de cette session, l'orateur qui vient seul faire du bruit à une tribune ressemble à un artilleur qui tire un dernier coup de canon quand la bataille est finie.

Enfin, messieurs, quel est mon dessein? De vous engager à rejeter le budget; je prends bien mon temps! Chaque année le budget nous arrive trop tard pour être examiné avec soin: nous nous en plaignons, et nous n'en donnons pas moins notre passavant au milliard annuel. Ce n'est peut-être pas aussi bien que possible, mais c'est comme cela.

Au reste, il y a des rencontres d'affaires où, parmi les hommes même qui n'approuvent pas un système d'administration, le défaut de confiance produit le même effet que l'extrême confiance : ils sentent que la question est en dehors de la loi présente; peu leur importe alors que cette loi soit ou non discutée : ou ils se retirent, ou ils renoncent à des votes négatifs qui ne leur semblent plus qu'une taquinerie, qu'une petite querelle sur un grand sujet. Le mal poussé à un certain point, comme le bien arrivé à son comble, tue l'opposition. Je ne connois pas de symptôme plus formidable que ce consentement à laisser tout faire lorsque l'on ne peut rien empêcher.

Telle n'est pas ma politique; et c'est pour obéir à ma conscience que je parois à cette tribune, quelle que soit d'ailleurs une position dont je sens tous les désavantages.

Maintenant, nobles pairs, regardez-moi comme un annotateur fidèle, qui vient vous présenter l'histoire abrégée de la session, qui vient remettre sous vos yeux le tableau du passé, en essayant de soulever un coin du rideau derrière lequel se cache l'avenir. Les hommes ne sont pas tous des prophètes; mais, s'ils ne prédisent pas d'une manière rigoureuse l'événement à naître, ils peuvent souvent conjecturer, par la chose qu'ils voient, de la chose qu'ils verront, et procéder du connu à l'inconnu.

C'est en parcourant la série des actes de l'administration, c'est en recherchant dans l'avenir l'influence que de nouveaux actes, dérivés de ceux-ci, pourroient avoir sur nos destinées, que je me vais efforcer de justifier mon vote négatif. Je rejette le projet de loi du budget, non pour des raisons tirées uniquement de ce projet, mais pour une foule d'autres motifs : rien de plus logique; car, avant de remettre la fortune d'une famille entre les mains d'un régisseur, on veut savoir d'où il vient, ce qu'il est, ce qu'il a fait, et l'on se décide d'après l'enquête.

Depuis l'invention du 3 pour 100, de ce 3 pour 100 qu'on annonçoit être à 80 et à 82 sur diverses places, et qui tomba à 60 presque aussitôt qu'il eut paru; depuis l'établissement de ce fonds contradictoirement créé à l'intérêt réel de l'argent, de ce fonds que soutiennent à peine à 70 un syndicat, des banquiers intéressés à la hausse, et une Caisse d'amortissement détournée de son but; depuis l'invention de ce fonds d'agiotage, un esprit funeste s'est emparé de l'administration. L'humeur que donne une première faute à celui qui la commet détériore le naturel, et l'on ne retrouve plus les hommes que l'on croyoit avoir connus.

C'est ainsi que les agents actuels de l'autorité, après avoir été les plus zélés défenseurs de la liberté de la presse, s'en sont montrés les plus cruels ennemis; c'est ainsi que, sortis des rangs de l'opposition, qu'on appeloit *royaliste,* ils ont frappé les meilleurs serviteurs du roi. Pour n'en citer qu'un exemple, une administration née de la Chambre introuvable devoit-elle faire tomber un seul cheveu de la tête d'un député que je m'honore de compter au nombre de mes amis? Attaquer à la fois l'indépendance de la tribune législative et un dévouement presque fabuleux, n'est-ce pas blesser les choses les plus respectables?

Que les puissances du jour, avant leur élévation, n'aient donné aucun gage à la légitimité, je ne leur en fais pas un reproche; mais il y auroit eu peut-être plus de convenance à ne pas entrer dans les rangs de ceux dont on vouloit ensuite se déclarer ennemi : il falloit se souvenir que la fidélité est sacrée. Nobles pairs, la couronne communique ses vertus sans en rien diminuer; ainsi qu'elle a donné son hérédité à votre sang, elle a fait part de son inviolabilité aux malheurs supportés pour elle. C'est donc commettre une sorte de sacrilége que de toucher à ces malheurs; c'est abandonner les intérêts moraux; c'est réduire la vie aux intérêts matériels. Et alors, hommes du pouvoir, tenez-vous bien; car dans cette politique de l'ingratitude, on ne vous sert qu'autant que vous sourit la fortune.

Repousser les anciens serviteurs de la monarchie sans adopter les idées du siècle; punir les services des vieilles générations, et répudier les doctrines des générations nouvelles, n'est-ce pas rejeter tout appui? Il faut être bien riche pour n'avoir besoin ni de dévouement ni de liberté.

Considérez, messieurs, ce qui s'est passé depuis l'ouverture de la présente session; voyez s'il est possible de voter en sûreté le budget, si la force des choses ne commande pas, au contraire, d'user du moyen constitutionnel placé entre nos mains, d'en user pour obliger l'administration à modifier son système.

D'abord on présente un projet de loi contre la presse, lequel a pour but de rendre muette la presse non périodique, et de livrer la presse périodique au pouvoir. L'opinion se soulève d'un bout du royaume à l'autre. Le projet vient à votre Chambre; vous n'avez pas le temps d'en faire justice; un pouvoir bienfaiteur entend nos vœux : éclate alors une générale allégresse. Cette liberté de la presse qui intéresseroit tout au plus, répétoit-on, une douzaine de journalistes, cette liberté est si populaire, que la France entière se trouve spontanément illuminée; que, jusque sur des vaisseaux prêts à mettre à la voile, des matelots saluent de leur dernier cri, au nom de cette liberté, les rivages de la patrie.

L'administration est-elle éclairée? abandonne-t-elle ses voies impraticables après le renversement d'une mesure dont elle avoit déclaré ne pouvoir se passer? Non, messieurs, elle est aussi satisfaite du retrait du projet de loi, qu'elle étoit contente de la présentation de ce projet : défaite ou succès, tout lui est victoire.

Arrive la déplorable affaire du Champ-de-Mars. Un ministre a pris d'abord sur lui la responsabilité de la mesure; le lendemain il a fait entendre qu'une autre autorité avoit *provoqué* cette mesure, puis il a cru devoir expliquer ce mot de *provocation*, et revendiquer la gloire de sa déclaration première.

Un autre ministre, qui ne jugeoit pas les choses de la même façon, s'est retiré. L'opinion publique a entouré de ses respects cet homme de conscience et de vertu; elle a su gré à ceux des autres ministres qui passent pour avoir été opposés à un licenciement qui frappoit en masse une garde aussi dévouée que fidèle. Hier encore on s'affligeoit de chercher vainement à la fête du Dieu de la patrie la protection paisible de ces citoyens dont les femmes et les enfants prioient pour le salut du roi. Des méprises aussi graves ne me forcent-elles pas à rejeter les lois de finances, afin de couper court à des systèmes dont les auteurs seroient un jour les premiers à déplorer les conséquences?

Le 11 mai devoit être témoin d'un changement de scène. Tout le monde a lu dans le *Moniteur* les paroles prononcées le 10 février, lors de la présentation de trois projets de loi concernant le règlement définitif du budget de 1825, les suppléments nécessaires pour 1826, et la fixation du budget de 1828 : il est essentiel de reproduire ces paroles.

M. le ministre des finances, après avoir annoncé un excédant de 22,219,544 francs qu'il propose d'appliquer à la dotation du service, ajoute :

« C'est par l'exposé de ces faits, dont la France
« entière peut apprécier l'exactitude, que nous avons
« dû repousser les efforts sans cesse renouvelés
« pour altérer la confiance et la sécurité sur les-
« quelles repose le maintien de cette heureuse si-
« tuation.

« Le sens exquis de la nation rend lui-même ses
« efforts moins dangereux...

« Un fait, le dernier que je puisse fournir à la
« Chambre en ce moment, prouvera sans réplique
« l'indifférence du pays pour toutes ces déclama-
« tions mensongères : nous n'en avons jamais été
« plus assourdis que durant le mois qui vient de
« finir. Hé bien, messieurs, les produits des taxes

« sur les consommations et les transactions se sont
« élevés durant ce mois à 2,860,000 francs de plus
« que ceux du mois correspondant en 1826. »

Voilà, messieurs, des paroles remarquables.

Le 18 avril, à propos d'une pétition, on disoit encore : « Loin d'être en déficit, il me semble que
« nous nous trouvons dans une position aussi forte
« et aussi heureuse que jamais. La discussion du
« budget le prouvera. »

Eh bien, messieurs, le 11 mai on adhéroit au retranchement de 23,000,000 de francs, retranchement proposé par la commission de la Chambre des députés ; on déclaroit que, « lorsque la com-
« mission avoit fait son rapport, il y avoit déjà une
« diminution sur les trois premiers mois de cette
« année (1827) ; qu'un autre déficit s'étant présenté
« sur le mois d'avril, la commission proposoit de
« retrancher la totalité des augmentations deman-
« dées. »

Comment! le 10 février, jour de la présentation du budget, une diminution étoit déjà commencée, le 18 avril elle avoit continué, et l'on n'en persistoit pas moins à tenir le langage que l'on est forcé de démentir le 11 mai!

Le sens exquis de la nation, qui ne prenoit aucune part *aux déclamations mensongères* dont les ministres étoient *assourdis*, ce *sens exquis* qui payoit si bien le 10 février, et qui empêchoit même une perception rétrograde le 18 avril, ce *sens exquis* ne payoit cependant plus, alors même qu'on annonçoit un excédant de revenu dont on se hâtoit de partager les deniers entre tous les ministres ! on prétendoit régler en février, et pour toujours, une dépense fixe sur des recettes éventuelles qui déjà ne rentroient plus !

Ou l'administration ignoroit l'état réel des choses le 10 février et le 18 avril, ou elle le connoissoit : dans l'un ou l'autre cas, lui étoit-il permis de l'ignorer ou de le connoître, en s'exprimant comme elle s'exprimoit à ces deux époques ?

Je vous demande à présent, messieurs, puis-je voter le budget en étant forcé de reconnoître des contradictions si manifestes, de si notables erreurs ? On vous a fait entendre, dans l'exposé des motifs de ce budget, que si l'on étoit embarrassé pour les crédits, on y suppléeroit par le fonds d'un dégrèvement alloué; on avoit déjà dit la même chose le 25 et le 28 mai. C'est un moyen qu'on s'est réservé : mais que deviennent et les justes louanges qu'on s'est données à propos de ce dégrèvement, et les choses qu'on a dites sur le fardeau dont est accablée la propriété foncière ?

Nobles pairs, je ne ferai jamais d'un embarras dans nos finances un objet de triomphe, je me réjouirai si le mois de mai a ramené la fortune, s'il offre, comme on l'assure, un excédant qui s'élève à la somme de près de 4 millions; mais la plus-value du mois de mai ne fait rien au déficit du mois d'avril, et le déficit du mois d'avril n'a rien à voir avec la plus-value du mois de mai. La question, quant au système administratif, n'est pas des augmentations ou des diminutions alternatives des recettes; il peut y avoir à ces augmentations et à ces diminutions des causes tout-à-fait indépendantes du ministère; il s'agit de savoir si des ministres doivent tenir à la tribune un langage contradictoire de quinze jours en quinze jours ; s'ils doivent apporter en preuve de leur habileté des excédants de produits, alors que ces produits sont en baisse, et demander sur une prospérité présumée des crédits dont la base manque, au moment même où on les demande. A ce compte, puisqu'il y a amélioration dans les recouvrements du mois de mai, pourquoi ne viendroit-on pas réclamer les 23 millions que l'on a cédés? Il est vrai qu'en cas de réduction dans le chiffre de juin, ou de juillet ou d'août, il faudroit les abandonner de nouveau, et les deux Chambres, déclarées permanentes, passeroient toute l'année à faire et à défaire le budget.

La commission de la Chambre des députés a trouvé dans le budget de 1825 un déficit de plus de 131 millions; la dette flottante est augmentée de 60 millions. Si les places fortes étoient réparées; si le matériel de la guerre s'étoit récupéré de ses pertes; si nos monuments s'élevoient; si nos chemins n'étoient pas dégradés; si notre marine étoit pourvue de bois et de vaisseaux; si les vénérables Pasteurs de nos campagnes avoient le pain suffisant, on auroit quelque consolation; mais peut-on se rassurer entièrement, lorsque l'accroissement futur de l'impôt est au moins matière de doute, et que les services publics sont en souffrance?

Il est trop prouvé qu'on s'est trompé quelquefois dans ces matières de finances auxquelles d'anciennes études ne m'ont pas laissé tout-à-fait étranger : on s'est trompé sur les 3 pour 100 ; on s'est trompé sur l'application exclusive de l'amortissement à cette valeur, puisque, acquise au terme moyen de 68, c'est comme si on avoit acheté du 5 à 113, lorsqu'on pouvoit prendre celui-ci au pair ; on s'est trompé sur le prétendu milliard des émigrés ; on s'est trompé sur l'affaire de Saint-Domingue. Qui paiera les colons de Saint-Domingue, si le président Boyer ne remplit pas les conditions du traité ? La France ? Les Chambres ont-elles voté des fonds pour cette dette ?

J'entends dire que le semestre des obligations d'Haïti sera soldé à bureau ouvert chez les banquiers chargés de cette opération ; mais de quel semestre s'agit-il ? De celui qui représente l'intérêt du premier cinquième du capital, ou l'intérêt du premier et du second cinquième échu ? Qu'y a-t-il, en un mot, d'acquitté du prix d'une colonie si étrangement cédée par ordonnance, sans même avoir entre les mains une garantie de l'exécution du traité ? Que de choses inconnues vos seigneuries devroient pourtant connoître !

Il y auroit beaucoup à dire sur les bons du trésor, sorte de papier-monnoie à la disposition de M. le ministre des finances. Dans quel état se trouvent les caisses publiques ? Possèdent-elles leurs fonds respectifs, ou les ont-elles prêtés sur dépôts de rentes, peut-être sur simples reçus à des maisons de banque qui peuvent, comme les joueurs sur la rente, subir les chances de la Bourse ?

On conçoit que dans une machine aussi vaste, aussi compliquée que les finances de la France, on soit tenté quelquefois de faire des revirements de parties; des déplacements de fonds spéciaux pour appliquer ces fonds à une nécessité urgente : on vient au secours d'un service en péril; on soutient un capitaliste; on arrête une baisse avec l'intention de remettre toutes choses à leur place par des rentrées qu'on attend : un milliard passe annuellement à travers les coffres de l'État; quel ressource! on s'y fie.

Mais il faut qu'aucune chance ne vienne déranger les calculs; il faut un repos absolu dans les hommes et dans les choses; il faut du temps, et le temps échappe. Que le plus petit événement arrive, les fonds baissent, les banquiers à qui on a trop sacrifié se retirent, le désordre reste dans l'intérieur des affaires : tout est dérangé, tout est compromis; et, du plus haut point de prospérité financière en apparence, on tombe au fond d'un abîme.

Il est certain que, par suite des emprunts, des services de la guerre d'Espagne, et surtout de l'établissement du 3 pour 100, diverses phases ont dû avoir lieu dans les fortunes des capitalistes. Ceux qui peuvent se trouver encombrés de 3 pour 100, et qui sont forcés de jouer à la Bourse sur eux-mêmes, auront besoin de pomper long-temps l'amortissement, afin de remplir le vide de leurs coffres. Qu'on désire les soutenir pour empêcher les fonds de fléchir, rien de plus naturel; mais il faudroit nous plaindre si nous en étions à ces sacrifices, à ces fictions de prospérités.

Quel moyen avez-vous, messieurs, de connoître la vérité? Comment éclairciriez-vous la moindre des graves questions que je viens de faire? Ne faudroit-il pas nous contenter de réponses quelconques ou du silence de la partie intéressée?

Si je demandois avant de voter l'impôt quelles sont les sommes réelles engagées dans le syndicat par les receveurs généraux; si je voulois connoître l'action de ces agents comptables à la Bourse, les gains qu'ils ont faits ou les pertes qu'ils ont éprouvées; si je m'enquérois de l'état de leurs caisses publiques; si je soutenois que cette association menaçante fait refluer à Paris les capitaux, en desséchant les provinces, on me répondroit ce que l'on voudroit; on me diroit que tout va à merveille, que toutes les précautions sont prises, qu'on peut s'en fier à la prévoyance de l'administration : l'administration avoit-elle prévu, le 10 février, la diminution de revenu sur les trois premiers mois de l'année?

La Banque de France est encombrée d'argent mort, le commerce est paralysé, les paiements se font souvent en métalliques transportés par les diligences comme dans les temps de la plus grande stagnation des affaires.

Avons-nous sur le recouvrement des impôts les renseignements nécessaires? Il y a des lois de finances qui s'appliquent en raison ascendante du nombre des individus. Si des recensements inexacts faisoient, involontairement sans doute, monter la population d'une commune au-delà de son taux réel, on pourroit venir vous annoncer un accroissement de recettes qui ne seroit au fond qu'une augmentation d'impôt illégal.

J'appelle fortement l'attention de Vos Seigneuries sur le sujet que je viens de toucher : un déficit plus ou moins contestable ou contesté ne seroit pas la seule plaie de nos finances. Je désire que le temps ne justifie pas mes craintes. Pour quiconque étudie l'opinion, la position politique s'altère; une révolution s'accomplit dans les esprits; nous marchons vers le terme de la septennalité; force sera d'arriver à un dénoûment. Je sais qu'un ou deux ans paroissent à bien des gens l'éternité; mais nous, gardiens héréditaires du trône, nous ne verrons pas d'un œil aussi tranquille un si court avenir.

C'est maintenant de cet avenir que je vais tirer les autres raisons qui m'obligent à repousser les lois de finances.

Ici, messieurs, je le sais, je porte la main à une plaie vive; tout autre que moi auroit besoin de dévouement pour aborder un pareil sujet. Mais que suis-je? un naufragé, *sævis projectus ab undis*, un homme qui ne dérange rien dans sa vie, en ajoutant quelques vérités à toutes celles dont il s'est déjà rendu coupable.

Avant de m'expliquer, je dois avouer loyalement que je ne crois pas tout-à-fait à l'exécution des projets que je me propose de développer et de combattre : si j'ai trop de franchise pour caresser les foiblesses du pouvoir, je suis aussi trop sincère pour l'accuser d'un mal auquel il ne me semble pas encore participant; mais il peut être entraîné à ce mal, et dans l'appréhension où je suis d'une influence funeste, je dois rejeter le budget pour rejeter à la fois tous les périls.

Des idées malfaisantes sont certainement entrées dans les têtes mal organisées; en se répandant au dehors elles ont effrayé le public : ces idées ont pris une telle consistance, que des députés ont cru devoir en occuper la Chambre élective.

Ce seul fait nous force à nous expliquer. Quand nous aurions voulu nous taire, cela ne nous seroit plus possible; nous ne pouvons rester muets lorsque l'autre Chambre a pris l'initiative sur des desseins dangereux à l'État; nous ne pouvons laisser clore la session sans dire nous-mêmes quelques mots, nous, messieurs, qui sommes les principaux intéressés dans cette affaire. J'ose réclamer votre attention, c'est principalement de la pairie qu'il s'agit. Il est bon que cette matière soit une fois pour toutes éclaircie et traitée dans cette tribune. Les ministres de Sa Majesté y trouveront l'avantage de se fortifier dans la résolution où je les suppose, de ne pas se laisser entraîner aux dernières mesures de perdition; mesures qui, tout incertaines qu'elles sont, m'empêchent d'accorder un milliard à des hommes qui peuvent n'avoir plus assez de force pour résister au parti qui les presse et les déborde. Je viens au fait.

On entend répéter, relativement à l'armée, à la

magistrature, aux colléges électoraux, des choses si étranges, que je ne les mentionnerai point. Je me renfermerai dans le probable, parce qu'on peut toujours raisonner sur le probable, lorsqu'il est la suite d'une position donnée.

Je vous dirai donc, messieurs, que ceux dont l'esprit d'imprudence inspira le projet de loi contre la liberté de la presse n'ont pas perdu courage. Repoussés sur un point, ils dirigent leur attaque sur un autre, ils ne craignent pas de déclarer à qui veut les entendre que la censure sera établie après la clôture de la présente session.

Mais, comme une censure qui cesseroit de droit un mois après l'ouverture de la cession de 1828 seroit moins utile que funeste aux fauteurs du système, ils songeroient déjà au moyen de parer à cet inconvénient : ils s'occuperoient, pour l'an prochain, d'une loi qui prolongeroit la censure, ou d'une loi à peu près semblable à celle dont la couronne nous a délivrés.

La difficulté, messieurs, seroit de vous faire noter un travail de cette nature, si, d'ailleurs, il étoit possible de déterminer les ministres eux-mêmes à l'accepter. Vous n'avez pas de complaisance contre les libertés publiques. Quel moyen auroit-on alors de changer votre majorité? Un bien simple selon les hommes que je désigne : obtenir une nombreuse création de pairs.

Avant de toucher à ce point essentiel, jetons un regard sur la censure.

Les auteurs des projets que j'examine en ont-ils

bien calculé les résultats? Quand on établiroit la censure entre les deux sessions, si cette censure décriée par les ministres eux-mêmes ne produisoit rien de ce que l'on veut qu'elle produise; si elle n'avoit fait que multiplier les brochures; si le ministère avoit brisé le grand ressort du gouvernement représentatif, sans avoir amélioré les finances, sans avoir calmé l'effervescence des esprits; si au contraire les haines, les divisions, les défiances s'étoient augmentées; si le malaise étoit devenu plus général; si l'on avoit donné une force de plus à l'opposition, en lui fournissant l'occasion de revendiquer une liberté publique, comment viendroit-on demander aux Chambres la continuation de cette censure? On conçoit que, du sein de la liberté de la presse, on réclame la censure sous prétexte de mettre un frein à la licence; mais on ne conçoit pas que, tout chargé des chaînes de la censure, on sollicite la censure, lorsqu'on n'a plus à présenter pour argument que les flétrissures de cette oppression.

L'abolition de la censure, le retrait de la loi contre la liberté de la presse, sont des bienfaits de Charles X; rien ne seroit plus téméraire que d'effacer par une mesure contradictoire le souvenir si populaire de ces bienfaits. Et quelle pitié d'établir au profit de quelques intérêts particuliers une censure qu'on n'a pas cru devoir imposer pendant la guerre d'Espagne, lorsque le sort de la France dépendoit peut-être d'une victoire! Nous nous sommes confiés à la gloire de M. le dauphin: il n'est pas aussi sûr, j'en conviens, de s'abandonner à toute autre gloire; mais enfin, que messieurs les ministres aient foi en eux-mêmes; qu'ils nous épargnent la répétition des ignobles scènes dont nous avons trop souffert. Reverrons-nous ces censeurs proscrivant jusqu'aux noms de tels ou tels hommes, rayant du même trait de plume et les éloges donnés aux vertus de l'héritier du trône, et la critique adressée à l'agent du pouvoir?

Après avoir été témoin des transports populaires du 17 avril, on ne peut plus nier l'amour de la France pour la liberté de la presse. Dans quels rangs pourriez-vous donc trouver aujourd'hui des oppresseurs de la pensée? Parmi des fanatiques qui courroient à la honte comme au martyre, et parmi des hommes vils qui mettroient du zèle à gagner en conscience le mépris public.

Je suis heureux, messieurs, de pouvoir m'appuyer dans cette matière des témoignages les plus décisifs. J'invoque l'irrécusable autorité de quelques-uns de messieurs les commissaires du roi, présents à cette séance. J'en appelle à mon illustre ami M. de Bonald, à mon noble collègue le marquis d'Herbouville : avec quelle force de raison tous n'ont-ils pas foudroyé la censure! Écoutez, messieurs, des paroles bien plus puissantes que les miennes, ce sont celles de M. le président du conseil :

« Un seul exemple prouvera, disoit-il en 1817,
« quel abus un ministre peut se permettre de ce
« pouvoir exorbitant: J'ai tenu, dit un homme d'État,

« j'ai tenu dans mes mains, en 1815, l'épreuve
« d'un journal dans lequel la réponse faite au mi-
« nistre par mon honorable ami M. de Corbière,
« comme rapporteur de la commission du budget,
« avoit été effacée par le censeur, dans la partie
« qui tendoit à laver la commission d'une inculpa-
« tion grave dirigée contre elle. »

M. le comte de Corbière, allant encore plus loin que son collègue, s'écrie dans toute la puissance de sa conviction : « N'a-t-on pas vu naguère que les « journaux, tombés sous le joug du despotisme, « étoient devenus des instruments d'oppression et « de servitude ? C'est la meilleure preuve du dan- « ger de subjuguer les journaux. »

Qu'ajouter, messieurs, à de telles paroles ? Qu'on le dise : sont-ce là les doctrines que l'on professe encore ? Je vote le budget.

Dans les provinces où il n'y a presque aucun moyen de vérifier les faits, de réparer les omissions du journal censuré, la défiance et le mécontentement se prolongent; qu'une brochure paroisse alors, cette brochure, lue et oubliée dans vingt-quatre heures à Paris, occupe et agite un département pendant six mois. Plus elle est proscrite, plus elle est recherchée; elle remplace et vaut, dans un moment décisif, cent articles de journaux. On en fait des copies à la main; elle devient, pour ainsi dire, le manuel des élections. Je parle, messieurs, d'après mon expérience. Vous me pardonnerez, en faveur de la cause importante que je plaide devant vous, de me laisser aller à un mouvement d'amour-propre.

Je garde précieusement une lettre dans laquelle on a l'extrême bonté de m'apprendre l'effet produit à Toulouse par la publication de *la Monarchie selon la Charte;* lettre par laquelle on veut bien me féliciter d'avoir contribué au succès de quelques nominations dont la France a retiré de si grands avantages.

L'opinion publique étoit-elle plus hostile au ministère de cette époque qu'elle ne l'est au ministère actuel? Non, messieurs, elle l'étoit beaucoup moins. Cette opinion publique, saisie toute vive aujourd'hui par la censure, seroit conservée et transportée telle qu'elle est aux élections prochaines.

Ou je me trompe fort, ou les véritables ennemis des ministres se réjouissent au fond du cœur de l'établissement présumé de la censure. Il est de fait que la liberté de la presse périodique s'affoiblit chaque jour, faute de pouvoir trouver de nouvelles formules de plaintes. Imposez la censure, et à l'instant l'opposition reprendra sa première vigueur; elle sera justifiée de tout ce qu'elle a dit contre le pouvoir ministériel; placée sur un excellent terrain, elle attendra une victoire certaine.

Pour moi, messieurs, je ne voterai jamais le budget tant que j'aurai à craindre qu'un ministère, ou par calcul ou par foiblesse, consente à supprimer la liberté de la presse périodique; je voterai encore bien moins ce budget si l'établissement même de la censure doit, par une conséquence forcée, et pour prolonger légalement la censure, amener la tentative d'un dérangement dans la majorité de la Chambre héréditaire.

Nous voici revenus, nobles pairs, à la grande question, question telle à mes yeux qu'elle domine toutes les autres. Il est bien temps de s'occuper de loi de finances, quand on sait que les hommes influents sur les décisions du pouvoir vont jusqu'à rêver des mesures destructives de la pairie.

Vous vous en souvenez, messieurs, lorsqu'une nombreuse nomination de pairs eut lieu autrefois, un de vos collègues, courageux à cette tribune comme il l'avoit été à Quiberon, un noble vicomte dont vous avez entendu prononcer dernièrement l'éloquente oraison funèbre, vous proposa une humble adresse au roi, afin de le supplier de choisir d'autres ministres.

Que seroit-ce en effet qu'une assemblée où, pour faire passer les lois les plus désastreuses, des ministères successifs pourroient tour à tour, au gré de leurs passions, de leurs intérêts et de leurs systèmes, introduire de nouveaux pairs?

Où seroit le terme de ces créations, tantôt pour des lois déjà en partie discutées, tantôt pour de simples amendements? Ne ressembleroient-elles pas à des commissions contre les choses, comme on nommoit autrefois des commissions contre les hommes?

Mais dans le cas même où l'on prétendroit étouffer au sein de cette noble Chambre la première de nos libertés, ne seroit-on pas déçu? Les nouveaux pairs auroient-ils cet esprit de docilité dont on les gratifie d'avance? Se chargeroient-ils de la responsabilité qu'on eût désiré leur imposer? Se voudroient-ils laisser soupçonner d'avoir acheté, aux dépens des libertés de la France, la première dignité de la monarchie ? Enfin j'ose croire que si de pareils projets pouvoient jamais s'accomplir, mes nobles collègues actuels, ceux dont j'ai le malheur de ne pas partager aujourd'hui l'opinion, déserteroient les drapeaux des ministres : l'honneur nous rendroit la majorité qu'auroit voulu nous enlever la violence.

Si je traite du principe, il me sera facile de prouver qu'augmenter la Chambre des pairs, de manière à changer la majorité des suffrages, c'est violer la Charte.

La Charte n'admet point la dissolution de la Chambre des pairs : or, des accroissements démesurés de cette Chambre, ayant pour but d'en briser la majorité, ne seroient autre chose qu'une dissolution sous une autre forme; ainsi, l'on violeroit réellement la Charte en donnant à la Chambre héréditaire la constitution de la Chambre des députés; et on lui donneroit cette constitution, puisqu'elle deviendroit, par le fait, dissoluble et élective.

Mais cette espèce d'anéantissement de la Chambre héréditaire auroit les résultats les plus funestes, résultats que n'a pas la cassation de la Chambre élective. Celle-ci, rappelée, revient avec le nombre fixe de ses membres, dans ses proportions légales. La Chambre haute, renouvelée par une accession de pairies, reparoîtroit considérablement augmentée.

Poussez les choses à leur dernière conséquence, et

vous arriverez par différentes dissolutions, c'est-à-dire par différentes augmentations de la Chambre des pairs, à former dans l'État un corps aristocratique si puissant, ou si impuissant, qu'il usurperoit les autres pouvoirs, ou qu'il tomberoit dans le plus profond avilissement. La pairie seroit tout, ou ne seroit rien; la Charte seroit anéantie.

D'un autre côté, les deux Chambres pouvant être dissoutes, l'équilibre des trois pouvoirs se trouveroit rompu : on seroit menacé ou de la dictature ministérielle, ou du retour de la monarchie absolue.

Et pourquoi joueroit-on ce terrible jeu? Pour obtenir un succès dans une loi! Succès bien court, car enfin il n'est pas dit que tous les pairs nouvellement nommés voteroient éternellement avec un ministère qui ne seroit pas lui-même éternel. C'est donc pour le triomphe d'un moment que l'on vicieroit à jamais un des premiers éléments de la Charte; c'est à la nécessité d'une heure, à l'ambition d'un jour, que l'on sacrifieroit l'avenir.

Il y a des ressources contre la censure; faussez l'institution de la pairie, où est le remède?

Supposez qu'on nous envoyât soixante pairs à la session prochaine pour faire passer un projet contre la liberté de la presse : voilà ce projet devenu loi. Un an, deux ans après, peu importe, vient un autre ministère; celui-ci trouve que la loi dite salutaire à la France la met au contraire en péril; vite soixante autres pairs pour défaire l'ouvrage des soixante premiers. Ce second ministère tombe; un troisième arrive dans des opinions opposées : vite soixante autres pairs pour remettre les choses en bon état. Un quatrième... Je m'arrête, messieurs; l'absurdité et l'abomination de ces procédés ont-elles besoin d'une plus longue démonstration?

Qu'on ne dise pas que ces lois contradictoires sur la presse, ou sur tout autre objet, n'auroient pas lieu : depuis la restauration vous avez eu quinze lois et fragments de lois concernant la presse, et sept ou huit ministères.

Le résultat de ces exagérations seroit qu'un jour la Chambre héréditaire périroit, comme je l'ai déjà dit, ou qu'on seroit obligé de la réformer par un déplorable coup d'État. On se trouveroit dans la monstrueuse nécessité de priver arbitrairement de la pairie ceux ou les enfants de ceux à qui on l'auroit conférée légalement, mais aux dépens de l'institution. On verroit peut-être la législature par des lois, la pairie par des règlements, essayer de se mettre à l'abri, et faire revivre contre des ministres, pour abus de conseil, le crime de lèse-majesté.

Sans recourir à des mesures désastreuses, il y a, messieurs, un moyen sûr de dominer vos suffrages; c'est de ne vous proposer que des choses approuvées par la raison. Je ne sache pas une loi utile qui n'ait passé dans cette Chambre, je ne dis pas à la majorité, mais à la presque unanimité des votes. Est-ce là une majorité factieuse? Parler d'altérer cette majorité par une création nombreuse de pairs, seroit presque avouer l'intention de nous présenter des projets pour lesquels on auroit à craindre les impartiales investigations de votre sagesse. Les ministres de Sa Majesté seroient sans doute les premiers à repousser cette supposition.

Remarquez bien que tout ce que je dis pour la Chambre des pairs s'applique dans des proportions correspondantes à la Cour des pairs, de sorte que les ministres puissants et coupables seroient libres d'augmenter les juges de cette Cour suprême dans des procès criminels; ils auroient la possibilité, s'ils étoient accusés par la Chambre élective, d'assembler un tribunal de nature à déclarer leur innocence: leur responsabilité disparoît. On sent dans des temps de trouble, de minorité, de successions à la couronne, jusqu'où cela peut aller.

Mais la Chambre héréditaire ne peut-elle donc être augmentée? La Chambre des lords en Angleterre n'est-elle pas plus nombreuse que la Chambre des pairs en France, bien que la population de ce dernier royaume surpasse d'un tiers la population des trois royaumes-unis? Ai-je la coupable prétention de borner l'exercice de la prérogative de la couronne?

La constitution de la pairie dans la Grande-Bretagne est, messieurs, toute différente de la constitution de la pairie actuelle en France. Les pairs d'Angleterre, qui dérivent leur puissance de la *loi normande*, représentent la propriété foncière, que vous ne représentez pas; ils la représentent d'origine, par usurpation ou conquête, comme petits souverains jadis féodaux. En cette qualité, ils peuvent être nombreux, parce qu'ils sont primitivement les députés du sol, tandis que les communes sont, du moins en théorie, les députés de la liberté et de l'industrie nationale.

Vous, messieurs, vous n'avez rien usurpé, vous êtes un corps aristocratique fait pour balancer l'autorité de la couronne et du peuple; vous êtes nés non d'un fait accompli, la possession, non de votre propre pouvoir, mais d'une combinaison politique, d'une volonté placée hors de vous, abstraction faite de vos propriétés territoriales. Vous représentez un principe plutôt qu'un intérêt; sous ce rapport, le resserrement de votre nombre est une nécessité presque absolue pour augmenter le prix d'une institution que le temps n'a pas encore consacrée.

Vous pouvez sans doute être augmentés, mais lentement, mais avec mesure, si l'on veut que la pairie soit une institution utile et non pas nuisible à l'État.

Voilà pour le principe : voici pour l'histoire.

Le nombre des pairs en Angleterre a-t-il toujours été ce qu'il est aujourd'hui? Jugez-en, messieurs.

En 1215, douze évêques et vingt-huit barons seulement sont témoins de la concession de la grande Charte.

En 1265, le Parlement appelé *Leicester,* où l'on remarque le premier modèle de la division du Parlement en deux Chambres, ne donne que cinq comtes et dix-huit barons.

En 1377, un duc, treize comtes, quarante-sept barons, des évêques, vingt-deux abbés et deux prieurs composent toute la Chambre haute.

En 1539, après la réforme religieuse, vous ne

trouvez que quarante et un lords temporels, vingt lords spirituels, et en tout soixante et un pairs.

Ainsi, messieurs, pendant trois siècles, de 1215 à 1539, la pairie angloise ne s'est composée que de quatre-vingts à cent pairs, et il a fallu trois siècles pour qu'elle arrivât au nombre où nous la voyons aujourd'hui. Et nous, nous prétendrions créer en six ans autant de pairies que les Anglois en ont institué en six siècles!

Mais je conteste donc à la couronne le droit de créer des pairs? J'attaque donc à la fois la prérogative royale et l'article 26 de la Charte?

Je contesterois à la couronne elle-même le droit de cesser d'être, si des conseillers imprudents l'exposoient au suicide politique : tout pouvoir peut se donner la mort par l'usage abusif de son droit, comme on se tue en se jetant sur la pointe de son épée. La royauté peut se détruire par la royauté, la Constitution par la Constitution. N'est-il pas possible de confisquer la Charte au profit de l'art. 10, comme je l'ai dit autrefois? Si on créoit un million, deux millions, trois millions de pairs, y auroit-il une Chambre des pairs, bien que le droit de plusieurs millions de pairs soit implicitement dans l'art. 26 de la Charte?

Qu'on abandonne l'argumentation tirée du droit rigoureux contre le droit possible, laquelle mène d'abord à l'absurde, ensuite à la destruction. C'est précisément cette même argumentation qui a fait dire : Périssent les colonies plutôt qu'un principe!

Quant à ceux qui me pourroient répondre : « Tant

« mieux si la Charte périt! Il est bon d'en fausser les
« institutions, pour la rendre impossible; » à ceux-là
je n'aurois rien à répliquer.

Me résumant sur ce point, je ne conteste rien de
légal à la couronne dans les limites de sa propre
sûreté; mais je disputerois aux ministres le droit de
faire nommer des pairs pour conserver des porte-
feuilles, pour changer une majorité, pour corrompre et pour renverser finalement nos institutions. Une simple création de douze pairs fit mettre
en accusation lord Oxford, la première année du
règne de George Ier. Les communes accusèrent ledit
comte « d'avoir enfreint les droits et l'honneur des
« seigneurs, en faisant créer douze pairs pour s'en
« servir à ses fins. »

Un grand exemple est dans ce moment même sous
vos yeux. Le ministère anglois semble avoir perdu la
majorité dans la Chambre haute; songe-t-il, ose-t-il
songer à une nombreuse nomination de pairs?

Quel sujet de réflexions si l'on voyoit parmi
nous les hommes qui ont le plus blâmé une précédente mesure comme attentatoire aux droits et à
l'existence même de la pairie, recourir à une mesure semblable!

A tout ceci que me dira-t-on, si toutefois ce discours vaut la peine d'une réponse? Me dira-t-on
que j'ai entretenu la Chambre de bruits de salons,
de nouvelles des rues, qu'il n'est question ni de
censure, ni de nominations de pairs? Plût à Dieu
que je fusse ainsi confondu! Avec quelle joyeuse
humilité je confesserois mes erreurs!

Me feroit-on une autre réponse qu'on a déjà faite, savoir, qu'on mettra ou qu'on ne mettra pas la censure, selon les circonstances; qu'on créera ou qu'on ne créera pas de pairs, selon qu'il sera avisé; qu'on ne doit pas venir ainsi au-devant des desseins du roi; qu'après tout on n'a rien à démêler avec mes paroles, puisque je me suis écarté de la question du budget, et que l'on ne répond pas à des déclamations?

Aujourd'hui, messieurs, les chiffres même sont des déclamations, quand ils ne disent pas ce qu'on veut qu'ils disent : le 5 pour 100 déclame contre le 3. Je ne suis pas sorti de la question du budget, puisque c'est de l'ensemble des faits et des craintes que je déduis les raisons qui m'obligent à rejeter les lois de finances. J'ai assez répété ce refrain pour qu'on l'ait compris, si on a voulu le comprendre.

Quant à l'impropriété de venir au-devant des desseins de la couronne, nous avons ici des idées trop précises du gouvernement constitutionnel pour supposer jamais qu'on puisse mettre un nom sacré, comme un bouclier impénétrable, au-devant de la responsabilité des ministres. Dans la monarchie absolue, le bon plaisir royal étoit tout; dans la monarchie représentative, le bon plaisir ministériel ne seroit rien : permis à chacun d'en rire ou de s'en indigner.

Si quelque chose me sembloit appuyer le système que j'ai combattu dans les faits du passé et dans les craintes de l'avenir, je pourrois croire que je me trompe ; un *j'ai eu tort* ne me coûtera jamais ; mais quand je jette les yeux sur la France, je ne puis m'empêcher de voir le commerce et les manufactures en détresse, la propriété foncière écrasée et menacée du retrait du dégrèvement, dans le cas possible d'un déficit ; j'aperçois des tribunaux dont l'indépendance fatigue, une Chambre des pairs, objet, dans un certain parti, de desseins plus ou moins hostiles ; une opinion publique qu'on a d'abord voulu corrompre, ensuite étouffer ; une capitale en deuil, la tristesse dans le présent, l'incertitude dans l'avenir. Les hommes que leurs places rattachent au système que l'on suit sont-ils satisfaits ? Interrogez-les en particulier : excepté le petit nombre qui, par caractère ou par besoin, est tombé dans la pure domesticité, tous vous exprimeront des alarmes.

Au reste il est naturel que tout souffre, parce que tout est dans une position forcée. Le gouvernement représentatif tend à amener les capacités au pouvoir, et le système que l'on suit les repousse. Il arrive de là qu'il n'y a pas une véritable supériorité sociale, pas un talent de quelque valeur qui ne soit en opposition ouverte ou secrète avec l'administration.

Les songes ont bien leur mérite, mais ce n'est pas à nous, émigrés, qu'il faut venir raconter des songes. Nous avons assez déraisonné dans notre jeunesse, pour que la raison nous soit venue dans nos vieux jours. Et nous aussi nous disions en 1789 que personne ne vouloit de la révolution, comme certaines gens disent aujourd'hui que personne ne veut de la Charte; et nous aussi nous nous vantions d'avoir pour nous l'argent et l'armée; et nous aussi nous ne parlions que d'être fermes, que de frapper des coups d'État, pour sauver malgré eux les insensés qui ne pensoient pas comme nous. Un matin nous nous réveillâmes exilés, proscrits, dépouillés; nous cherchâmes nos chimères dans notre havresac, elles n'y étoient plus; mais nous y trouvâmes l'honneur qu'un François emporte avec lui.

Ceux qui voudroient regarder comme une tranquillité née de la force et de l'habileté de l'administration le repos actuel, ou plutôt le sang-froid de la France, ignorent les temps où ils vivent : ils voient toujours ce qui s'est passé en 1789; ils comptent pour rien les leçons qu'on a reçues, les expériences qu'on a faites, les lumières qu'on a acquises, la raison politique qui est entrée dans tous les esprits, et surtout le déplacement qui s'est opéré dans les générations et dans les intérêts. Ce n'est plus le peuple qui, ému des passions turbulentes, se forme une idée confuse de ses droits; c'est la partie éclairée de la nation qui sait ce qu'elle veut avec autant de fermeté que de modération. Les mœurs de la société instruite, si j'ose m'exprimer ainsi, sont entrées dans la politique, et l'on prend la patience et le calme de ces mœurs pour de l'impuissance d'action.

Tout se réduit à ce point : Veut-on l'établissement paisible des libertés publiques, en les dirigeant, en se plaçant soi-même dans le mouvement du siècle; ou veut-on faire que ces libertés triomphent par leur propre force, en essayant de les détruire? Elles emporteroient alors aussi facilement ce qui seroit devant elles qu'un torrent emporte une digue impuissante.

Quoi qu'il en soit de l'avenir, si jamais, ce qu'à Dieu ne plaise, des fautes répétées engendroient de nouveaux malheurs, ces malheurs me rencontreroient encore, malgré les années, aux pieds du roi: y trouverois-je ceux qui prétendent aujourd'hui si bien servir la couronne, en frappant les plus fidèles sujets de Sa Majesté, et en attaquant les libertés publiques? Je l'espère pour eux.

Je vais voter, messieurs, contre le budget. Si la Chambre prenoit ce parti, dans quelques jours tout seroit fini; ou les ministres changeroient de marche, ou ils seroient forcés de s'éloigner. L'application du grand moyen constitutionnel dénoueroit sans effort ce que le temps peut briser avec violence. En montant à cette tribune, je ne me suis pas flatté un seul moment d'obtenir un pareil résultat de mes efforts: aussi n'ai-je eu pour but que de remplir un devoir.

On s'irrite contre ces esprits indisciplinés qui viennent troubler un repos agréable, qui se croient le droit de dire tout haut ce que tant d'autres pensent tout bas; contre ces hommes qui sacrifient les succès de leur personne à l'utilité de leurs paroles; mais enfin ce qu'ils peuvent avoir avancé de bon par hasard demeure, et l'avenir en profite.

Au surplus, les contradicteurs du système ministériel sont-ils donc si exigeants ? Ils ne disent pas même à leurs adversaires : « Faites quelque chose « pour les libertés publiques. » Ils savent bien qu'ils ne seroient pas écoutés. Ils se contentent de leur dire : « Ne faites rien contre ces libertés. Cessez d'at- « taquer tous les ans ce que la nation a de plus cher. « Revenez sur quelques actes de colère qui ne vous « ont été bons à rien. Voilà ce qui suffira pour ren- « dre la couronne légère à cette tête auguste trop « long-temps courbée sous le poids de l'adversité, « ce qui suffira pour nous donner des élections « monarchiques et constitutionnelles, pour dissi- « per tous les nuages. »

Je ne descendrai pas de cette tribune sans dire le bien avec autant d'impartialité que j'ai dit ce qui m'a paru de mal. J'adresserai des remercîments à M. le ministre des affaires ecclésiastiques, pour la tolérance de ses opinions politiques. (Il y a toujours de la générosité dans le talent.) J'offrirai les mêmes remercîments à M. le ministre de la marine, pour ses instructions humaines aux chefs de nos escadres dans les mers du Levant; à M. le ministre des affaires étrangères, pour les bruits d'un traité favorable à la délivrance d'un peuple. C'est avec un plaisir sincère que j'apprendrois que le noble baron a été plus heureux que moi; qu'il a pu achever l'édifice dont on m'avoit à peine laissé le temps de poser la première pierre.

Il est un peu tard, il est vrai, de s'apercevoir du danger d'enseigner la discipline militaire à des hordes mahométanes; le cri de la religion et de l'humanité auroit pu monter plus tôt à l'oreille des rois ; il étoit parvenu au cœur des peuples ; mais enfin il faut encore s'en féliciter, si, après cinq années de dévastations et de massacres, on a trouvé que la Grèce étoit assez dépeuplée, que les Arabes y avoient suffisamment établi leurs tentes et leur désert! Dieu veuille seulement qu'on arrive avant les funérailles!

Messieurs, joignez-vous à moi pour solliciter la prompte conclusion d'un traité de miséricorde : les infortunés Hellènes sont devenus vos clients, puisque vous êtes le seul corps politique en Europe qui ait exprimé le vœu de la pitié. Mais il n'y a pas un instant à perdre ; de nouveaux gémissements se font entendre ; ils ne viennent pas du Péloponèse, où il n'y a plus personne ; ils s'élèvent des rivages de l'Attique. La Providence a amené le combat au pied de la cité *magna parens virum!* comme pour donner ce grand témoin à ce grand effort d'une gloire qui lutte avec la puissance d'un simple nom contre les barbares de trois parties de la terre.

Mais Athènes chrétienne, trop long-temps abandonnée par les chrétiens, la mère de la civilisation trahie par la civilisation elle-même, ne succombera-t-elle point avant d'être secourue? Le coup qui peut tuer la Grèce moderne peut détruire ce qui reste de la Grèce antique. La même explosion qui feroit sauter la garnison héroïque de l'Acropolis disperseroit dans les airs les ruines du temple de Minerve : mémorable destinée! Le dernier souffle de la liberté de la Grèce seroit-il attaché aux derniers débris de ses chefs-d'œuvre? Est-il écrit qu'il s'évanouira avec eux?.

Les peuples comme les individus ont leur jour fatal. Puisse ma belle patrie conserver la liberté et le génie de la Grèce, dont elle semble fille, et puisse-t-elle en éviter les malheurs! Mais qui ne trembleroit en nous voyant sortir des routes faciles qui mènent au salut pour nous jeter dans des chemins scabreux qui aboutissent à l'abîme! Cet aveuglement surnaturel tient-il à quelque dessein caché de la Providence? Je l'ignore; mais je ne puis me défendre pour le trône, pour les libertés publiques, pour mon pays, pour vous-mêmes, messieurs, d'un sentiment d'inquiétude dont je vous prie de ne voir la source que dans le cœur d'un bon François et d'un honnête homme.

RÉPONSE

A UN AMENDEMENT [1].

JE viens combattre, messieurs, l'amendement de l'honorable préopinant, non par des raisons particulières, mais par des raisons générales, qui vous sembleront peut-être de

[1] M. de Chateaubriand étoit alors ministre des affaires étrangères. Dans cet amendement M. le baron de Puymaurin avoit proposé de supprimer, dans un des chapitres du budget : 1° l'article

quelque poids, et que j'étendrai par un examen rapide sur tout le chapitre X du budget du ministère de l'intérieur : à son tour mon honorable collègue répondra aux spécialités.

Loin de penser que des diminutions pourroient être faites à ce chapitre, il eût été heureux, suivant moi, qu'on eût pu augmenter les allocations. Si nous en avions les moyens, nous achèverions du moins quelques-uns de ces monuments commencés, qui affligent les yeux dans Paris. Les ennemis de la légitimité voient avec un malin plaisir ces demi-ruines; ils affectent de gémir sur l'abandon de ces monuments; ils ne disent pas qu'il a fallu payer les dettes des Cent-Jours, et réparer d'autres ruines de l'usurpation !

Il est fâcheux que les travaux urgents que demanderoit la Bibliothèque du Roi restent en suspens jusqu'en 1827. Je regrette moins pourtant ce délai; car, tôt ou tard, si l'on veut faire quelque chose digne de la France, il faut que la Bibliothèque soit établie au Louvre avec les statues et les tableaux. Notre économie pour le Jardin du Roi est vraiment déplorable : 22,000 francs affectés pour veiller seulement à la conservation de l'arc de triomphe de l'Étoile, de l'hôtel du quai d'Orsay,

---

intitulé : *École des Beaux-Arts*, 110,000 francs ; 2° l'article *Reconstructions au bâtiment de l'institution des Sourds-Muets*, 50,000 fr. ; 3° celui de l'*École royale vétérinaire d'Alfort*, porté pour 70,000 fr. ; 4° la réduction à 10,000 francs de l'article intitulé : *Constructions non terminées et édifices provisoires*, portées à 22,000 francs ; 5° une réduction de 10,000 francs sur les 23,000 francs demandés pour l'achèvement de l'éléphant de la place de la Bastille.

du piédestal de la statue de Louis XIII, nous rappellent combien il seroit utile d'achever ces beaux monuments. Que de raisons, je dirai presque de devoirs, nous commandent de finir l'église de la Madeleine !

En général, messieurs, il faut améliorer le sort des gens de lettres, des savants et des artistes; il faudroit leur donner cette indépendance sans laquelle l'esprit préoccupé ne peut arriver à la perfection qu'il entrevoit, et qu'il n'a pas le temps d'atteindre. Aujourd'hui on demande un retranchement sur la somme fixée pour l'École des Beaux-Arts ; hier on a fait des observations sur le logement des artistes; mais, messieurs, n'allons pas croire que ce soit une prodigalité, une suite de nos innovations. Il faut toujours remonter à nos rois quand il s'agit des arts et des lettres : c'est Charles V qui a établi la Bibliothèque du Roi; c'est François Ier qui a reçu dans ses palais le Primatice, Benvenuto, Léonard de Vinci ; c'est Louis XIII qui a fondé l'Académie françoise; c'est Louis XIV qui a établi à Rome l'École des Beaux-Arts ; et l'Opéra même d'aujourd'hui n'est qu'une tradition de ses fêtes.

Je sais qu'il y a des esprits peu touchés des arts; ils voudroient nous reporter à des époques où la gravité des mœurs tenoit lieu de tout, et où les plaisirs de la famille remplaçoient les pompes publiques : mais, messieurs, il faut prendre les siècles tels qu'ils sont; le temps ne s'arrête ni ne recule. On peut regretter les anciennes mœurs, mais on ne peut pas faire que les mœurs nouvelles n'existent pas. Les arts ne sont pas la base de la société, mais ils en sont l'ornement; chez les vieux peuples, ils remplacent souvent les vertus, et du moins ils reproduisent l'image au défaut de la réalité. Les arts et les lettres ne sont plus, comme autrefois, confinés dans un petit nombre d'hommes qui ne se mêloient pas à la société : les savants, les gens de lettres, les artistes, forment aujourd'hui une classe immense que l'on retrouve partout, et qui exerce un grand empire sur l'opinion. Rien de plus facile que de vous attacher ces hommes qui font tant d'honneur à la patrie; car enfin, messieurs, c'est autant à la supériorité de nos arts, qu'à la renommée de nos armes, que nous devons notre prépondérance en Europe. Il est juste, convenable et politique d'environner d'estime, de bienveillance et de considération des hommes dont les noms connus des étrangers font une partie de la richesse de notre pays. Honorons-les, recherchons-les, montrons-leur la gloire; ils se laisseront prendre à cette amorce à laquelle ils n'ont jamais pu résister. Que nous en coûtera-t-il ? pas grand'chose; un peu d'admiration, qu'il est si naturel d'accorder aux talents et au génie.

Vous pardonnerez, messieurs, ces observations, il m'étoit impossible d'oublier mes anciens amis, et de ne pas plaider leur cause à votre tribunal.

DISCOURS

PRONONCÉ LE 10 MARS 1829,

DEVANT LE CONCLAVE.

ÉMINENTISSIMES SEIGNEURS, la réponse de Sa Majesté très chrétienne à la lettre que lui avoit adressée le sacré-collége, vous exprime, avec la noblesse qui appartient au fils aîné de l'Église, la douleur que Charles X a ressentie en apprenant la mort du père des fidèles, et la confiance qu'il repose dans le choix que la chrétienté attend de vous.

Le roi m'a fait l'honneur de me désigner à l'entière créance du sacré-collége réuni en Conclave : je viens une seconde fois, éminentissimes seigneurs, vous témoigner mes regrets pour la perte du pontife conciliateur qui voyoit la véritable religion dans l'obéissance aux lois et dans la concorde évangélique, de ce souverain qui, pasteur et prince, gouvernoit l'humble troupeau de Jésus-Christ du faîte des gloires diverses qui se rattachent au grand nom de l'Italie. Successeur de Léon XII, qui que vous soyez, vous m'écoutez sans doute dans ce moment : pontife à la fois présent et inconnu, vous allez bientôt vous asseoir dans la chaire de saint Pierre, à quelques pas du Capitole, sur les tombeaux de ces Romains de la république et de l'Empire, qui passèrent de l'idolâtrie des vertus à celle des vices, sur ces Catacombes où reposent les ossements, non entiers, d'une autre espèce de Romains : quelle parole pourroit s'élever à la majesté du sujet, pourroit s'ouvrir un passage à travers cet amas d'années qui ont étouffé tant de voix plus puissantes que la mienne ? Vous-mêmes, illustre sénat de la chrétienté, pour soutenir le poids de ces innombrables souvenirs, pour regarder en face ces siècles rassemblés autour de vous sur les ruines de Rome, n'avez-vous pas besoin de vous appuyer à l'autel du sanctuaire, comme moi au trône de saint Louis ?

A Dieu ne plaise, éminentissimes seigneurs, que je vous entretienne ici de quelque intérêt particulier, que je vous fasse entendre le langage d'une étroite politique ! Les choses sacrées veulent être envisagées aujourd'hui sous des rapports plus généraux et plus dignes.

Le christianisme, qui renouvela d'abord la face du monde, a vu depuis se transformer les sociétés auxquelles il avoit donné la vie. Au moment même où je parle, le genre humain est arrivé à l'une des époques caractéristiques de son existence ; la religion chrétienne est encore là pour le saisir, parce qu'elle garde dans son sein tout ce qui convient aux esprits éclairés et aux cœurs généreux, tout ce qui est nécessaire au monde, qu'elle a sauvé de la corruption du paganisme et de la destruction de la barbarie. En vain l'impiété a prétendu que le christianisme favorisoit l'oppression et faisoit rétrograder les jours : à la publication du nouveau pacte scellé du sang du Juste, l'esclavage a cessé d'être le droit commun des nations; l'effroyable définition de l'esclave a été effacée du Code romain : *Non tam viles quam nulli sunt.* Les sciences, demeurées presque stationnaires dans l'antiquité, ont reçu une impulsion rapide de cet esprit apostolique et rénovateur qui hâta l'écroulement du vieux monde : partout où le christianisme s'est éteint, la servitude et l'ignorance ont reparu. Lumière quand elle se mêle aux facultés intellectuelles, sentiment quand elle s'associe aux mouvements de l'âme, la religion chrétienne croît avec la civilisation et marche avec le temps; un des caractères de la perpétuité qui lui est promise, c'est d'être toujours du siècle qu'elle voit passer, sans passer elle-même. La morale évangélique, raison divine, appuie la raison humaine dans ses progrès vers un but qu'elle n'a point encore atteint. Après avoir traversé les âges de ténèbres et de force, le christianisme devient, chez les peuples modernes, le perfectionnement même de la société.

Éminentissimes seigneurs, vous choisirez pour exercer le pouvoir des clefs un homme de Dieu, et qui comprendra bien sa haute mission. Par un caractère universel qui n'a jamais eu de modèle ou d'exemple dans l'histoire, un Conclave n'est pas le conseil d'un État particulier, mais celui d'une nation composée des nations les plus diverses, et répandues sur la surface du globe. Vous êtes, éminentissimes seigneurs, les augustes mandataires de l'immense famille chrétienne, pour un moment orpheline. Des hommes qui ne vous ont jamais vus, qui ne vous verront jamais, qui ne savent pas vos noms, qui ne parlent pas votre langue, qui habitent loin de vous sous un autre soleil, par-delà les mers, aux extrémités de la terre, se soumettront à vos décisions, que rien en apparence ne les oblige à suivre, obéiront à votre loi qu'aucune force matérielle n'impose, accepteront de vous un père spirituel avec respect et gratitude. Tels sont les prodiges de la conviction religieuse.

Princes de l'Église, il vous suffira de laisser tomber vos suffrages sur l'un d'entre vous pour donner à la communion des fidèles un chef qui, puissant par la doctrine et l'autorité du passé, n'en connoisse pas moins les nouveaux besoins du présent et de l'avenir, un pontife d'une vie sainte, mêlant la douceur de la charité à la sincérité de la foi. Toutes les couronnes forment un même vœu, ont un même besoin de modération et de paix. Que ne doit-on pas attendre de cette heureuse harmonie, que ne peut-on pas espérer, éminentissimes seigneurs, de vos lumières et de vos vertus?

Il ne me reste qu'à vous renouveler l'expression de la sincère estime et de la parfaite affection du souverain aussi pieux que magnanime dont j'ai l'honneur d'être l'interprète auprès de vous.

DISCOURS

SUR LA DÉCLARATION

FAITE PAR LA CHAMBRE DES DÉPUTÉS,
LE 7 AOUT 1830,

PRONONCÉ A LA CHAMBRE DES PAIRS
LE MÊME JOUR, DANS LA SÉANCE DU SOIR.

MESSIEURS, la déclaration apportée à cette Chambre est beaucoup moins compliquée pour moi que pour ceux de messieurs les pairs qui professent une opinion différente de la mienne. Un fait dans cette déclaration domine à mes yeux tous les autres, ou plutôt les détruit. Si nous étions dans un ordre de choses régulier, j'examinerois sans doute avec soin les changements qu'on prétend opérer dans la Charte. Plusieurs de ces changements ont été par moi-même proposés. Je m'étonne seulement qu'on ait pu entretenir cette Chambre de la mesure réactionnaire touchant les pairs de la création de Charles X. Je ne suis pas suspect de foiblesse pour les *fournées*, et vous savez que j'en ai combattu même la menace; mais nous rendre les juges de nos collègues, mais rayer du tableau des pairs qui l'on voudra, toutes les fois que l'on sera le plus fort, cela ressemble trop à la proscription. Veut-on détruire la pairie ? soit : mieux vaut perdre la vie que de la demander.

Je me reproche déjà ce peu de mots sur un détail qui, tout important qu'il est, disparoît dans la grandeur de l'événement : la France est sans direction, et j'irois m'occuper de ce qu'il faut ajouter ou retrancher aux mâts d'un navire dont le gouvernail est arraché ! J'écarte donc de la déclaration de la Chambre élective tout ce qui est d'un intérêt secondaire, et m'en tenant au seul fait énoncé de la vacance vraie ou prétendue du trône, je marche droit au but.

Une question préalable doit être traitée : si le trône est vacant, nous sommes libres de choisir la forme de notre gouvernement.

Avant d'offrir la couronne à un individu quelconque, il est bon de savoir dans quelle espèce d'ordre politique nous constituerons l'ordre social. Établirons-nous une république ou une monarchie nouvelle?

Une république ou une monarchie nouvelle offre-t-elle à la France des garanties suffisantes de durée, de force et de repos ?

Une république auroit d'abord contre elle les souvenirs de la république même. Ces souvenirs ne sont nullement effacés; on n'a pas oublié le temps où la mort, entre la liberté et l'égalité, marchoit appuyée sur leurs bras. Quand vous seriez tombés dans une nouvelle anarchie, pourriez-vous réveiller sur son rocher l'Hercule qui fut seul capable d'étouffer le monstre? De ces hommes fastiques, il y en a cinq ou six dans l'histoire : dans quelque mille ans, votre postérité pourra voir un autre Napoléon; quant à vous ne l'attendez pas.

Ensuite dans l'état de nos mœurs et dans nos rapports avec les États qui nous environnent, la république, sauf erreur, ne me paroît pas exécutable. La première difficulté seroit d'amener les François à un vote unanime. Quel droit la population de Paris auroit-elle de contraindre la population de Marseille ou de telle autre ville de se constituer en république? Y auroit-il une seule république, ou vingt ou trente républiques? seroient-elles fédératives ou indépendantes? Passons par-dessus ces obstacles; supposons une république unique; avec notre familiarité naturelle, croyez-vous qu'un président quelque grave, quelque respectable, quelque habile qu'il puisse être, soit un an à la tête de l'État sans être tenté de se retirer? Peu défendu par les lois et par les souvenirs, avili, insulté soir et matin par des rivaux secrets et par des agents de trouble, il n'inspirera ni la confiance si nécessaire au commerce et à la propriété; il n'aura ni la dignité convenable pour traiter avec les gouvernements étrangers, ni la puissance nécessaire au maintien de l'ordre intérieur; s'il use de mesures révolutionnaires, la république deviendra odieuse, l'Europe inquiète profitera de ces divisions, les fomentera, interviendra, et l'on se trouvera de nouveau engagé dans des luttes effroyables. La république représentative est peut-être l'état futur du monde, mais son temps n'est pas arrivé.

Je passe à la monarchie.

Un roi nommé par les Chambres ou élu par le peuple sera toujours, quoi qu'on fasse, une nouveauté. Or, je suppose qu'on veut la liberté, surtout la liberté de la presse par laquelle et pour laquelle le peuple vient de remporter une si étonnante victoire. Eh bien! toute monarchie nouvelle sera forcée, ou plus tôt ou plus tard, de bâillonner cette liberté. Napoléon lui-même a-t-il pu l'admettre? Fille de nos malheurs et esclave de notre gloire, la liberté de la presse ne vit en sûreté qu'avec un gouvernement dont les racines sont déjà profondes. Une monarchie, bâtarde d'une nuit sanglante, n'auroit-elle rien à redouter de l'indépendance des opinions? Si ceux-ci peuvent prêcher la république, ceux-là un autre système, ne craignez-vous pas d'être bientôt obligés de recourir à des lois d'exception malgré les huit mots supprimés dans l'article VIII de la Charte?

Alors, amis de la liberté réglée, qu'aurez-vous gagné au changement qu'on vous propose? Vous tomberez de force dans la république, ou dans la servitude légale. La monarchie sera débordée et emportée par le torrent des lois démocratiques, ou le monarque par le mouvement des factions.

Dans le premier moment d'un succès, on se figure que tout est aisé : on espère satisfaire toutes les exigences, toutes les humeurs, tous les intérêts; on se flatte que chacun mettra de côté ses vues personnelles et ses vanités; on croit que la supériorité des lumières et la sagesse du gouvernement surmonteront des difficultés sans nombre; mais, au bout de quelques mois, la pratique vient démentir la théorie.

Je ne vous présente, messieurs, que quelques-uns des inconvénients attachés à la formation d'une république ou d'une monarchie nouvelle. Si l'une et l'autre ont des périls, il restoit un troisième parti, et ce parti valoit bien la peine qu'on en eût dit quelques mots.

D'affreux ministres ont souillé la couronne, et ils ont souillé la violation de la foi par le meurtre; ils se sont joués des serments faits au ciel, des lois jurées à la terre.

Étrangers, qui deux fois êtes entrés à Paris sans résistance, sachez la vraie cause de vos succès; vous vous présentiez au nom du pouvoir légal. Si vous accouriez aujourd'hui au secours de la tyrannie, pensez-vous que les portes de la capitale du monde civilisé s'ouvriroient aussi facilement devant vous? La race françoise a grandi depuis votre départ sous le régime des lois constitutionnelles; nos enfants de quatorze ans sont des géants, nos conscrits à Alger, nos écoliers à Paris, viennent de vous révéler les fils des vainqueurs d'Austerlitz, de Marengo et d'Iéna; mais les fils fortifiés de tout ce que la liberté ajoute à la gloire.

Jamais défense ne fut plus juste et plus héroïque que celle du peuple de Paris. Il ne s'est point soulevé contre la loi, mais pour la loi; tant qu'on a respecté le pacte social, le peuple est demeuré paisible; il a supporté sans se plaindre les insultes, les provocations, les menaces : il devoit son argent et son sang en échange de la Charte; il a prodigué l'un et l'autre. Mais lorsque après avoir menti jusqu'à la dernière heure, on a tout à coup sonné la servitude; quand la conspiration de la bêtise et de l'hypocrisie a soudainement éclaté; quand une terreur de château organisée par des eunuques, a cru pouvoir remplacer la terreur de la république et le joug de fer de l'empire, alors ce peuple s'est armé de son intelligence et de son courage; il s'est trouvé que ces *boutiquiers* respiroient assez facilement la fumée de la poudre, et qu'il falloit plus de quatre soldats et un caporal pour les réduire. Un siècle n'auroit pas autant mûri les destinées d'un peuple que les trois derniers soleils qui viennent de briller sur la France. Un grand crime a eu lieu; il a produit l'énergique explosion d'un principe : devoit-on à cause de ce crime et du triomphe moral et politique qui en a été la suite, renverser l'ordre de chose établi? Examinons.

Charles X et son fils sont déchus ou ont abdiqué, comme il vous plaira de l'entendre, mais le trône n'est pas vacant; après eux venoit un enfant, devoit-on condamner son innocence?

Quel sang crie aujourd'hui contre lui? Oseriez-vous dire que c'est la faute de son père? Cet orphelin, élevé aux écoles de la patrie dans l'amour du gouvernement constitutionnel et dans les idées de son siècle, auroit pu devenir un roi en rapport avec les besoins de l'avenir. C'est au gardien de sa tutelle que l'on auroit fait jurer la déclaration sur laquelle vous allez voter; arrivé à sa majorité, le ieune monarque auroit renouvelé le serment. Le roi présent, le roi actuel auroit été M. le duc d'Orléans, régent du royaume, prince qui a vécu près du peuple, et qui sait que la monarchie ne peut être aujourd'hui qu'une monarchie de consentement et de raison. Cette combinaison naturelle m'eût semblé un grand moyen de conciliation, et auroit peut-être sauvé à la France ces agitations qui sont la conséquence des violents changements d'un État.

Dire que cet enfant séparé de ses maîtres n'aura pas le temps d'oublier jusqu'à leurs noms avant de devenir homme; dire qu'il demeurera infatué de certains dogmes de naissance après une longue éducation populaire, après la terrible leçon qui a précipité deux rois en deux nuits, est-ce bien raisonnable?

Ce n'est ni par un dévouement sentimental, ni par un attendrissement de nourrice transmis de maillot en maillot depuis le berceau de saint Louis jusqu'à celui du jeune Henri, que je plaide une cause où tout se tourneroit de nouveau contre moi si elle triomphoit. Je ne vise ni au roman, ni à la chevalerie, ni au martyre. Je ne crois pas au droit divin de la royauté, et je crois à la puissance des révolutions et des faits. Je n'invoque pas même la Charte, je prends mes idées plus haut : je les tire de la sphère philosophique, de l'époque où ma vie expire. Je propose le duc de Bordeaux tout simplement comme une nécessité d'un meilleur aloi que celle dont on argumente.

Je sais qu'en éloignant cet enfant, on veut établir le principe de la souveraineté du peuple; niaiserie de l'ancienne école qui prouve que, sous le rapport politique, nos vieux démocrates n'ont pas fait plus de progrès que les vétérans de la royauté. Il n'y a de souveraineté absolue nulle part; la liberté ne découle pas du droit politique, comme on le supposoit au dix-huitième siècle; elle vient du droit naturel, ce qui fait qu'elle existe dans toutes les formes de gouvernement, et qu'une monarchie peut être libre et beaucoup plus libre qu'une république; mais ce n'est ni le temps ni le lieu de faire un cours de politique.

Je me contenterai de remarquer que, lorsque le peuple a disposé des trônes, il a souvent aussi disposé de sa liberté ; je ferai observer que le principe de l'hérédité monarchique, absurde au premier abord, a été reconnu, par l'usage, préférable au principe de la monarchie élective. Les raisons en sont si évidentes, que je n'ai pas besoin de les développer. Vous choisissez un roi aujourd'hui : qui vous empêchera d'en choisir un autre demain? La loi, direz-vous. La loi? Et c'est vous qui la faites!

Il est encore une manière plus simple de trancher la question, c'est de dire : nous ne voulons plus de la branche aînée des Bourbons. Et pourquoi n'en voulez-vous plus ? Parce que nous sommes victorieux ; nous avons triomphé dans une cause juste et sainte : nous usons d'un double droit de conquête.

Très bien : vous proclamez la souveraineté de la force. Alors gardez soigneusement cette force, car si dans quelques mois elle vous échappe, vous serez mal venus à vous plaindre. Telle est la nature humaine ! Les esprits les plus éclairés et les plus justes ne s'élèvent pas toujours au-dessus d'un succès. Ils étoient les premiers, ces esprits, à invoquer le droit contre la violence ; ils appuyoient ce droit de toute la supériorité de leur talent, et au moment même où la vérité de ce qu'ils disoient est démontrée par l'abus le plus abominable de la force ; et par le renversement de cette force, les vainqueurs s'emparent de l'arme qu'ils ont brisée ! Dangereux tronçons qui blesseront leur main sans les servir.

J'ai transporté le combat sur le terrain de mes adversaires ; je ne suis point allé bivouaquer dans le passé sous le vieux drapeau des morts, drapeau qui n'est pas sans gloire, mais qui pend le long du bâton qui le porte, parce qu'aucun souffle de la vie ne le soulève. Quand je remuerois la poussière des trente-cinq Capets, je n'en tirerois pas un argument qu'on voulût seulement écouter. L'idolâtrie d'un nom est abolie; la monarchie n'est plus une religion, c'est une forme politique préférable dans ce moment à toute autre, parce qu'elle fait mieux entrer l'ordre dans la liberté.

Inutile Cassandre, j'ai assez fatigué le trône et la pairie de mes avertissements dédaignés; il ne me reste qu'à m'asseoir sur les débris d'un naufrage que j'ai tant de fois prédit. Je reconnois au malheur toutes les sortes de puissances, excepté celles de me délier de mes serments de fidélité. Je dois aussi rendre ma vie uniforme : après tout ce que j'ai fait, dit et écrit pour les Bourbons, je serois le dernier des misérables si je les reniois au moment où, pour la troisième et dernière fois, ils s'acheminent vers l'exil.

Je laisse la peur à ces généreux royalistes qui n'ont jamais sacrifié une obole ou une place à leur loyauté, à ces champions de l'autel et du trône qui naguère me traitoient de renégat, d'apostat et de révolutionnaire. Pieux libellistes, le renégat vous appelle ! Venez donc balbutier un mot, un seul mot avec lui pour l'infortuné maître qui vous combla de ses dons et que vous avez perdu. Provocateurs de coups d'État, prédicateurs du pouvoir constituant ! où êtes-vous ? Vous vous cachez dans la boue du fond de laquelle vous leviez vaillamment la tête pour calomnier les vrais serviteurs du roi : votre silence d'aujourd'hui est digne de votre langage d'hier. Que tous ces preux dont les exploits projetés ont fait chasser les descendants d'Henri IV à coups de fourche, tremblent maintenant accroupis sous la cocarde tricolore : c'est tout naturel. Les nobles couleurs dont ils se parent protégeront leur personne et ne couvriront pas leur lâcheté.

Au surplus, en m'exprimant avec franchise à cette tribune, je ne crois pas du tout faire un acte d'héroïsme : nous ne sommes plus dans ces temps où une opinion coûtoit la vie ; y fussions-nous, je parlerois cent fois plus haut. Le meilleur bouclier est une poitrine qui ne craint pas de se montrer découverte à l'ennemi. Non, messieurs, nous n'avons à craindre ni un peuple dont la raison égale le courage, ni cette généreuse jeunesse que j'admire, avec laquelle je sympathise de toutes les facultés de mon âme, à laquelle je souhaite, comme à mon pays, honneur, gloire et liberté.

Loin de moi surtout la pensée de jeter des semences de division dans la France, et c'est pourquoi j'ai refusé à mon discours l'accent des passions. Si j'avois la conviction intime qu'un enfant doit être laissé dans les rangs obscurs et heureux de la vie, pour assurer le repos de trente-trois millions d'hommes, j'aurois regardé comme un crime toute parole en contradiction avec le besoin des temps : je n'ai pas cette conviction. Si j'avois le droit de disposer d'une couronne, je la mettrois volontiers aux pieds de Mgr le duc d'Orléans. Mais je ne vois de vacant qu'un tombeau à Saint-Denis, et non pas un trône.

Quelles que soient les destinées qui attendent

M. le lieutenant général du royaume, je ne serai jamais son ennemi s'il fait le bonheur de ma patrie. Je ne demande à conserver que la liberté de ma conscience, et le droit d'aller mourir partout où je trouverai indépendance et repos.

Je vote contre le projet de déclaration.

FIN DES OPINIONS ET DISCOURS.

DOCUMENTS GÉNÉRAUX[1].

N° 1 (6).

Extrait des instructions envoyées au ministère de la police.

Paris, le 12 septembre 1816.

Sous le rapport de la convocation, point d'exclusions odieuses, point d'applications illégales des dispositions de la haute police pour écarter ceux qui sont légalement appelés à voter; surveillance active, mais liberté entière; point d'extension arbitraire aux adjonctions autorisées par l'ordonnance, et de nature à détruire l'effet d'une précaution dictée par une sage prévoyance.

Sous celui des élections, ce que le roi veut, ses mandataires doivent le vouloir. Il n'y a point deux sortes d'intérêts dans l'État; et, pour faire disparoître jusqu'à

---

[1] J'ai marqué de deux numéros ces Pièces justificatives : le premier est le numéro d'ordre de l'impression, le second est le numéro d'ordre des manuscrits.

Je ne publie que les *Documents généraux* ; ce sont des pièces déjà imprimées, ou des pétitions, ou des lettres de protestation, adressées à divers ministres : je ne donne pas même tous ces documents : il m'en reste en manuscrit un assez grand nombre, notamment sur les départements de la Corrèze, des Basses-Alpes, de l'Aude, de la Côte-d'Or, de l'Ain, de la Nièvre, du Pas-de-Calais et de Seine-et-Marne.

Quant à la *correspondance privée* et aux *renseignements particuliers*, je les supprime.

Si ma proposition eût été prise en considération, j'aurois confié à la prudence de MM. les pairs ces renseignements particuliers; mais la proposition ayant été écartée, je dois retrancher, par des raisons faciles à comprendre, des détails trop personnels.

Au reste, les originaux de ces Pièces sont déposés chez un notaire. On pourra les consulter, mais seulement en ma présence, ou en vertu d'une autorisation écrite de ma main. Toutefois on n'en pourra *prendre ni notes ni copies*.

(*Note de la brochure publiée en* 1816.)

l'ombre des partis, qui ne sauroient subsister sans menacer son existence, il ne faut que des députés dont les intentions soient de marcher d'accord avec le roi, avec la Charte, avec la nation, dont les destinées reposent en quelque sorte entre leurs mains. Les députés qui se sont constamment écartés de ces principes tutélaires ne sauroient donc être désignés par l'autorité locale, se prévaloir de son influence, obtenir une faveur qui tourneroit au détriment de la chose publique.

Point de grâce pour la malveillance qui se déclareroit par des actes ostensibles, qui afficheroit de coupables espérances, qui croiroit trouver, dans un grand acte de politique et de justice, une occasion favorable de trouble et de désordre. La loi du 29 octobre reste dans toute sa vigueur; mais ce n'est point pour en abuser, c'est pour s'en servir à propos avec connoissance de cause, et en rendant un compte exact de leurs opérations, que le soin d'en appliquer les dispositions a été confié à des administrateurs éclairés.

Ils s'opposeront à la publication de ces correspondances empressées, et toujours marquées au coin de l'exagération, que les membres des sociétés secrètes sont en possession de faire parvenir sous le manteau du royalisme.

Dans l'ordonnance du roi, ils ne verront que sa volonté, les besoins de l'État et la Charte. Dans leurs incertitudes, ils s'adresseront aux ministres. A des demandes exprimées avec franchise, ils recevront des réponses non moins franches : des directions étrangères ne pourroient que les égarer. Leur tâche est importante, mais elle est facile, parce qu'elle est clairement indiquée, et qu'ils sont assurés de l'appui d'un ministre surveillant, et fort de la volonté du roi et de sa confiance.

Celle que Sa Majesté a placée dans les préfets ne sera point trompée dans cette circonstance. Elle attend d'eux qu'ils dirigent tous leurs efforts pour éloigner des élections les ennemis du trône et de la légitimité, qui voudroient renverser l'un et écarter l'autre; et les amis insensés qui l'ébranleroient en voulant le servir autrement que le roi ne veut l'être; qui, dans leur aveuglement, osent dicter des lois à sa sagesse, et prétendent gouverner pour lui. Le roi ne veut aucune exagération. Il attend, des choix des colléges électoraux, des députés qui apportent à la nouvelle Chambre les principes de modération, qui sont la règle de son gouvernement et de sa politique; qui n'appartiennent à aucun parti, à aucune société secrète, qui n'écoutent d'autres intérêts que ceux de l'État et du trône, qui n'apportent aucune arrière-pensée, et respectent avec franchise la Charte, comme ils aiment le roi avec amour.

Le ministre d'État au département
de la police générale,
Signé le comte Decazes [1].

N° 2 (88).

Ministère de la police générale.

M. l'inspecteur général se rendra dans les départements ci-contre. Dans chacun d'eux il s'adressera directement à M. le préfet; il fera connoître à ce magistrat que l'objet confidentiel de sa mission est de lui exprimer toute la pensée du gouvernement, qu'il convient de suivre et d'imprimer relativement à la convocation des colléges électoraux.

Sous le rapport de la convocation, etc., etc.

(Le reste, mot pour mot, conforme au n° 1, à l'exception du paragraphe suivant qui ne se trouve pas dans le n° 1.)

Sa Majesté m'a spécialement chargé de faire connoître à MM. les préfets qu'elle suivra avec intérêt leurs efforts dans cette circonstance si importante, et qu'elle y cher-

[1] A Toulouse, de l'imprimerie de Douladoure.

chera la preuve la moins équivoque pour elle de leur dévouement et de leur fidélité.

Le ministre de la police générale,

Signé le comte DECAZES [1].

N° 3 (13, 50).

(CABINET DU DIRECTEUR GÉNÉRAL.)

Administration de l'enregistrement et des domaines.

Paris, le 20 septembre 1816.

Le ministre secrétaire d'État des finances me fait remettre, monsieur, les copies, ci-après transcrites, de la lettre et de la note concernant les prochaines élections, qu'il vient d'adresser aux agents des finances.

Son excellence désire que la connoissance de ces deux pièces parvienne aussitôt aux principaux préposés de l'administration dans les départements. Je ne perds pas un instant pour vous les transmettre : je ne doute point d'un empressement égal de votre part à seconder les intentions tutélaires du roi.

Suite du N° 3.

Copie de la lettre du ministre des finances aux divers agents de son ministère, sous la date du 18 septembre.

Je joins ici, monsieur, un extrait d'instructions approuvées par le roi, tendantes à donner aux électeurs une direction qui n'amène à la Chambre des députés que des hommes qui allient au même degré l'amour de la légitimité et l'amour de la Charte.

Elles sont l'appui l'une de l'autre; ce sont deux éléments inséparables.

Vous donnerez connoissance de ces principes professés

---

[1] Copie authentique venue du département de Seine-et-Oise.

par le roi aux *personnes qui seront dans le cas d'en faire un usage profitable*, et si vous êtes appelé aux fonctions d'électeur, ils vous apprendront les devoirs que vous aurez à remplir.

La propagation de cette doctrine est la preuve la plus pure d'attachement qu'on puisse donner au roi et à la patrie.

Je vous salue avec un bien sincère attachement,

Signé le comte CORVETTO.

Pour ampliation :
Le secrétaire général des finances,
Signé LEFÈVRE.

Copie de la Note jointe à la lettre ci-dessus.

(Extrait d'instructions sur les élections.)

«Sous le rapport des élections, ce que le roi veut, ses «mandataires doivent le vouloir.

«Il ne faut que des députés dont les intentions soient «de marcher d'accord avec le roi, avec la Charte et avec «la nation, dont les destinées reposent en quelque sorte «entre leurs mains.

«Les individus qui ne professent pas ces principes tuté- «laires ne sauroient donc être désignés par l'autorité locale.

«Point de grâce pour la malveillance, qui ne décèleroit «pas de coupables espérances, qui croiroit trouver dans «un grand acte de justice et de politique une occasion fa- «vorable de troubles et de désordres.

«S'opposer à la publication de ces correspondances em- «pressées, et toujours marquées au coin de l'exagération, «que les membres des sociétés secrètes sont en possession «de faire parvenir sous le manteau du royalisme.

«Dans l'ordonnance du roi il ne faut voir que sa volonté, «les besoins de l'État, et la Charte.

«Éloigner des élections les ennemis du trône et de la «légitimité qui voudroient renverser l'un et écarter l'autre, «et les amis insensés qui l'ébranleroient en voulant le servir

«autrement que le roi ne veut l'être, qui, dans leur aveu-
«glement, osent dicter des règles à sa sagesse, et préten-
«dent gouverner pour lui. Le roi ne veut aucune exagéra-
«tion, et attend, des choix des colléges électoraux, des
«députés qui apportent à la nouvelle Chambre les principes
«de modération qui font les règles de son gouvernement
«et de sa politique, qui n'appartiennent à aucun parti, à
«aucune société secrète, qui n'écoutent d'autres intérêts
«que ceux de l'État et du trône, qui n'apportent aucune
«arrière-pensée, qui respectent la Charte avec franchise,
«comme ils aiment le roi avec amour.»

Veuillez m'accuser la réception de la présente aussitôt qu'elle vous parviendra.

Recevez, monsieur, l'assurance de ma parfaite considération.

Le conseiller d'État, directeur général,
BARRAIRON.

Suite du N° 3.

(N° 527 des dossiers. N° 48 des circulaires.)

Beauvais, 23 septembre 1816.

Vous avez ci-dessus, monsieur, ampliation de la lettre que M. Barrairon, conseiller d'État, directeur général de l'administration, m'a adressée le 20 de ce mois, en me transmettant la lettre de S. Exc. le ministre secrétaire d'État des finances, du 18 du même mois, et l'extrait d'instructions approuvées par le roi, pour les élections.

Je vous adresse également ampliation de ces pièces; leur lecture vous apprendra de quelle manière le roi désire que la Chambre des députés soit composée.

J'ajouterai que l'intention du roi et des ministres est que tous les fonctionnaires publics contribuent de tous leurs moyens à ce qu'il soit fait de bons choix. Je suis convaincu qu'ils useront de toute leur influence pour parvenir à ce but si désirable, et je crois inutile de prévenir

MM. les employés que si un fonctionnaire public s'écartoit à cet égard de la ligne de ses devoirs, il perdroit *sans retour la confiance du gouvernement.*

Le directeur de l'enregistrement et des domaines,

LANGLUMÉ [1].

N° 5 (67).

*Le marquis de Clermont Mont-Saint-Jean,
à M. T...*

Herné, 6 novembre 1816.

MON TRÈS CHER ET RESPECTABLE AMI,

Vous m'avez demandé un exemplaire de l'écrit injurieux pour les députés de la Chambre de 1815, répandu avec profusion dans ce département au moment des élections pour la session de 1816. Je m'empresse de vous le faire parvenir ci-joint, ainsi qu'une copie de la plainte que j'en ai rendue à S. Exc. Mgr le chancelier et à M. le procureur général, auquel j'ai postérieurement fait connoître que cet écrit a été adressé à MM. les électeurs dans les paquets de la correspondance administrative, remis à domicile dans les villes par leurs employés, les noms mis au-dessus à la main, et les adresses de l'écriture des employés de leurs bureaux; renseignements que, par une seconde lettre sous la date du..., j'ai aussi donnés à M. le procureur général.

Enfin, je joins encore ici copie d'une lettre écrite par M. C... à M. P... relative à moi nominativement. Le même M. C... en a encore de plus fortes dont je n'ai pas encore pu me procurer copie.

Recevez l'assurance, etc.

(J'observe que je n'ai pas la lettre de M. C... à M. P... en original, mais je l'ai copiée moi-même. Il en existe une autre de M. D... plus forte encore; j'espère en avoir au moins copie.)

---

[1] Toutes ces Pièces renfermées sous le n° 3 n'en forment qu'une dans leur ensemble, et sont, par cette raison, imprimées ensemble dans l'original.

Copie de la plainte portée par M. le marquis de Clermont Mont-Saint-Jean, membre de la Chambre des députés de 1815, à S. E. Mgr le chancelier et à M. le procureur général, relativement à l'écrit intitulé : *A MM. les électeurs du département de Seine-et-Marne, par un habitant du département; et autres menées des autorités administratives pour exclure différentes personnes des élections, et notamment M. de Clermont.*

Comme fidèle serviteur du roi, membre de la dernière Chambre des députés françois, et même comme simple individu, il est de mon devoir de faire connaître ce qui se passe ici, et de rendre plainte contre l'écrit séditieux ci-joint, portant le nom de Michelin, imprimeur de la préfecture à Melun, dans lequel se trouve cette phrase :

« *Le roi a senti qu'une Chambre qui vouloit attenter au* « *pacte de famille, n'avoit point rempli le vœu de ses commet-* « *tants, il en a ordonné la dissolution.* »

Cette phrase est injurieuse pour le roi, pour tous les membres de la dernière Chambre des députés, qu'elle calomnie et qu'elle signale comme des traîtres et des parjures à la vindicte publique.

Il n'y a rien de semblable dans l'ordonnance du roi du 5 septembre dernier, et ce n'est point ainsi qu'on doit employer le nom du roi, pour répandre des calomnies sur une Chambre que Sa Majesté a qualifiée d'introuvable.

Quant à ce qui se passe relativement aux élections, M. le préfet a évidemment violé et la Charte et la liberté qu'elle assure.

Il a ordonné aux sous-préfets de faire nommer pour candidats dans les colléges d'arrondissements tels et tels, d'employer toute leur influence pour empêcher qu'on ne présente comme candidats messieurs tels et tels, comme trop royalistes, et notamment moi.

M. le préfet a mandé chez lui des employés du gouvernement électeurs, notamment M. le Blanc, receveur des domaines à Provins, auquel il a intimé les mêmes ordres, en se servant du nom du roi et de celui de ses ministres, le menaçant de perdre sa place si j'étois nommé. M. Barrairon a écrit dans le même sens.

Ces faits sont publics, ils irritent tous les esprits, et cela au moment où va s'ouvrir la session du collége électoral à Melun. M. le préfet a déjà indiqué les députés qu'il veut qu'on nomme. De tels moyens ne sont ni constitutionnels, ni conformes aux vœux et aux intérêts du roi : ils mettent la couronne en danger.

Attaqué personnellement par une violation manifeste de la Charte, j'aurais droit de poursuivre juridiquement cet outrage fait à la liberté concédée. Je renonce à tout ce qui m'est personnel : que la légitimité n'éprouve point d'atteinte, que l'État soit heureux et tranquille, mes vœux seront accomplis.

Mais quant à l'imprimé contre lequel je rends plainte, il crie vengeance et demande justice.

Je suis, etc.

Signé le marquis DE CLERMONT MONT-SAINT-JEAN.

N° 6.

ÉCRIT DÉNONCÉ DANS LA LETTRE PRÉCÉDENTE.

Aux électeurs du département de Seine-et-Marne.

Les lois d'un peuple sont rarement applicables à un autre ; de même les institutions d'un siècle peuvent ne pas entièrement convenir au siècle qui le suit. On demanda à Solon si les lois qu'il avoit données aux Athéniens étoient les meilleures. «Je leur ai donné, répondit-il, les «meilleures de celles qu'ils pouvoient souffrir.» Parole admirable, et qui a été la règle du Solon de la France.

La Charte que le roi nous a donnée n'est pas seulement l'expression de la volonté souveraine, elle est celle de nos besoins et de nos vœux. Elle consacre à la fois le principe de la monarchie et celui d'une sage liberté. Elle est la conclusion des dissensions qui, depuis vingt-cinq ans, ont agité notre patrie. Elle nous préserve pour toujours des fléaux qui n'ont cessé de signaler l'époque désastreuse de notre révolution, l'anarchie et le despotisme.

Ce ne seroit pas en vain que l'esprit de parti chercheroit à révoquer en doute le mérite d'un pareil bienfait; il reçoit son prix et de la main dont il sort, et des droits qu'il établit. Ouvrage de la légitimité, il a le caractère de la durée comme les préceptes divins. Dicté par la modération, dans le but de la tranquillité, on ne sauroit le changer ou l'altérer sans sortir de la modération et de la tranquillité. Ce qu'un peuple a obtenu en ce genre devient sa propriété irrévocable, et la volonté générale y adhère si fortement, que ce n'est point sans de violentes secousses et de cruels déchirements que l'on parviendroit à l'en dessaisir.

Le roi, dont toutes les actions tendent à l'utilité publique, et qui par conséquent est l'organe et l'arbitre de la volonté générale, a senti qu'une Chambre qui avoit voulu attenter au pacte de famille n'avoit point rempli le vœu de ses commettants. Il en a ordonné la dissolution, et a convoqué de nouveaux députés. Cet acte important a raffermi sur sa base la Charte constitutionnelle ébranlée par quelques atteintes, et consacré le grand principe de l'inviolabilité de la loi fondamentale. Bien plus, il nous assure cette paix intérieure que nous ne pouvons obtenir que dans le calme des passions et qu'à force de sagesse.

Les colléges électoraux vont s'assembler pour remplir la plus importante des missions. Dans une circonstance aussi solennelle, le premier devoir d'un électeur doit être de réfléchir sur la nature de ses fonctions.

Un électeur, comme un député, est un fondé de pouvoirs. Ainsi, il doit apporter dans l'assemblée dont il fait partie une connoissance approfondie des vœux de ses concitoyens. Il doit ne consulter que sa conscience; mais sa conscience ne sera véritablement éclairée que quand il aura etudié l'esprit public. Qu'il fasse abnégation de tout intérêt personnel, et dût-il, comme Aristide-le-Juste, graver sur la coquille du paysan son propre ostracisme, il aura fait son devoir, s'il a exprimé la volonté de ses commettants. Le roi lui-même n'a-t-il pas donné l'exemple de cette sublime renonciation, en se dépouillant d'une portion de son autorité pour en agrandir le domaine de nos priviléges? et quel audacieux voudroit se prétendre plus sage et plus juste que le roi? Et si ce prince s'est conduit ainsi, c'est parce qu'il a appelé l'expérience au secours de la théorie des lois.

Nos vœux sont de jouir des institutions libérales de la Charte; nos besoins sont la modération et la tranquillité. Les passions sont de mauvais conseillers; nous en avons fait la triste expérience; il faut qu'elles s'éteignent, et que la raison, l'amour du bien public, l'oubli des dissensions et des erreurs, soient désormais les vertus de ceux que nous associerons au gouvernement. *Le Roi et la Charte,* ces deux noms renferment tout ce que veulent les François. Le roi présente ce que la légitimité a de plus imposant, tout ce que le bienfait a de plus sacré; la Charte est inséparable de lui, parce qu'elle est le lien qui unit le roi et son peuple : vouloir séparer l'un de l'autre, c'est vouloir annuler le plus sain des contrats, bannir la bonne foi de la terre, isoler le père de ses enfants.

Ainsi un électeur doit faire tous ses efforts pour arriver à l'assemblée exempt de passions et de préjugés : son opinion se sera formée d'avance de l'opinion des hommes sages et éclairés de toutes les classes. S'il appartient à l'une d'elles, il sortira de sa sphère pour connoître le vœu des autres, parce que la représentation législative n'est pas celle d'une corporation ou d'une classe en particulier, mais bien l'expression de la volonté générale, et que le plus grand écueil que nous ayons rencontré dans nos assemblées délibérantes a été l'esprit de corps et de parti.

C'est après cette étude réfléchie que celui qui est appelé par ses concitoyens à donner son suffrage, saura distinguer les hommes dignes de siéger dans l'assemblée de nos députés. Déjà la voix publique les désigne, en même temps qu'elle fait connoître ceux qui sont jugés inhabiles à remplir d'aussi importantes fonctions.

Ainsi l'anarchiste qui, pendant nos discordes civiles, a appelé la proscription sur la tête de ses concitoyens; celui qui, dans les assemblées tumultueuses qui se sont succédé, s'est fait remarquer par l'exagération de ses opinions et de ses discours, et s'est montré l'ennemi du roi et le partisan de la démagogie, n'est pas celui sur lequel doivent se réunir les suffrages.

Celui qui veut la constitution sans le roi, qui rêve encore la république, ou dont les vœux impies appellent un usurpateur quel qu'il soit, et que rien n'a pu guérir de cette maladie anarchique, ne sauroit être encore le député que nous cherchons.

Ne seroit-ce pas une sorte d'opposition aux volontés du roi, que de donner sa voix à celui qui veut le roi sans la Charte, le rétablissement de priviléges détruits et oubliés, l'anéantissement des institutions libérales, qui aspire à reculer l'opinion d'un demi-siècle, et à replacer la France sous un ordre de choses dont les éléments n'existent plus?

Le fonctionnaire qui a abusé de son autorité pour rendre suspects au gouvernement des habitants paisibles, qui n'a pardonné ni à l'erreur, ni à la foiblesse, qui s'est érigé en persécuteur, et ne s'est cru envoyé que pour être un ministre de vengeances, celui-là n'est point digne de siéger dans l'assemblée de nos représentants.

Celui qui, se disant l'ami du roi, condamne la modération et la traite de malveillance, qui frappe d'anathème toute une province où les habitants obéissent aux lois, paient les impôts, cultivent paisiblement leurs champs, et adorent dans le fond de leur cœur les vertus d'un roi juste et bienfaisant auquel ils doivent leur repos; qui se tourmente et s'agite pour trouver d'invisibles ennemis, qui jette la méfiance et le soupçon sur les magistrats les plus fidèles; celui-là, dis-je, n'aura point la voix d'un ami du roi et de la Charte.

L'ambitieux, quelle que soit sa conduite passée, quelles

que soient ses opinions, qui n'aspire à siéger dans la Chambre des députés que par des vues d'intérêt personnel, qui ne voit dans cette dignité qu'un moyen de parvenir à de plus hautes fonctions, et seroit disposé à trahir les intérêts de ses commettants et à vendre ses opinions à l'intrigue, doit être écarté d'un poste où l'amour du bien public doit être le seul guide.

Un député doit vouloir la légitimité et la Charte, être exempt de passions, avoir un grand dévouement à la chose publique, et n'être imbu ni des erreurs révolutionnaires, ni des préjugés anti-constitutionnels. Il faut qu'il ait un cœur droit, un esprit juste, un amour ardent pour le bien de l'État, et qu'il sacrifie, au besoin, ses propres intérêts à la prospérité publique. Si, à ces qualités essentielles, il joint l'expérience des affaires et des talents distingués, il apportera dans les grandes discussions d'importantes lumières. Mais le dévouement au roi, le bon sens et la modération doivent passer avant tout; car les talents sans la vertu ne sont souvent que des poisons.

Ils existent parmi nous, ces hommes dignes de confiance et d'estime, et j'oserois les nommer en toute autre circonstance. Dans celle qui nous occupe, il est permis à tout ami de son pays d'exercer sur ses concitoyens une influence morale, de faire un appel à la concorde, de proclamer des vérités utiles au bonheur de tous; mais la brigue doit être écartée de nos *comices;* l'honnête homme n'a pas besoin de tels moyens, et la corruption des voix ne peut produire que le choix d'hommes corrompus.

Le magistrat qui a vieilli irréprochable dans de pénibles travaux, l'administrateur éclairé qui est resté fidèle au roi, à ses devoirs et aux règles de la modération, le propriétaire dont les intérêts sont si étroitement liés à ceux de l'ordre public, le commerçant qui vivifie les canaux de l'industrie, et a fait un honorable usage de sa fortune; celui qui, comptant d'illustres aïeux, et portant un nom recommandable, a cependant suivi la marche de son siècle, et soumis à l'empire de la raison et de la justice ses affections héréditaires, sont également dignes de nos suffrages. C'est dans le but du maintien de la légitimité et de la Charte que la représentation doit être formée, et la légitimité et la Charte ne peuvent être respectées et maintenues que par des hommes éloignés des excès opposés, et capables d'apporter dans la discussion le calme et l'impartialité qu'exigent les intérêts de la France. Aucune classe n'est exclue de cet honneur, ou plutôt toutes les classes de la société ne doivent former qu'une seule et même famille, ayant un but et des droits communs.

Électeurs! le bonheur de notre pays est en vos mains; du choix que vous allez faire dépendront notre prospérité, notre repos et notre avenir. Est-il un sujet plus imposant de méditations? Quels regrets, si vos délégués ne répondoient point dignement à votre attente! Quelle responsabilité vous auriez à encourir à l'égard de vos concitoyens, si leur espoir et leurs vœux étoient déçus! Mais vous entendrez la voix de la patrie qui vous adresse ces paroles, désormais le ralliement des François : *Le Roi et la Charte, modération et justice ;* et ces mêmes paroles seront le mandat que vous donnerez à vos délégués.

Un Habitant du Département [1].

N°. 4 (49).

PRÉFECTURE DU PAS-DE-CALAIS.

Colléges électoraux

Arras, 27 septembre 1816.

Votre qualité d'électeur est un titre bien important dans un moment où les colléges tiennent dans leurs mains les destinées de la France.

Veuillez, monsieur, réfléchir à l'esprit qui a dicté l'ordonnance du 5 septembre. Le roi a-t-il dissous la Chambre

---

[1] A Melun, chez Michelin, imprimeur de la préfecture.

pour la recomposer entièrement des mêmes éléments? Non sans doute.

Je suis autorisé à le dire, à le répéter, à l'écrire, le roi verra avec mécontentement siéger dans la nouvelle Chambre ceux des députés qui se sont signalés dans la dernière session par un attachement prononcé à la majorité opposée au gouvernement.

A votre arrivée à Arras, monsieur, faites-moi l'honneur de venir chez moi; moi seul puis vous faire connoître la pensée du roi, ses véritables intentions. Ne négligez pas surtout de vous rendre à un devoir aussi sacré que celui de venir voter; le roi, la Charte, la France, le réclament.

J'ai l'honneur, etc.

Signé MALOUET.

N° 7 (64).

Copie de la lettre écrite par M. de Forbin aux ministres de l'intérieur, de la police et de la justice.

Avignon, 25 septembre 1816.

MONSEIGNEUR,

J'ai l'honneur d'informer votre excellence d'un fait qui, bien qu'il me soit personnel, peut acquérir quelque gravité par les circonstances où nous nous trouvons, et par la forme actuelle de notre gouvernement.

Depuis quelques jours un bruit sourd s'étoit répandu à Avignon et dans tout le département de Vaucluse, que le préfet, nouvellement arrivé de Paris, avoit apporté des *ordres* et des instructions pour les électeurs; que ces ordres portoient des *exclusions nominatives* et des demandes formelles. Un grand nombre de personnes dignes de foi assuroient que le préfet leur avoit communiqué ces *ordres;* qu'il leur avoit dit en termes formels d'écarter des élections M. de Forbin, et de faire nommer M. de Liautaud. Plusieurs fonctionnaires publics avoient été fortement menacés par M. le préfet, s'ils donnoient leurs voix dans un sens contraire. On parloit de lettres adressées aux présidents des colléges d'arrondissement, qui contenoient ces instructions d'une exclusion formelle; on parloit de lettres pareilles adressées par les sous-préfets aux maires de leurs arrondissements; on colportoit des copies de lettres, des originaux même; la surprise étoit grande, la mesure paroissoit nouvelle. Sujet soumis et dévoué, prêt à obéir au nom du roi au premier ordre, je ne pouvois croire à de pareilles assertions.

D'un côté, je considérois et les lois fondamentales du royaume, et les instructions générales et particulières que j'avois reçues en pareilles circonstances; je repassois dans ma mémoire ce que j'avois vu dans d'autres temps; tout m'obligeoit à repousser une pareille idée; d'un autre côté, je pensois que, quelles que fussent les intentions de Sa Majesté, elle me les auroit fait connoître par mes chefs ordinaires, et un seul mot auroit suffi. Le préfet, me disois-je, s'il en eût reçu l'ordre, se seroit empressé de me le dire à moi-même d'une manière officielle : il l'écrit à d'autres, pourquoi ne pas l'écrire à moi-même? Il me sembloit que l'auguste nom du roi étoit compromis dans le public : tout enfin s'accordoit et me forçoit à douter, malgré l'évidence de ces manœuvres et de ces assertions; mais j'ai appris d'une manière positive que M. Desjardins, secrétaire particulier de M. le préfet, s'est transporté, hier 24, veille des élections d'arrondissement, dans la ville de Cavaillon. Là, dans la mairie, en présence du *maire*, il a fait *convoquer* les électeurs d'arrondissement, et leur a lu publiquement une lettre de M. le préfet, dans laquelle il leur annonça qu'il avoit ordre d'éloigner des élections M. de Forbin, et qu'il désiroit la nomination de M. de Liautaud; la publicité d'une pareille démarche, le nom auguste qui y étoit invoqué, a frappé les esprits d'étonnement; il s'en est suivi une explication assez vive de la part d'un électeur avec M. Desjardins, qui a révoqué en doute une pareille assertion : le secrétaire a insisté, et l'on s'est retiré. La même opération a eu lieu de la part de la même personne dans plusieurs communes du département. Les lettres du préfet, celles du sous-préfet de Carpentras, ses menaces publiques, ses violences circulent dans toutes les mains, dans toutes les bouches, font l'objet de toutes les conversations; et j'ai acquis les preuves les plus légales et les plus complètes à ce sujet.

Ici doit se terminer, monseigneur, le récit des faits qui viennent de se passer dans le département de Vaucluse, et comme sujet, comme citoyen, je dois m'abstenir de toutes réflexions ; j'ignore jusqu'à quel point peuvent s'étendre les droits et l'autorité d'un préfet, concernant l'influence sur les élections, l'exclusion des droits civils envers un citoyen, etc., etc. Je laisse à la profonde sagesse de votre excellence, à sa justice et à son respect pour les lois, de peser les faits ci-dessus, leur gravité et leurs conséquences.

J'ai l'honneur d'être avec respect, etc.

De Forbin.

N° 8 (59).

MÉMOIRE SUR LES ÉLECTIONS DU DÉPARTEMENT DU LOT, A LA CHAMBRE DES DÉPUTÉS.

Les élections du Lot ont présenté un résultat si peu avantageux, qu'il devient nécessaire, pour l'honneur de ce département, de prouver au roi, à la famille royale, à la Chambre des pairs, à celle des députés et à la France entière, que les habitants de cette province sont éminemment royalistes.

Les électeurs soussignés réclament contre les violences, les séductions et les menaces qui ont été employées, soit dans les colléges d'arrondissement, soit dans celui du département, par les autorités civiles et judiciaires.

Le préfet du Lot a toujours protégé, depuis son arrivée dans ce département, les hommes coupables. L'influence révolutionnaire y régit tout depuis vingt-cinq ans, et presque aucune épuration n'y a été faite.

Les sous-préfets, devenus ses agents, professent les mêmes principes; presque tous les membres des trois tribunaux, dont deux n'ont pas encore reçu l'institution royale, à cause de leur félonie dans les Cent-Jours, n'ont connu que la volonté de cet administrateur et leur ambition particulière.

Dans le mois d'août, M. de Lezai Marnézia fit une tournée dans son département; il caressa avec affectation tous les intérêts révolutionnaires; il fut reçu avec allégresse par les ennemis du roi, et surtout dans les villes de Gourdon et Souillac. Dans celle de Saint-Céré, ils lui élevèrent un arc de triomphe avec une couronne tricolore, en proclamant que c'étoit un des leurs. La preuve de ce fait existe dans un procès en police correctionnelle devant le tribunal de Figeac, intenté par les soins et la fidélité du commandant de la garde nationale de Saint-Céré.

C'est dans cette situation que l'ordonnance du 5 septembre a trouvé le département du Lot, et c'est sous ces malheureux auspices que les colléges électoraux ont été convoqués.

Aussitôt des libelles diffamatoires contre la Chambre des députés ont été abondamment distribués, entre autres un extrait du *Journal-Général*, des lettres du préfet aux électeurs et aux maires, des propos révolutionnaires, ont été propagés par les autorités civiles et judiciaires.

Le sous-préfet de Figeac et le procureur du roi mandent chez eux les électeurs; ils emploient les menaces et les séductions; ils osent dire que les députés veulent faire revenir les dîmes et les droits féodaux, que le roi n'en veut plus; et, dans leur délire révolutionnaire, ils proscrivent les nobles, et offrent en contradiction M. le comte de Lezai Marnézia pour candidat. Les preuves sont authentiques, et seront fournies en cas de déni.

A Figeac, des moyens aussi vils que méprisables ne procurent aucun résultat. Deux députés sont nommés candidats, avec deux propriétaires.

A Gourdon, les intrigues réussissent; aucun député n'est nommé. A leurs places figurent le préfet, M. Barrairon, directeur général des domaines; Verninac, ex-ambassadeur, gendre d'un régicide, et Calmon, administrateur des domaines.

A Cahors, même résultat, et des candidats nouveaux.

En 1815, le préfet provisoire, d'après des instructions ministérielles, et en vertu d'une ordonnance royale, avoit adjoint au collége de département quarante électeurs, dont vingt pour remplir le nombre désigné par l'ordonnance, et vingt pour compléter le collége, en raison de décès. Le préfet, pour réduire les adjonctions faites au nombre indiqué par l'ordonnance, a éliminé à son choix, sans suivre aucune trace certaine, les individus qui lui ont paru suspects. Il a retranché les plus forts propriétaires, les chevaliers de Saint-Louis, sans établir aucune proportion entre les arrondissements; et il a conservé les hommes dont il croyoit plus aisément pouvoir disposer, ou dont il a présumé l'absence. Les noms des adjoints conservés et éliminés ne furent point connus ni proclamés, et plusieurs de ces derniers arrivèrent à Cahors pour voter, et n'apprirent que là leur élimination.

Toutes les manœuvres employées dans les arrondissements furent renouvelées au chef-lieu. On ajouta aux pamphlets une prétendue lettre des ministres, qui, au nom du roi, désignoit nominativement deux députés comme indignes d'être élus.

Le chef d'escadron de la gendarmerie, homme aussi fidèle que surveillant, fut envoyé, par ordre du préfet et du général, le jour même des élections, à Figeac, pour se concerter avec le maire, le procureur du roi et le sous-préfet; et ces trois fonctionnaires étoient à Cahors depuis deux jours, à la connoissance du préfet. Il lui fut enjoint de faire arrêter un homme qui étoit enfermé depuis six mois, et de poursuivre d'autres individus, contre lesquels le procureur du roi n'avoit jamais voulu décerner le mandat d'amener, comme n'existant pas de preuves suffisantes. S. Exc. le ministre de la guerre peut éclaircir les faits, en communiquant les rapports du chef d'escadron. Il est à observer que le colonel de la gendarmerie étoit, à cette époque, consigné aux arrêts, et le lieutenant en congé.

Le grand-vicaire, chargé de l'administration du diocèse, l'évêque absent, fut mandé par le préfet, qui blâma sévèrement sa conduite et celle de quelques ecclésiastiques qui étoient à Cahors, disoit cet administrateur, pour intriguer. Dans le même instant la ville de Cahors étoit encombrée par les agents du préfet, par les sous-préfets, par tous les employés des domaines du département, et par plusieurs autres des départements de Lot-et-Garonne et de Tarn-et-Garonne.

Un juge de paix fut menacé de perdre sa place, s'il votoit pour les députés.

On offrit des emplois, soit dans les gardes nationales, soit ailleurs, pour des votes pour le préfet. On promit la réintégration d'un homme destitué, pour un vote.

Le premier scrutin ouvert (parmi les candidats) présenta 91 votants pour un ex-député; 86 pour M. Barrairon; 85 pour le préfet, et 78 pour un autre député.

M. Lapergue se présenta, dans ce scrutin, pour un électeur du même nom, et signa sous le N° 130. M. Rossignol avoit voté de même pour la formation du bureau.

Au second scrutin formé le lendemain, MM. le préfet et Barrairon furent proclamés députés.

Au troisième scrutin, un ex-député eut le plus grand nombre de voix.

Au quatrième scrutin, M. Moizen fut proclamé député.

On suspendit alors la séance pendant deux heures, pour mieux combiner les projets. Il restoit un ballottage entre un ex-député et un candidat. Les apparences étoient en faveur du député. Les chefs du parti mirent deux bulletins de plus dans la boîte, et le scrutin fut déclaré nul.

La séance, quoiqu'il ne fût que trois heures et demie, fut renvoyée au lendemain, malgré les réclamations de quelques électeurs. Plusieurs d'entre eux, croyant l'opération finie, s'étoient retirés dans leurs foyers avant l'ouverture du scrutin.

Le lendemain, la tactique changea : ne pouvant empêcher la nomination d'un ex-député, on donna l'ordre de ne plus voter. Les bons et fidèles serviteurs du roi votèrent au nombre de 95 ; plusieurs n'osèrent s'y rendre. Les signatures font foi. Parmi elles on distingue celles de trois députés de 1815, et les personnes les plus recommandables. On n'y voit point, comme dans les autres scrutins, des noms odieux à la légitimité. Le préfet et le sous-préfet veilloient ceux qui entroient pour voter. Plusieurs électeurs, mandés et menacés, n'osèrent remplir leurs fonctions.

Le scrutin reste ouvert deux jours, et il est brûlé comme ne contenant pas la moitié, plus un, des suffrages de tous les membres du collége.

Le département n'a que trois députés au lieu de quatre. Il est a observer que, pendant toute la tenue des séances du collége, le secrétaire intime du préfet a resté constamment dans la salle, malgré les réclamations de plusieurs électeurs.

Voilà le récit exact des opérations des colléges du Lot. Les signataires, fidèles à l'honneur et au roi, certifient les faits exposés, et ils offrent les preuves.

Dans ces temps de délire et de passion, on a vu l'amalgame honteux des administrateurs du roi avec ses ennemis les plus prononcés. Cette association funeste d'un préfet et de sous-préfets avec les agents de la tyrannie de 93, avec les signataires de la protestation du camp de la Villette, avec des hommes mis en surveillance et destitués, a ouvert, mais trop tard, les yeux aux électeurs, séduits par le nom du roi, pris à témoin par ses ennemis.

Les électeurs, pénétrés de respect et de confiance dans la Chambre des députés, sollicitent la cassation des élections du Lot, et motivent leur demande sur les faits exposés, sur l'influence toujours dangereuse qu'exerce un préfet dans son département, qui seule démontreroit le vice d'une nomination pareille, en écartant toute liberté de suffrage.

(*Suivent les signatures, au nombre de* 48 [1].)

N° 9.

INSTRUCTIONS SUR LES ÉLECTIONS.

(Les deux pièces qu'on va lire ci-dessous, et qui sont citées dans le N° précédent, se trouvent aussi dans le *Moniteur* du 10 novembre. Les originaux de ces deux pièces, imprimées à Cahors, sortent des presses de Ramel, imprimeur de la préfecture.)

Sous le rapport des élections, ce que le roi veut, ses mandataires doivent le vouloir. Il n'y a pas deux sortes d'intérêts dans l'État, et pour faire disparoître jusqu'à l'ombre des partis, qui ne sauroient subsister sans menacer son existence, il ne faut que des députés dont les intentions soient de marcher d'accord avec le roi, avec la Charte, avec la nation, dont les destinées reposent en quelque sorte entre leurs mains. Les députés qui se sont constamment écartés de ces principes tutélaires ne sauroient donc être désignés, ni obtenir une faveur qui tourneroit au préjudice de la chose publique.

Point de grâce pour la malveillance qui se déclareroit par des actes ostensibles, qui afficheroit de coupables espérances, qui croiroit trouver, dans un grand acte de politique et de justice, une occasion favorable de trouble et de désordre.

Il faut s'opposer à la publication de ces correspondances empressées, et toujours marquées au coin de l'exagération, que les membres des sociétés secrètes sont en possession de faire parvenir sous le manteau du royalisme.

---

[1] Ce Mémoire a été imprimé dans le *Moniteur* du 10 novembre dernier.

Dans l'ordonnance du roi, les électeurs ne verront que sa volonté, les besoins du roi et la Charte.

Le roi attend des électeurs qu'ils dirigent tous leurs efforts pour éloigner des élections les ennemis du trône et de la légitimité, qui voudroient renverser l'un et écarter l'autre, et les amis insensés qui l'ébranleroient, en voulant le servir autrement que le roi veut l'être; qui, dans leur aveuglement, veulent dicter des lois à sa sagesse, et prétendent gouverner pour lui. Le roi ne veut aucune exagération; il attend des choix des colléges électoraux des députés qui apportent à la nouvelle Chambre les principes de modération qui sont la règle de son gouvernement et de sa politique; qui n'appartiennent à aucune société secrète, qui n'écoutent d'autres intérêts que ceux de l'État et du trône, qui n'apportent aucune arrière-pensée, et respectent avec franchise la Charte, comme ils aiment le roi avec amour.

Paris, le 19 septembre 1816.

Le ministre secrétaire d'État au département de la pólice,
Signé DECAZES.

Pour ampliation, le préfet du Lot,
Signé LEZAI MARNÉSIA.

M. le préfet du Lot à MM. les fonctionnaires administratifs du ressort, et à ses administrés.

Le roi, qui sait être fort, comme il est bon et juste, a, par son ordonnance du 5 septembre, dissous la Chambre des députés, et raffermi la Charte sur des bases désormais inébranlables.

L'énergie de cette mesure a eu pour effet de terrasser toutes les folles prétentions, de garantir tous les droits, de contenir chacun dans sa place; elle a doublé les forces du roi, elle lui a rallié tous les esprits qui hésitoient encore, elle lui a donné la preuve que, pour que la nation entière fût à lui, il suffisoit de la convaincre qu'il étoit tout à elle.

Cependant, tandis que la France reconnoissante rend hommage a cet acte de haute sagesse de Sa Majesté, je suis informé que quelques hommes aigris, soit par un faux zèle, soit par le renversement de je ne sais quelles espérances, se permettent d'indécentes observations, cherchent à décréditer l'autorité, calomnient les intentions du roi et de son gouvernement, et portent l'audace de leurs propos jusqu'à l'irrévérence pour la personne sacrée de Sa Majesté.

Mon devoir est de faire respecter l'autorité royale et les lois de l'État; je le ferai contre tous les genres de malveillance, sous quelque nom, sous quelques couleurs qu'ils se déguisent.

Ces nouveaux ennemis de la France, rares sans doute, qui, au nom du roi, conspirent contre sa cause, et cherchent à le séparer de son peuple, pour l'intérêt de leur vanité et de leurs prétentions, ne sont pas moins séditieux que les autres ennemis qui, pour la satisfaction d'une ambition coupable, prétendroient éterniser l'esclavage de la France.

Tous sont également dignes d'être réprimés.

J'appelle sur tous les genres de malveillance et sur leurs menées la vigilance du magistrat, des vrais amis du roi et de la monarchie paternelle. Après tant d'exagérations diverses, la modération triomphe enfin; prouvons qu'au lieu de mériter le reproche de foiblesse, c'est en elle que consiste la véritable force.

Cahors, 16 septembre 1816.

Le préfet du département du Lot,
Signé Lezai Marnézia.

N° 10.

(Pièce également mentionnée dans le Mémoire n° 8.)

Lettre d'un électeur du département de...... à M.***, député de la dernière Chambre.

Monsieur, la lettre que vous m'avez fait l'honneur de m'écrire, pour me demander ma voix aux prochaines élections, m'a été remise par M. le curé de....., qui a pris soin de la commenter avec tout le zèle et toute l'onction que vous lui connoissez. Son neveu, que vous avez fait nommer juge, l'accompagnoit, et m'a dit, sans beaucoup de détours, qu'incertain sur la manière dont il doit prononcer dans une affaire qu'un chicaneur très connu m'a suscitée, il est disposé à vous consulter et à s'en rapporter à vos lumières. J'aime à croire que l'oncle et le neveu sont allés fort au-delà de vos intentions, l'un par ses longs discours, l'autre par ses insinuations singulières. Je trouve tout simple qu'ayant été député, vous désiriez être réélu; je m'étonne peu que vous me demandiez ma voix; mais il me paroît étrange qu'on essaie de me circonvenir, et qu'on veuille m'inquiéter sur des intérêts auxquels je ne puis songer quand il s'agit de l'intérêt public. La franchise et la loyauté me guideront toujours; c'est pourquoi je ne fais nulle difficulté de vous répondre que vous n'aurez pas ma voix, et de vous exposer les raisons sur lesquelles se fonde mon refus.

Je veux la tranquillité, monsieur; il me semble que le repos doit avoir autant de charme pour un François, que la santé pour un homme long-temps malade, à peine convalescent. Dites-moi si la majorité de la Chambre des députés a fait beaucoup pour la tranquillité publique. Le roi a donné l'exemple de toutes les vertus conciliantes; La Chambre des pairs a reçu de ses membres l'éclat qui sembloit n'appartenir qu'aux vieilles institutions; les François, ou du moins la presque totalité d'entre eux, ne demandoient qu'à respirer de tant d'orages; mais vous et vos amis vous avez voulu voir d'une autre manière. Vous avez paru méconnoître cet axiome incontestable, que la violence produit les révolutions, et que la modération les termine; vous semblez vous être plu à rappeler tous les souvenirs funestes, et à remettre en question ce qui étoit décidé; vos discours imprudents ont attisé les haines et répandu les alarmes. De bonne foi, monsieur, devez-vous être surpris si, pour amener le repos, je préfère d'autres hommes à ceux qui l'ont repoussé malgré le vœu du roi, de la Chambre des pairs, et de là presque totalité des François?

Une partie de la Chambre des députés n'a montré ni calme ni modération. Que seroit-ce si l'on recomposoit sa majorité des mêmes éléments; si vous et vos amis vous reparoissiez à la tribune, aigris par les souffrances de l'amour-propre, ardents à vous venger de la joie générale qu'excite l'ordonnance du 5 septembre, tout fiers d'un triomphe remporté sur la volonté du roi, en regardant la France comme un patrimoine qu'on ne peut arracher de vos mains? Vous auriez eu ma voix l'année dernière, que je me garderois de vous la donner cette année.

Il faut des députés sages dans leurs opinions, calmes dans leurs discours, dignes de s'associer à cette bonté touchante qui siége sur le trône. Depuis trop long-temps les exagérés de diverses couleurs envahissent nos Chambres de députés; voyons enfin quelle pourroit être l'influence d'une assemblée modérée. Après tant d'expériences, je n'aperçois pas le danger d'essayer encore celle-ci.

Sujet fidèle, dévoué au meilleur des rois, puis-je vous donner mon suffrage, quand vous avez refusé de suivre ses principes et tenté d'affoiblir son autorité? Oubliant dans quelle sphère élevée est placé le monarque, il n'a pas tenu à vous que des sentiments de haine et de vengeance ne parvinssent jusqu'à lui! Si, pour juger ses principes, il ne suffisoit pas de votre cœur, vous pouviez consulter l'histoire de Louis XVIII, qui, dans une situation semblable à celle d'Henri IV, suit l'exemple de son aïeul. L'un et l'autre ont avec douleur frappé quelques coupables, et déployé leur clémence pour ramener des sujets égarés. Louis, en ces jours déplorables, pardonne à des rebelles, comme Henri fit grâce.

Vous n'avez pas moins méconnu l'autorité que les principes du monarque. Je ne puis, en quelques lignes, tracer l'histoire de votre session; mais pensez-vous affermir l'autorité royale, quand vous dénaturiez les projets de loi, quand vous les étouffiez sous les amendements, et que vous cherchiez avec tant d'ardeur à substituer des volontés irréfléchies aux propositions émanées du trône? Vous sembliez avides de réunir en vos mains tous les pouvoirs, et vous paroissiez près de renouveler cette Assemblée constituante qui s'arrogea le droit de gouverner. Quoi! vous n'avez pas senti combien il importe que le roi jouisse pleinement du pouvoir qu'il s'est réservé, en faisant à son peuple des concessions si nombreuses! Tant de légèreté suffiroit pour m'interdire de vous donner mon suffrage.

Aux dernières élections, vous parliez de la Charte comme d'une superfétation politique, et vous annonciez assez hautement le projet de nous reporter à 1788. Vous osiez alors mettre en doute la force des lois constitutionnelles, l'irrévocabilité d'une promesse sacrée; l'ordonnance du 5 septembre doit commencer à vous détromper.

Sans discuter avec vous les avantages de la Charte, elle existe; on ne peut l'ébranler sans alarmer la France, et sa destruction seroit une révolution nouvelle ajoutée à tant d'autres. Il suffit donc de vouloir la tranquillité pour vouloir le maintien du gouvernement tel qu'il est. Ne nous livrons point à des discussions métaphysiques; portons nos regards autour de nous. Le commerce et l'industrie languissent; la sécurité seule pourra les ranimer, et la sécurité des peuples est le fruit de la stabilité des lois. Que des députés jaloux de conserver, non d'innover, viennent s'unir de cœur aux volontés du roi, et bientôt notre sol paisible s'enrichira des prodiges de l'activité françoise. Mais si l'on s'aperçoit que les députés regrettent des pri-

10.

viléges dont l'éclat a flatté leur enfance ; si l'on voit qu'ils aimeroient à recouvrer des propriétés qui ont fui de leurs mains, et circulé dans une multitude de familles ; si l'on croit qu'ils traitent le gouvernement constitutionnel comme un gouvernement provisoire, les inquiétudes subsisteront dans les esprits, toute entreprise manufacturière ou commerciale sera différée, et les capitaux resserrés laisseront s'anéantir l'industrie. Voilà des vérités simples et palpables. Indépendamment des observations précédentes sur les députés, peut-on confier le soin de maintenir la Charte aux hommes qui l'ont si souvent attaquée pendant votre session ? Montriez-vous du respect pour la Charte quand vous vous éleviez, avec tant de chaleur, contre l'article qui prescrit le renouvellement par cinquième ?

Le département que nous habitons, monsieur, a d'autant plus besoin de sages députés, qu'il y règne moins d'union et de calme que dans beaucoup d'autres. J'en connois plusieurs où nulle division n'existe : *le roi et la Charte* y rallient tous les cœurs. Mais parmi nous, je vois encore s'agiter deux partis : une poignée d'hommes regrettent les priviléges, fatiguent de leurs prétentions tout ce qui les environne ; et, s'ils avoient autant de pouvoir que d'orgueil, leur domination seroit bientôt cruelle. D'autres hommes, presque tous de la lie du peuple, craignent les Bourbons, comme l'oiseau de nuit craint la lumière. Prompts à inventer ou à croire des fables absurdes, ils prédisent sans cesse des révolutions prochaines. Entre ces deux partis sont des hommes nombreux, paisibles, pleins d'honneur et dévoués au gouvernement ; c'est dans leurs rangs que nos députés seront choisis, si mes vœux se réalisent : je dirai plus, c'est parmi eux qu'il faut prendre les différents fonctionnaires pour sauver les deux partis de leurs propres fureurs.

Un gouvernement ne peut être bien servi que par des hommes qui lui soient dévoués. Notre gouvernement est constitutionnel. Si Louis XVIII eût rétabli l'ancien régime, vous seriez très propre à seconder ses vues ; mais Sa Majesté ayant jugé qu'après tant de bouleversements la France ne trouvera le repos que sous une monarchie tempérée, je vote pour des hommes dévoués au roi et à la Charte.

Voilà, monsieur, quelques-unes des raisons qui ne me permettent pas de vous donner ma voix.

Je n'en ai pas moins l'honneur d'être, ***.

(Extrait du *Journal-Général*, du 25 septembre.)

N° 11.

(Extrait du *Moniteur*, du 11 novembre.)

DÉSAVEU DE LA PIÈCE N° 9.

Paris, 10 novembre 1816.

Il a été donné lecture hier à la Chambre des députés d'une pièce intitulée *Instructions sur les Élections*, et dont l'impression paroît avoir été ordonnée par M. le préfet du Lot.

La copie que nous avons donnée de ces instructions dans notre numéro d'hier n'en est qu'un extrait inexact sous beaucoup de rapports. Plusieurs phrases ont été supprimées, d'autres ont subi des altérations qui sont de nature à en changer le sens. Par exemple, le premier paragraphe de l'extrait qui a paru dans le *Moniteur* se termine ainsi : « *Les députés qui se sont constamment écartés de ces principes tutélaires ne sauroient donc être désignés, ni obtenir une faveur qui tourneroit au préjudice de la chose publique.* » Dans l'original de ces instructions, que nous avons sous les yeux, il y a : *Ne sauroient être désignés par l'autorité locale, ni se prévaloir de son influence pour obtenir une faveur qui tourneroit au préjudice de la chose publique*[1]. On sent toute la différence de ces deux versions sans qu'il soit besoin de la faire ressortir. Les autorités locales devoient protection à

---

[1] N'est-ce pas une chose singulière que Mgr le ministre des finances et M. le préfet de Toulouse aient commis la même faute et défiguré de la même manière le texte de la circulaire de M. le comte Decazes? Voyez le n° 1 et le n° 3 (à l'extrait des Instructions) qui parlent aussi des désignations à faire par les *autorités locales*.

tous; mais il n'étoit ni juste ni convenable qu'elles employassent l'influence qu'elles pouvoient avoir en faveur des hommes qui s'étoient montrés constamment opposés au système politique suivi par le gouvernement.

Au surplus, ces instructions adressées confidentiellement aux préfets n'étoient point destinées à l'impression ; elles avoient pour objet de régler la conduite des dépositaires de l'autorité publique dans les départements, de les éclairer sur les véritables intentions du gouvernement, et en même temps de leur prescrire les mesures propres à assurer la tranquillité et l'indépendance des colléges électoraux. Sous ce rapport, l'esprit qui a dicté ces instructions se trouve tout entier dans ces mots qui font partie d'un des paragraphes omis dans l'extrait qui a paru hier : *Surveillance, activité, mais liberté entière.*

(Extrait du *Journal-Général*, du 10 novembre.)

N° 12.

(Extrait du *Journal-Général*, du 10 novembre.)

DÉSAVEU DE LA PIÈCE N° 10.

Il est de notre devoir de dire que la lettre dont il est ici question étoit l'ouvrage d'un des rédacteurs de ce journal, qu'elle renfermoit l'expression de son opinion très indépendante, et que Mgr le ministre de la police générale, pensant que cette opinion étoit énoncée en termes faits pour offenser les membres de la majorité de l'ancienne Chambre, crut devoir arrêter l'envoi du numéro à la poste, bien qu'une note du rédacteur du journal adoucit et restreignît beaucoup le sens des expressions dont s'étoit servi l'auteur de la lettre. Il est surprenant que l'on ait argumenté contre la validité des élections du département du Lot, d'un numéro de journal qui n'a pu circuler que dans Paris [1].

---

[1] M. le rédacteur auroit raison si la pièce, qui n'a pu circuler que dans Paris, n'avoit été réimprimée à Cahors, chez Ramel, imprimeur de la préfecture. Je possède l'original de cette réimpression.

N° 13 (67).

Pièce à l'appui d'un fait mentionné dans le Mémoire n° 8.

Je, Jean-François de Saunhac de Belcastel, premier vicaire général, président du chapitre de Cahors, gouvernant et administrant le diocèse en l'absence de monseigneur l'évêque, déclare, sur la demande qui m'en est faite, et pour rendre hommage à la vérité, qu'ayant été invité par M. le comte Lézai Marnésia, préfet du département du Lot, de passer chez lui le samedi 5 octobre courant, entre onze heures et midi, et que, m'y étant réellement rendu, ce magistrat commença par me reprocher d'avoir parlé favorablement des députés de ce département à la dernière Chambre, à ceux de MM. les électeurs de 1816 que des affaires ecclésiastiques, ou le plaisir de me voir, avoient conduits chez moi depuis que les élections étoient commencées; qu'il me porta ensuite plainte sur la présence de plusieurs ecclésiastiques de la campagne, qu'il prétendoit être venus en ville pour faire porter les voix sur MM. lesdits députés, me disant que le roi ne vouloit point qu'ils fussent réélus; et ajoutant avoir reçu dix instructions différentes, qui contenoient cette exclusion, particulièrement une, dont il me lut quelques lignes, que je ne trouvai point avoir le sens qu'il lui donnoit; laquelle il me présenta comme signée du roi lui-même, sans cependant me faire voir la signature de Sa Majesté. Je déclare ensuite que M. le comte Lezai Marnézia, se trouvant embarrassé pour détruire les observations que je lui fis contre la réalité de l'exclusion royale des anciens députés, et voulant cependant la soutenir, me dit que Sa Majesté s'y étoit déterminée par le motif de leur trop grande exaltation dans la dernière session, et que notre conversation se termina par ma réponse que je ne voyois dans l'ordonnance du 5 septembre dernier qu'un motif, celui de rétablir les membres de la Chambre des députés à l'âge et au nombre prescrit par la Charte; et qu'on ne pouvoit, sans vouloir se jeter dans l'arbitraire, en supposer d'autre que celui exprimé par le roi lui-même à toute la France dans son ordonnance, qui ne laissoit même pas présumer la plus légère défense de renommer ceux des anciens députés que les colléges électoraux jugeroient propres à consolider l'autorité royale et la légitimité. Je déclare enfin être parfaitement convaincu que la très grande majorité de MM. les électeurs du département du Lot, laissés à leurs propres et véritables sentiments, comme dans l'entière liberté de leur choix, eussent, par attachement pour leur roi et son auguste dynastie, réélu leur quatre députés à la dernière Chambre, comme leur étant connus par leur sagesse, leur véritable dévouement au trône, et leur fidélité aux Bourbons.

A Cahors, ce 26 octobre 1816.

Signé l'abbé DE SAUNHAC, vicaire général.

Vu pour légalisation de la signature de M. l'abbé de Saunhac, vicaire général.

Le maire de Larille. Cahors, le 26 octobre 1816.

Signé ISAAC DELVINCOURT, adjoint.

N° 14 (60).

Pièce à l'appui du Mémoire n° 8.

Je soussigné certifie que, le 2 du présent mois, M. de Lezai Marnézia, alors préfet du département du Lot, me fit prévenir de me rendre chez lui vers midi; que, m'y étant rendu, il me reprocha d'avoir improuvé sa circulaire aux électeurs, d'avoir en cela manqué de respect à l'autorité, et de m'être donné même des mouvements pour influencer les élections; sur quoi je répondis que cela ne me regardoit pas; mais que, du reste, si on laissoit les choix libres, MM. les électeurs du collége du département étoient incapables de choisir des députés autres que ceux qui sont attachés au roi et à son auguste famille; et je lui ajoutai que les choix faits en 1815 justifioient mon opinion; et je lui dis même que ce qu'il y avoit d'alarmant pour les vrais amis du roi, c'étoit de voir cette réunion de Jacobins qui avoient assiégé le collége d'arrondissement. Le préfet m'observa alors que cela ne me regardoit pas, qu'il falloit laisser agir l'autorité, et que l'intention du gouvernement étoit de ne pas permettre que les anciens députés fussent réélus. En foi de quoi me suis signé, à Cahors, le 22 octobre 1816.

Signé CALMEJANE, avoué licencié.

Vu pour légalisation de la signature ci-dessus.

Cahors, 26 octobre 1816, le maire de Larille.
Signé ISAAC DELVINCOURT, adjoint.

N° 15 (59 *bis*).

Nouveau Mémoire en confirmation du Mémoire n° 8.

A monsieur le président de la Chambre des députés et à messieurs les membres qui la composent.

Messieurs, les instructions, les proclamations et les lettres circulaires, contenues dans les imprimés joints à une pétition qui a dû être présentée à la Chambre, suffiront à vos yeux pour vous convaincre des desseins de M. le préfet Lezai Marnézia, et de la part active qu'il a prise dans ces mêmes résultats.

Une infinité de faits graves qui ont précédé et accompagné les élections viennent à l'appui de cette vérité, et leur preuve se fera aisément sur les lieux si vous la jugez nécessaire. Elle vous convaincra, messieurs, qu'on a gagné une partie des électeurs, en leur faisant accroire que le roi ne vouloit pas d'anciens députés, qu'ils étoient ses ennemis; qu'ils avoient voulu rétablir la dîme et les rentes, et dépouiller les acquéreurs des biens nationaux;

Que les personnes honnêtes qui se permettoient de raisonner sur le véritable sens de l'ordonnance du 5 septembre étoient mandées à la préfecture, grondées sur leur prétendue indiscrétion, et menacées;

Que d'autres personnes revêtues d'un caractère respectable avoient été chassées de la ville, sous le faux prétexte qu'elles s'y étoient rendues pour diriger les votes sur les anciens députés ;

Qu'au collége de l'arrondissement de Cahors, un des anciens députés ayant obtenu le plus grand nombre de suffrages lors de la sortie du premier candidat, un électeur du canton de Castelnau se rendit sur la place où un certain nombre d'électeurs se trouvoient réunis, et qu'il leur dit à haute voix que le préfet l'avoit chargé de leur déclarer que s'ils persistoient à donner leurs suffrages à ce député, il dissoudroit l'assemblée, parce que le roi ne vouloit pas des anciens députés, et que le préfet dut à cet orateur des halles une seconde candidature ;

Qu'il avoit été fait un appel à tous les ennemis du gouvernement pour accréditer cette insigne fausseté, et proclamer d'avance ceux qu'il falloit choisir en abusant du nom du roi ;

Que les chefs de file de cette honorable clientèle étoient des sous-préfets, des magistrats, des conseillers de préfecture, des juges de paix et d'anciens fonctionnaires destitués ou occupant les premières places ;

Que pour avoir la force armée à leur disposition, ils en écartèrent les deux chefs supérieurs de la gendarmerie, l'un en le mettant aux arrêts, sous un prétexte déguisé, tandis que son véritable tort étoit d'avoir dit dans un cercle que le préfet n'étoit pas éligible dans ce département ; et l'autre, en l'envoyant, sur la réquisition du préfet, à l'extrémité du département, soit pour y arrêter des prévenus de vol et d'assassinat remontant à des époques reculées ; dont l'un étoit d'ailleurs constitué prisonnier depuis six mois, et dont les autres jouissoient de leur liberté sur le refus du procureur du roi de décerner de mandat contre eux, soit pour prévenir les troubles dont la ville de Figeac étoit, disoit-on, menacée, tandis que cette ville jouissoit de la plus parfaite tranquillité, quoique le préfet eût appelé et retînt près de lui le sous-préfet, et que le procureur du roi et le maire fussent absents, ainsi que le tout doit résulter plus amplement du procès-verbal de cet officier supérieur envoyé au ministre de la guerre ;

Qu'au premier tour de scrutin, deux anciens députés avoient obtenu la presque majorité des suffrages ; que le secrétaire intime du préfet, quoiqu'il ne fût pas électeur, resta constamment dans l'assemblée et auprès du secrétaire de cette assemblée ; que la séance ne fut renvoyée au lendemain que pour avoir le temps de faire arriver des électeurs qui, à cause de leur félonie, n'avoient osé d'abord se présenter ou pour gagner ceux qui leur avoient résisté ;

Qu'après les trois premiers députés pris dans le parti qui s'opposa constamment à l'élection des anciens, la majeure partie de l'assemblée s'étant hautement prononcée pour l'un des quatre anciens députés, le scrutin fut déclaré nul au moyen de deux billets en sus du nombre des votans qui furent trouvés dans la boîte ;

Que la séance ayant été renvoyée au lendemain pour continuer l'opération, on ne vit plus dans la salle que la partie saine de cette assemblée, à l'exception de trois électeurs qui refusèrent de voter, et de deux autres à double face qui, pour n'avoir pas l'air d'être de la coalition, votèrent, ainsi que le tout doit résulter de la liste des votants signataires, qui est restée au pouvoir du président, comparée avec celle de la totalité des électeurs ;

Que le scrutin est resté ouvert pendant deux jours sans qu'aucun électeur de ce parti se soit présenté pour compléter la majorité requise, quoiqu'ils se montrassent dans la cour de la préfecture, dans les promenades, à la comédie, et qu'ils n'aient quitté la ville qu'après que le délai pour voter a été expiré ;

Qu'enfin leur conduite à la comédie, et l'inertie du préfet à cette occasion, ont dû affliger tous les sujets fidèles au roi, puisque après s'être inutilement opposés au chant d'une cantate dont le refrain est *Vive le Roi! vive la France!* ils accompagnèrent ce refrain de coups de sifflets.

Mais tous ces faits, et beaucoup d'autres que nous passons sous silence, nous paroissent de surérogation pour faire ressortir les nullités intervenues dans les délibérations de cette assemblée, et venger par ce moyen l'outrage fait à ce département, en ramenant par séduction, par menaces et par violence, la majeure partie des électeurs aux écarts déplorables de 1793. Nous allons nous borner à articuler les nullités prises en majeure partie dans les actes de cette assemblée, et sur autres pièces jointes à l'une des pétitions présentées à la Chambre dans l'intérêt de ce département.

Le premier moyen de nullité dérive de la séduction et de la violence que le préfet et ses agents ont exercées sur une classe d'électeurs qui leur étoient subordonnés, tant au moyen de la tournée dans le département, qu'au moyen des circulaires, des instructions, des proclamations qu'il a fait répandre à pleines mains, et dont une partie est remise sous les yeux de la Chambre.

Le second moyen de nullité est pris de ce que, durant les élections, le secrétaire intime du préfet a été constamment présent, et s'est tenu à côté du secrétaire de l'assemblée, quoiqu'il ne fût pas électeur, malgré que plusieurs électeurs aient demandé au bureau de l'en faire sortir.

Les soussignés, mettant tout intérêt personnel et tout sujet de ressentiment à l'écart, réclament pour le respect dû à la loi, pour le maintien de l'ordre et pour l'honneur du département, l'annulation de l'assemblée électorale du département du Lot.

Cahors, ce 11 octobre 1816.

(*Suivent quarante et une signatures* [1].)

---

[1] Les quarante et une signatures de ce Mémoire, qui n'a pas été présenté à la Chambre des députés, jointes au quarante-huit du Mémoire sous le n° 8, forment quatre-vingt-neuf signatures.

FIN DES DOCUMENTS GÉNÉRAUX.

AVIS DES ÉDITEURS

SUR LES MATIÈRES NOUVELLES

QUI TERMINENT CE VOLUME.

M. de Châteaubriand a raconté dans une de ses préfaces quelques circonstances qui précédèrent la première publication du Génie du Christianisme en France. On sait que l'impression de cet ouvrage, qui alloit devenir son premier titre littéraire, avoit été préparée en Angleterre, et qu'il y en avoit déjà une ou deux parties sous presse lorsque le Premier Consul ayant, par un des premiers actes de son pouvoir, rouvert aux françois émigrés les portes de leur patrie, le noble auteur, qui devoit plus tard illustrer son nom et son pays, s'empressa de sacrifier les premières dépenses qu'il avoit faites pour son livre, et se rendit en France pour en faire recommencer l'impression : heureux et fier de venir joindre son tribut à nos richesses littéraires, et de ranimer le feu de ses inspirations aux rayons vivifiants du soleil de la patrie.

Les hommes célèbres qui se trouvoient alors à la tête de la littérature françoise étoient tous, ou presque tous, les amis de M. de Châteaubriand : il suffit de nommer les Laharpe, les Fontanes, les Bonald, les Michaud, pour dire combien devoit être chère, à l'écrivain encore inconnu, cette amitié, née d'une communauté de principes et d'opinions en matière de politique et de littérature, qui avoit été à l'épreuve des longs jours de l'absence, et que l'exil et le malheur avoient fortifiée des deux côtés. Ce fut alors que M. de Châteaubriand jugea nécessaire de changer quelques dispositions dans l'ordonnance de son grand ouvrage; il en modifia le plan dans quelques parties, et devenu lui-même plus sévère pour son style depuis son retour dans la patrie de Racine et de Bossuet, il fit de nombreuses et importantes corrections, surtout dans les livres du Dogme et de la Poétique du Christianisme, qui avoient été imprimés à Londres, et non publiés.

Nous avons dit que l'auteur avoit condamné lui-même ces volumes à l'oubli; mais un exemplaire de ces épreuves premières échappa à la destruction, et quand nous l'avons eu sous les yeux, nous avons pensé que la reproduction et la connoissance de ces fragments ne pouvoient être que précieuses pour les amis des lettres. On y verra en effet avec quel courage l'auteur consciencieux a sacrifié souvent de belles images et de grandes beautés d'expression pour se montrer docile à la douce autorité de ses amis, qui le gourmandoient quelquefois sur je ne sais quelle âpreté sauvage que le voyageur avoit rapportée de son séjour au désert. On aimera enfin à comparer les premiers jets d'une imagination chaleureuse, s'exaltant dans la solitude, à l'aspect des beautés de la nature, avec les chapitres sur les arts, sur la poésie, sur l'histoire naturelle, qui ont subi depuis l'épreuve de la correction et de la critique. C'est ainsi que les hommes d'art se complaisent toujours dans l'admiration des ébauches de Raphaël ou de Michel-Ange, qui sont devenues plus tard des personnages de la Transfiguration ou du Jugement dernier.

Nos souscripteurs reconnoîtront en même temps le désir que nous avons que rien de ce qui est échappé à la plume du premier écrivain de notre siècle ne soit oublié dans notre édition, au soin que nous avons mis à y ajouter plusieurs morceaux de critique littéraire, qui avoient été omis dans les éditions antérieures, ainsi que diverses lettres de l'auteur qui sont éparses dans nos recueils périodiques.

FRAGMENTS.

VARIANTES DU CHAPITRE

DE L'INCARNATION,

TOME XIV, PAGE 33.

Après le premier paragraphe, lisez :

Mais si vous joignez à ces tendres et suaves images le souvenir de la grande mission que cet enfant immortel vient remplir, des maux qu'il doit un jour endurer, de la misère et de l'opprobre qui menacent la plus sublime des vies; si vous vous rappelez le beau testament que l'homme de paix doit laisser en héritage à la terre ; enfin si vous voyez ce Dieu des infortunés s'offrant lui-même pour vos crimes : alors, s'il vous reste quelque sentiment du véritable beau, ne vous écrierez-vous pas avec le psalmiste : *Exaltabo te, Deus meus, et benedicam domino tuo in sœculum et in sœculum sœculi.* »

Il est des cœurs gangrenés et des esprits corrompus qui ne peuvent faire germer aucune belle plante, ils ne savent rien trouver dans les choses les plus merveilleuses. Pour nous, laissant à part ce que nos mystères ont de discret et de sacré, nous pourrions retrouver partout, sous les plis moins redoutables de leurs voiles, les vérités les plus ravissantes de la nature, etc.

Avant la fin du paragraphe de la page 34 :

..... que suce l'agneau. Ce brûlant soleil est enfant de la fraîche aurore, et, parmi les hommes enfin, la gloire et l'immortalité s'engendrent au sein des plus belles comme des plus douces vertus. Pour frapper les cœurs endurcis qui refusent de croire à ses saints mystères, Dieu en a gravé les paraboles et les figures autour de nous, ainsi qu'un puissant monarque fait imprimer le sceau de ses armes sur les monnoies d'or qu'il distribue dans ses états.

Ils eurent bien à se plaindre de la nature ceux qui ne découvrirent, etc.

Après la vingt-unième ligne de la page 34 :

Enfin toutes les graces du Seigneur découlant sur la terre à travers le sein d'une vierge timide, comme pour rendre les graces encore plus belles. Dogme enchanté! etc.

Après la cinquième ligne de la page 45 :

Qu'elle soit (Marie) tout indulgence; que sa beauté même ait conservé quelque chose de presque terrestre, et qui pourroit faire naître le violent amour, si elle ne jetoit dans des extases de vertu.

DE LA VIRGINITE.

Dans le deuxième livre de *la Virginité*, saint Ambroise fait ainsi le portrait de Marie :

Vierge non seulement de corps, mais d'esprit, elle avoit une candeur admirable, un air simple, une parole grave, et des projets pleins de sagesse...............

Ses manières étoient décentes, sa démarche n'avoit rien d'efféminé, et sa voix étoit toute timide..... Aussi fut-elle élevée à la dignité de mère de Dieu. Eloignée du bruit et du monde, elle étoit seule dans son oratoire lorsque l'ange vint la visiter. Elle garda le silence lorsque Gabriel la salua pleine de grace; mais elle répondit quand il l'appela Marie.

DU DIVORCE [1].

Ne donnons point à l'hymen les ailes de l'amour, et ne faisons point d'une sainte réalité un fantôme volage. Une chose détruira encore votre bonheur dans vos liens d'un instant; vous y serez poursuivi par vos souvenirs. Vous comparerez sans cesse une épouse à l'autre, ce que vous avez perdu et ce que vous avez trouvé, et, ne

[1] Il ne reste que quelques lignes de ce tableau dans le chapitre du *Mariage*, t. XIV, p. 68, et les couleurs en sont extrêmement affoiblies.

vous y trompez pas, la balance sera tout en faveur des choses passées : ainsi Dieu a fait le cœur de l'homme. Cette distraction d'un sentiment par un autre empoisonnera toutes vos joies. Caresserez-vous votre nouvel enfant, vous songerez à celui que vous avez délaissé. Presserez-vous votre femme sur votre cœur, votre cœur vous dira que ce n'est pas le sein de la première. Tout tend à l'unité dans l'homme fait à l'image de son créateur ; il n'est point heureux s'il se divise ; et, comme Dieu, son modèle, son ame cherche sans cesse à concentrer en un point le passé, le présent et l'avenir.

Etendez ce que nous venons de dire aux autres circonstances du divorce ; supposez, si vous le voulez, que l'époux et l'épouse n'en soient pas seulement au second, mais au troisième, mais au quatrième mariage. Quelle société, quelle union que celle là, pour le bonheur ! Que deviennent les confidences mutuelles de la couche, qui adoucissent tant de chagrins ? Sur cet oreiller, où vous reposez votre tête, où vous voulez parler de vos secrets, une bouche venimeuse vous révélera-t-elle les mystères d'un autre oreiller, en vous découvrant ainsi le sort qui menace les vôtres ? Et si vous avez l'ombre du véritable amour, comment songerez-vous que votre épouse a été l'épouse d'un autre homme, que cet homme vit, qu'elle peut tous les jours le rencontrer ? Que dis-je ? ce sein est encore gonflé du lait d'un hymen qui n'est pas le vôtre ; j'entends encore les cris du petit orphelin du divorce, à qui vous venez de ravir la mamelle ?

Mais on nous objectera qu'on n'abandonne pas ses enfants, qu'on les établit avec soi dans sa nouvelle demeure. Voici la maison du scandale : la marâtre jalouse dit qu'on caresse trop ces étrangers, aux dépens de ses propres fils ; les enfants, à leur tour, sont en guerre avec les enfants ; ils se regardent mutuellement comme des voleurs introduits dans le champ paternel. Toute subordination cesse ; chacun ignore la règle de son devoir. A qui faut-il obéir ? sera-ce à son père selon la nature, ou à son père selon le divorce ? La maison se partage ; les domestiques s'enrôlent dans les haines et dans les amours ; les voisins accourent pour augmenter le trouble ; la curiosité, la malignité, la médisance, la calomnie, broient leurs couleurs, et la langue des hommes travaille de toutes parts. Si des deux côtés il y a des fruits d'un autre lit, si l'époux et l'épouse, ainsi qu'ils ont déjà marié leur honte, mêlent ensemble ces bâtards qui héritent, ces bâtards qui forment entre eux, et avec les nouveaux enfants de leurs père et mère, des degrés d'alliance pour lesquels on ne connoît point de nom ; si tout cela est ainsi, que n'achève-t-on ce digne ouvrage ? Pour resserrer les nœuds de cette chaste famille, que ne donne-t-on en mariage le frère à la sœur et la sœur au frère ? Alors père et mère, femme et mari, fils et fille, frère et sœur, vivroient tous pêle-mêle dans un inceste philosophique.

Je sais qu'il y a de ces pères apathiques ou corrompus qui peuvent voir avec indifférence dans leur maison les fils de l'étranger, et les préférer même aux leurs. Donc toute votre espérance de bonheur repose sur l'insensibilité ou sur la dépravation humaine ? Quant à ces cœurs larges qui aiment tout, qui s'accommodent de tout, qui chérissent, à l'égal de leurs enfants, les enfants d'autrui, et quelquefois même les gages de leur infamie et du crime de leurs épouses, ces cœurs-là sont sans doute au dessus de nos objections. Concubinage, adultère, divorce, tout est excellent, tout est parfait pour eux, et nous n'avons rien à leur apprendre. Dieu leur a désigné d'autres maîtres : il faut qu'ils aillent s'instruire d'abord chez toutes les bêtes qui ont des nids, des tanières ou des bauges, avant qu'ils puissent devenir un objet de considération pour la loi.

Enfin, on veut que le divorce soit favorable à la population ; c'est ignorer toutes les lois morales et même physiques de la nature. A Dieu ne plaise que nous mettions à découvert la turpitude des hommes ; mais qu'on sache que celui qui change de femme dépense sa postérité en désirs ; et qu'au lieu des enfants de ses petits-enfants, il ne tiendra sur ses genoux que la Mort, son héritière.

L'EXTREME-ONCTION [1].

Mais c'est à la vue de ce portique silencieux d'un autre monde que notre religion déploie toute sa sublimité. Si la plupart des cultes antiques ont consacré la cendre des morts par des cérémonies funèbres, aucun n'a songé à préparer l'ame pour ces rivages inconnus dont on ne revient jamais ; car on ne rentre point dans le port de la vie aussitôt qu'on a levé l'ancre : l'haleine de la mort, qui souffle incessamment de ce dernier havre vers les régions de la tombe, ressemble à ces vents des mers indiennes, toujours favorables pour l'arrivée et toujours contraires pour le retour. Tout périt en nous, jusqu'au nom de la mort, pour nous servir de cette belle expression de Tertullien, commencée d'une manière si sublime

[1] Voyez tome XIV, page 70.

par Bossuet : « Tant il est vrai, s'écrie ce grand orateur, que tout meurt dans l'homme, jusqu'à ces termes funèbres par lesquels on exprimoit ses malheureux restes. »

Tout meurt dans l'homme! Oui, chrétiens, mais seulement *ce qui est périssable*. Vous le saurez, si cet horrible blasphème que quelques philosophes ont osé prononcer, si ces doutes ténébreux que l'impiété et une sagesse désastreuse ont fait naître se sont évanouis devant la splendeur de notre glorieuse religion. Ah ! venez voir le plus beau spectacle que puisse présenter la terre, l'homme juste de J. C. mourant sur sa couche. Cet homme n'est plus l'homme du monde; il n'appartient plus à son pays; toutes ses relations avec la société cessent. Pour lui la computation par les temps finit, et il ne date plus que de la grande ère de l'éternité. Un prêtre, assis à son chevet, le console. Le flambeau de la religion à la main, il descend devant lui sous les voûtes du sépulcre et lui en montre les secrètes merveilles. Ce ministre saint s'entretient avec l'agonisant de l'immortalité de son ame, et la scène sublime, que l'antiquité entière n'a présentée qu'une seule fois dans le premier de ses philosophes, se renouvelle chaque jour sur l'humble grabat du dernier des chrétiens qui expire. Enfin le moment suprême est arrivé : un sacrement a ouvert à ce juste les portes du monde, un sacrement va les clore. La religion s'est plu à le balancer dans le berceau de la vie, ses beaux chants et sa main maternelle l'endormiront encore dans le berceau de la mort. Elle prépare le baptême de cette seconde naissance ; mais ce n'est plus l'eau qu'elle choisit, c'est l'huile qui, par sa douceur et son onctuosité, ressemble à l'espérance qui s'étend sur l'ame enchantée du chrétien mourant; l'huile sainte, ce salutaire antiseptique, qui doit prévenir toute corruption spirituelle, de même que les Egyptiens s'en servoient autrefois pour embaumer les corps au delà du lac des juges. Amollies par ce baume, le fidèle voit les portes de l'éternité tourner plus facilement sur elles-mêmes et s'ouvrir avec lenteur, pour lui découvrir les beautés du ciel. A mesure que le sacrement de délivrance agit sur ce prédestiné, vous voyez ses traits prendre quelque chose de sublime, et son ame, à moitié sortie de son corps, devenir comme visible sur sa figure rayonnante. Déjà il entend les concerts divins et la mélodie des sphères célestes ; déjà il est prêt à s'élever loin du monde, vers ces régions harmonieuses où l'appelle par de beaux chants cette espérance, à la voix future, fille de la vertu et de la mort. Les uns croient avoir vu son ame s'échapper sous la forme d'une blanche colombe ; les autres pensent qu'un grand chœur de saints l'a reçue sur des nuées glorieuses. Cependant l'ange de la paix, descendant vers cet homme juste, touche de sa baguette d'or ses yeux fatigués et les ferme délicieusement à la lumière. Il meurt, et l'on n'a point entendu son dernier souffle ; il meurt, et, long-temps après qu'il est expiré, ses amis font silence autour de sa couche, car ils croient qu'il sommeille encore, tant ce chrétien a passé avec douceur !

L'ORGUEIL [1].

C'est l'orgueil qui fit tomber Adam ; c'est l'orgueil qui arma Caïn de la massue fratricide ; c'est l'orgueil qui dispersa les enfants des hommes devant la tour de leur folie ; c'est l'orgueil qui renversa Babylone ; par l'orgueil,

[1] *Voyez* tome XIV, page 72.

Athènes se perdit avec la Grèce; l'orgueil brisa le trône de Cyrus et divisa l'empire d'Alexandre. Rome périt par le même vice; et l'orgueil enfin, conjuré contre cette religion qui l'a dénoncé à l'univers, vient d'engloutir à nos yeux le premier trône chrétien du monde.

Il faut convenir que si le Christianisme n'est pas d'origine céleste, c'est une bien incompréhensible religion que celle-là qui a réuni sans erreurs le peu de vérités morales que la société possède. Avant Jésus-Christ on ne savoit que penser de l'homme. Tel philosophe assignoit la première place à l'intempérance dans l'échelle des dégradations humaines, et tous se disputoient éternellement sur le mal et sur le bien. Le Sauveur se montra dans l'orient, et aussitôt tout s'arrangea dans le monde intellectuel, de même que Dieu avoit jadis tout arrangé dans le monde physique : ce fut comme la création morale de l'univers. Les vertus les plus sublimes montèrent, ainsi que des feux purs, dans les cieux; les unes furent faites pour éclater au grand jour comme des soleils, les autres pour briller dans la nuit comme de modestes étoiles; les vices se précipitèrent selon leur rang. Car il ne faut pas croire que l'ordre dans lequel ils se trouvent classés dans l'Eglise soit arbitraire. Il suffit de la considérer pour s'apercevoir avec quelle sagesse la religion passe de ces crimes qui attaquent les hommes et la société en général, à ces péchés qui ne retombent en partie que sur le coupable. Conséquente dans tout et partout, remarquez encore quelle belle opposition de forces cette même Eglise fait aux foiblesses. Voyez comme toutes ces foudres sont dirigées contre ce vice qui se nourrit de vertus. « *Crescunt vanitas virtutibus* [1] »;

---
[1] Euch.

elle le cherche jusque dans les derniers replis du cœur pour le frapper; tous les sacrements marchent contre l'orgueil en une armée sainte, et l'humilité devient la vertu principale du chrétien; Jésus-Christ lui-même voulut en donner l'exemple sur la terre.

—

LA CHARITÉ [1].

Non ignara mali, miseris succurrere disco.

Il a planté la charité sur la montagne stérile de la vie, comme cet arbre insulaire qui, sous un ciel aride et brûlant, cache des sources dans ses branches, et où les hommes viennent remplir leurs vaisseaux et rafraîchir leur bouche altérée.

—

LE DÉCALOGUE [2].

Considérez en second lieu l'esprit de sagesse qui fait vivre ces dix paroles. Dieu y est annoncé pour la première fois, sans erreur, sans doute, sans perplexité; il s'y déclare lui-même le Dieu fort, le Dieu jaloux, le Dieu qui créa l'homme et l'univers; le décalogue est la

[1] Tome XIV, page 58.
[2] Tome XIV, page 81.

seule loi des nations qui ait promulgué sans mensonge ce dogme sublime. Où Moïse avoit-il puisé une pareille doctrine ? Etoit-ce parmi le peuple d'Egypte, en proie à la plus grossière superstition ? Etoit-ce parmi ces savants prêtres de Thèbes et de Memphis, dont le dogme secret, si nous en croyons la plus haute antiquité, étoit un pur matérialisme[1] ?

Rien ensuite n'est plus admirable dans leur simplicité pleine de justice, que les préceptes de la table des Hébreux. Les sages païens ont recommandé d'honorer les auteurs de nos jours. Solon décerne la mort contre le mauvais fils. Que fait Dieu ? il promet la vie à la piété filiale : « Honorez vos parents, dit-il aux jeunes hommes, je couronnerai votre tête de cheveux blancs, pour que vous receviez votre récompense, et que vous soyez à votre tour aimés de vos petits-fils. » Cette loi et sa récompense s'accordent merveilleusement avec la nature. Dieu fait un précepte de l'amour filial, il n'en fait point un de l'amour paternel ; il savoit que le fils, en qui viennent se réunir toutes les choses futures, tous les souvenirs d'un long hymen et d'une épouse chérie, ne seroit souvent que trop aimé de son père ; mais au fils il commande d'aimer, car il connoissoit l'ingratitude et l'orgueil de la jeunesse ; s'il promet beaucoup de jours à l'enfant respectueux, c'est que l'homme attaché à ses père et mère est presque toujours un homme moral, et que la vertu prolonge en effet les jours de la vie, quand, toutefois, il ne plaît pas à Dieu d'en ordonner autrement. Tel est ce vénérable précepte qui promet l'amour pour récompense à l'amour ; qui greffe pour ainsi dire le bouton de la tendresse filiale sur l'antique tronc de la ten-

[1] Porph. Sanch. Maneth. etc.

dresse paternelle, afin que le dernier reverdisse par la sève de l'autre, et qu'ils produisent ensemble un fruit délicieux.

LA GENÈSE [1].

Lorsqu'on veut découvrir l'original d'un beau tableau au milieu d'une foule de copies, il faut chercher celui dont le trait est le plus pur et la composition la plus simple, celui dont toutes les parties se conviennent et décèlent, dans leur unité, le génie du grand maître; c'est ce que nous trouvons dans la Genèse, original de toutes les méchantes histoires reproduites dans les traditions des peuples. Quoi de plus simple et cependant de plus magnifique! Quoi de plus facile à concevoir et de plus d'accord avec la raison de l'homme, que le Créateur descendant dans la nuit antique pour faire la lumière au son d'une parole! Qu'il est sublime ce mariage de la parole de Dieu avec le chaos, et ce jour qui vit éclore l'univers, pour fruit de ce grand hyménée! Tout à coup le soleil vient se placer dans les cieux, ainsi qu'une immense araignée d'or au centre d'une toile d'azur; avec ses pattes innombrables, ou les soies de diamant filé qu'il tire incessamment de son sein, il retient les planètes comme sa proie autour de lui; les mers et les forêts commencent leur premier balancement sur le globe. Ici, à la source de quatre grands fleuves, Adam se promène avec Dieu et son épouse dans les berceaux d'Éden. Noces dignes en effet d'être les premières de la terre, d'a-

[1] Tome XIV, page 93.

voir les anges pour témoins, le monde pour lit nuptial, et le genre humain pour postérité ! Ne vous semble-t-il pas voir le père des hommes assis solitairement sur une montagne ? Les animaux de la création sont autour de leur roi, et le contemplent avec un mélange d'étonnement, de respect, de frayeur et d'amour ; et cependant, inattentif à leur hommage, Adam, retiré dans la profondeur de ses pensées, voit rouler dans son ame immense, dans son ame grosse de toutes les ames à naître, les générations innombrables qui doivent sortir de ses reins et couvrir la terre.

Laissons aux imaginations vulgaires et corrompues plaisanter du serpent jusqu'à la fadeur ; pour nous qui, dès notre enfance, nous sommes livrés à l'étude de la nature et qui avons bravé la vie sauvage des déserts pour rechercher les œuvres du Très-Haut, souvent le serpent est tombé sous nos yeux, et nous n'avons pu méconnoître la malédiction dont il fut atteint après son crime. D'où viendroit sans cela cette secrète horreur dont les hommes sont saisis à sa vue ? Tout est mystérieux, caché, étonnant, dans cet incompréhensible reptile.

Quoi qu'il en soit de cette sorte d'induction en faveur des vérités de l'Écriture, tirée de la nature même du serpent, il en résulte un syllogisme qui prouve sans réplique la beauté de la doctrine chrétienne à cet égard : ou la malédiction de Dieu a donné à ce dangereux reptile les mœurs étranges que nous lui voyons, ou ces mêmes mœurs ont été cause du choix que Satan fit de cette créature artificieuse. Dans les deux cas, on ne peut qu'admirer un système qui marque une si profonde connoissance de la nature et qui offre toujours le mieux possible dans toutes ses parties. De même que vous détruisiez la plus belle des vérités morales en supposant que Dieu fit à l'homme toute autre défense que celle de toucher à la pomme de vie, de même vous faites disparoître presque entièrement la merveille, si l'esprit de ténèbres se revêt d'une autre forme que celle du serpent. Le lion si fier eût-il pu s'abaisser à tromper? le rossignol si mélodieux ou la colombe si innocente pouvoient-ils soupirer les paroles du mensonge? Au reste, nous ne parlons qu'aux amants des beaux arts, et nous leur dirons : Malheur à vous, qui ne sentiriez pas la force de ces preuves toutes poétiques, et qui ne pourriez démêler la raison à travers le souris des muses. Les meilleurs arguments sont ceux qui frappent l'ame et le génie; la médiocrité seule est tenace et se complaît à n'être jamais convaincue. L'étroit esprit veut une démonstration rigoureuse; l'homme de talent ne demande qu'une beauté.

Voilà donc quasi une preuve physique du péché originel; nous avons parlé ailleurs des preuves morales, et, comme nous l'avons montré alors, tout dans l'univers annonce l'ancienne grandeur et la dégénération subséquente de l'homme.

HISTOIRE NATURELLE [1].

.....Il y a dans la religion toute une patrie...

Mais si les infortunés ont besoin de se rapprocher d'un Être Suprême, les heureux qui, tenant tout de sa main, s'éloignent de lui sont bien ingrats! Comment surtout

---

[1] *Voyez* tome XIV, au premier paragraphe, page 162.

ceux qui, sans aucun trouble de cœur, sans aucune inquiétude de l'avenir, justement honorés pour leurs talents, étudient la nature au sein de leur patrie, comment peuvent-ils refuser de croire en une Providence? Comment osent-ils la renier, tout chargés qu'ils sont de ses dons, tout spectateurs qu'ils sont de ses merveilles? S'il y a quelque science où l'incrédulité paroisse plus odieuse que toute autre, c'est sans doute en histoire naturelle. On flétrit alors ce qu'on touche. C'est en vain que le botaniste se lève avec l'aurore; tout sèche sur son passage, tout se fane sous ses pas; il ne connoît plus la rose que comme l'anatomiste connoît le cadavre d'une vierge moissonnée au matin de sa vie. L'intelligence qui animoit ses belles formes, les parfums qui, sortant de ce cœur, montoient vers le ciel, ou alloient, par les routes secrètes du désir, s'unir aux parfums d'une rose amie; le corail de ses lèvres, les esprits célestes qui faisoient rougir ce front, tout cela est sans charmes pour l'observateur qui n'y attache ni moralité, ni tendresse. Quand on n'a point de religion, le cœur est insensible, et il n'y a plus de véritable beauté; car la beauté n'est point un être existant hors de nous, c'est dans la nature. Un naturaliste athée est un prêtre athée qui brûle chaque jour, d'une main impie, l'encens sur l'autel du Dieu qu'il blasphême.

Quant à celui qui étudie les animaux, fait-il autre chose, s'il est incrédule, qu'étudier des corps morts? A quoi ses recherches le mènent-elles? Quel peut être son but? Ah! c'est pour lui sans doute qu'on a formé ces cabinets, amphithéâtres où la Mort, le glaive à la main, est le démonstrateur, sépulcres au milieu desquels on a placé des horloges pour marquer les jours à des squelettes et pour compter des minutes à des êtres qui ne comptent plus par minutes[1]. C'est dans ces tombeaux, dans ces cabinets où le néant a rassemblé ses merveilles, où la momie d'Égypte, sous un verre, figure avec le fantôme d'un monstre sous un bocal, où la dépouille de l'orang-outang insulte à la dépouille de l'homme, c'est là qu'il faut chercher la raison de ce phénomène : un naturaliste athée. A force de se promener dans l'atmosphère des sépulcres, son ame a gagné la mort. Lorsque la science étoit pauvre et solitaire, lorsqu'elle erroit dans la vallée et dans la forêt, qu'elle épioit l'oiseau portant à manger à ses petits, ou le quadrupède retournant à sa tanière, que son cabinet étoit la nature, son amphithéâtre les cieux et les champs, qu'elle étoit à la fois simple et merveilleuse, comme les déserts où elle passoit sa vie, alors la science étoit religieuse. Assise à l'ombre d'un chêne, couronnée des fleurs que ses mains innocentes avoient dérobées à la montagne, elle se contentoit de peindre sur ses tablettes les scènes qui l'environnoient; ses livres n'étoient que des catalogues de remèdes pour nos infirmités, ou des recueils de saints cantiques dont les paroles consacrées apaisoient aussi les douleurs. Mais quand des congrégations de savants se formèrent, quand le riche, courant après la réputation et nullement après la nature, voulut parler des œuvres de Dieu sans les avoir ni vues, ni surtout aimées, l'incrédulité naquit avec l'amour-propre, et la science ne fut plus que le petit instrument de je ne sais quelle petite renommée.

[1] Il faut l'avouer néanmoins, c'étoit une belle idée, prise religieusement, que ce pendule placé au cabinet du Jardin des Plantes. Son effet est surtout remarquable le soir, quand toutes les autres fenêtres sont fermées et qu'on le voit derrière le vitrage, seul en mouvement sur un fond en repos, au milieu de cet immense abrégé des œuvres de Dieu. Il représente le Temps au centre de la création; son pesant balancier bat la vie par l'une de ses oscillations, et par l'autre la mort.

De vrai, la nature dans une ménagerie est une triste chose; pour nous, nous nous travaillerions long-temps avant de pouvoir rien dire de deux ou trois canards qui barbottent dans une cour. Mais si tandis que ces milliers d'hirondelles, retirées aux roseaux de ce lac, font les préparatifs de leur départ, si tandis qu'elles remplissent l'air de leurs cris et de leurs jeux, on voit s'avancer sur les vents du nord une colonie qui vient remplacer ces filles du midi, afin de ne laisser aucun vide dans nos campagnes; certes, notre imagination s'éveille, et nous nous demandons comment ces habitants du pôle ont trouvé le chemin de nos climats. Nous sommes encore bien plus surpris, si nous observons les mœurs et les usages de ces étrangers. Par un temps grisâtre d'automne, lorsque la bise souffle sur les champs, que les bois perdent leurs dernières feuilles, une troupe nombreuse de canards sauvages, tous rangés à la file, traversent en silence un ciel mélancolique. S'ils aperçoivent du haut des airs quelque manoir gothique environné d'étangs et de forêts, c'est là qu'ils se préparent à descendre, ils attendent la nuit et font de longues évolutions au-dessus des bois. Aussitôt que les vapeurs du soir commencent à envelopper les vallées, le cou tendu et les ailes sifflantes, ils s'abattent tout à coup sur les eaux qui retentissent. Un cri général, suivi d'un profond silence, s'élève dans les marais d'alentour. Guidés par une petite lumière qui brille peut être isolée à l'étroite fenêtre d'une tour, les voyageurs s'approchent des murs à la faveur des roseaux et des ombres; là, battant des ailes et poussant des cris par intervalles, au milieu du murmure des vents et des pluies, ils saluent l'habitation de l'homme.

Leur séjour est plus ou moins long sur ces ondes;

quelquefois ils partent dès le lendemain, à peu près à l'heure où ils sont arrivés la veille; ils vont chercher d'autres retraites ignorées, et font le tour de la terre par un cercle de solitudes. Ils s'attachent aux vents et aux tempêtes qui ternissent l'éclat des flots et leur livrent la proie qui leur échapperoit dans des eaux calmes et transparentes. Le pâtre, qui a allumé un feu de broussailles à l'orée d'un bois, entre deux rochers, voit passer ces oiseaux sur sa tête; il les suit des yeux avec un vague désir; il se figure les lieux inconnus; les climats lointains où ils se rendent; il voudroit être sur leurs ailes, un secret instinct le tourmente, il sent qu'il n'est lui-même qu'un voyageur. Homme! la saison de ta migration n'est pas encore venue. Attends que le vent de la mort se lève; alors tu déploieras ton vol vers ces régions inconnues que ton cœur demande.

Mais voici deux beaux étrangers qui arrivent avec les frimas et qui sont aussi blancs que la neige; ils descendent au milieu des landes sur les bruyères, dans un lieu découvert et dont on ne peut approcher sans être aperçu. Après quelques heures de repos, ils remontent sur les nuages. Vous courez à l'endroit d'où ils sont partis, et vous n'y trouvez que quelques plumes, seules marques de leur passage, que le vent a déjà dispersées. Heureux les hommes qui, comme le cygne, ont quitté la terre sans y laisser d'autres débris ni d'autres souvenirs que quelques plumes de leurs ailes!

C'est vers le mois de novembre que nos champs, en prenant un nouvel aspect, reçoivent aussi de nouveaux hôtes. Nos bois ont perdu leurs grâces riantes; une vapeur bleuâtre, en s'élevant dans leurs percées, cache une partie du terrain et sert à lui donner des dimensions vagues et infinies. Par ce jeu de la nature, le paysage prend l'immensité et la tristesse du ciel; le vent apporte de toutes parts l'odeur de la feuille séchée que le bûcheron solitaire traîne sous ses pas et qui rougit au loin les fonds de la forêt. Les arbres, qui balancent tristement leurs cimes dépouillées, ne portent que de noires légions qui se sont associées pour passer l'hiver; elles ont leurs sentinelles et leurs gardes avancées; quelquefois une corneille centenaire, antique sibylle des déserts, qui vit passer plusieurs générations d'hommes, se tient seule perchée sur un chêne avec lequel elle a vieilli. Là, tandis que toutes ses sœurs font silence, immobile, et comme pleine de pensées, elle abandonne de temps en temps aux vents des monosyllabes prophétiques.

C'est alors que le ramier et la bécasse arrivent. Ils ne viennent point pour se faire entendre, mais pour écouter; il y a dans le sourd mugissement des bois agités par la tempête quelque chose qui charme leurs oreilles. Le premier, avec ses compagnons, s'établit sur les branches séchées d'un poirier sauvage; la seconde choisit une petite gorge de vallée où murmure foiblement un ruisseau, entre ses rives flétries. C'est là qu'elle prend ses ébats; le soir elle part avec de grands claquements d'ailes, parcourant d'un vol agité les carrefours de la forêt, jusqu'à ce qu'elle ne soit plus aperçue de l'homme.

Ici la Providence se montre tout entière dans sa sagesse et dans sa bonté. Les oiseaux qui fréquentent nos climats, quand la terre est chargée de fruits et de moissons, paroissent seulement pour embellir nos campagnes, et n'ont avec nous que des relations de plaisirs; ce sont des musiciens envoyés pour charmer nos banquets. Il faut en excepter la caille, dont toutefois la chasse n'a lieu qu'après la récolte, et qui s'engraisse dans nos blés pour servir à notre table. Au contraire, les oiseaux d'hiver sont tous, sans en excepter un seul, des oiseaux utiles à nos besoins. Les sauvages se font des fourrures de peaux de cygnes; la nombreuse famille des canards et des sarcelles, les bécasses, les ramiers, les pluviers, les fauvettes d'hiver, les vanneaux, servent à notre nourriture. C'est la manne des tempêtes, comme les froments sont les dons des zéphyrs; de quelque point de l'horizon que le vent souffle, il nous apporte un présent de la part de la Providence.

Parmi ces voyageurs de l'aquilon, il s'en trouve qui s'habituent à nos mœurs et refusent de retourner dans leur patrie: les uns, comme les compagnons d'Ulysse, sont captivés par la douceur de quelques fruits; les autres, comme les déserteurs du vaisseau de Cook, sont séduits par des enchanteresses qui les cachent dans les grottes de leurs îles. Des marais impraticables, à la tête de quelque grand amas d'eau, servent de retraites à ces fugitifs et de berceaux à leurs colonies étrangères.

Les marais qui nous semblent si nuisibles, ont cependant de grandes utilités. Ce sont les urnes des fleuves dans les pays de plaines, et les réservoirs des pluies dans les contrées éloignées de la mer. Leur limon et les cendres de leurs herbes fournissent des engrais au laboureur. Leurs roseaux donnent le feu et le toit à de pauvres familles; frêle couverture en harmonie avec la vie de l'homme, et qui ne dure pas plus que ses jours. Ce sont aussi des lieux de refuge, que la Providence a ménagés à de certaines races d'animaux. Frontière de la terre et de l'eau, ce sol, à demi noyé, a des végétaux, des sites et des habitants particuliers; tout y participe du mélange des deux éléments: les glaïeuls tiennent le milieu entre l'herbe et l'arbuste, entre le poireau des mers et la plante terrestre; quelques uns des insectes fluviatiles ressemblent à de petits oiseaux; quand la demoiselle va errant, avec son corsage bleu et ses quatre ailes brillantes autour de la fleur du nénufar blanc, vous croiriez voir l'oiseau mouche des Florides, sur une rose de magnolia. La classe des amphibies, tant oiseaux que reptiles et quadrupèdes, appartient essentiellement aux marais. Ici le loir montre en nageant son dos brun; là, des lézards verts, collés au tronc rougeâtre d'un cyprès, ressemblent à des insectes hiéroglyphiques sur un obélisque égyptien ; le martin-pêcheur rase l'onde de son ventre de pourpre, ou suspendu dans l'air, fait rouler rapidement ses ailes bleues; la cane nage à la tête de ses petits, dont les pieds armés d'un triangle d'or, repoussent avec grâce les flots d'azur; tantôt ces jeunes navigateurs se baignent au clair de la lune, en formant mille guillochis brillants sur les ondes; tantôt, glissant leur sein et leur cou bronzés entre deux couches de crystal, ils ne montrent plus au dessus de l'eau, que le petit pavillon de leur queue. Quelquefois tous ces marais sont plantés de joncs desséchés, qui donnent à la stérilité même, l'apparence des plus opulentes moissons; quelquefois ils présentent des forêts de glaives verdoyants, que fait courber sous son poids la paisible bergeronette : un bouleau, un saule isolé, où la brise aura suspendu quelques flocons de plumes, dominent ces mobiles campagnes. Le vent tire les sons les plus doux de toutes ces tiges. Il serpente entre les cîmes roulantes, abaisse l'une tandis que l'autre se relève; puis soudain inclinant toute la forêt à la fois, il fait découvrir, ou le butor doré, ou quelque héron blanc, qui se tient immobile sur une longue patte comme sur un épieu.

Un des plus jolis habitants de ces retraites, c'est la poule d'eau; elle se montre au bord des joncs, s'enfonce dans leurs labyrinthes, reparoît, disparoît encore en poussant un petit cri sauvage; elle passe de la simplicité aux grandeurs, de la hutte d'un pauvre Pélage, aux douves du château voisin; là elle se plaît à pénétrer dans les lucarnes et les meurtrières, d'où sortent les branches de glaïeul; elle aime à se percher sur les armoiries, sculptées en bosse dans les vieux murs; quand elle s'y tient immobile, vous la prendriez elle-même, avec son plumage noir et le cachet blanc de sa tête, pour un oiseau en blazon, tombé de l'écu d'un ancien chevalier. Aux approches du printemps, elle se retire à quelque source écartée, et va chercher dans les roseaux une retraite mystérieuse et fragile. Si elle rencontre un saule, de qui le vieux tronc, semblable à un pot de fleurs, laisse échapper les ruelles d'or et les pieds d'alouette, dont le vent lui apporta les graines, si l'onde a creusé sous les racines de ce saule, un antre plein de mousse et de fraîcheur, c'est là qu'elle se dérobe à tous les regards, pour accomplir la grande loi de la nature. Les convolvulus, les mauves, les capillaires d'eau, suspendent devant son nid des draperies de verdure, afin de ne donner que des idées riantes à sa maternité; le cresson et la lentille lui fournissent une nourriture délicate; l'eau murmure doucement à son oreille; de beaux papillons occupent ses yeux, et les naïades du ruisseau, pour mieux cacher cette jeune mère, plantent autour d'elle leurs quenouilles de roseaux chargées d'une laine empourprée.

LE SERPENT [1].

Il n'y eut qu'une seule voix dans l'assemblée pour qu'on laissât le merveilleux serpent s'échapper.....

Voilà pourtant ce que la philosophie du jour rejette avec hauteur. Nos observateurs de cabinets rient quant ils lisent les psaumes (si toutefois ils lisent les psaumes) : *furor illis (peccatoribus) secundum similitudinem serpentes : sicut aspidis surdea, et obturantis aures suas. Quæ non exaudiet vocem incantatium venefeci incantatis sapienter.* On voit bien pourquoi ils refusent de croire à ceci ; mais, quoi qu'il en soit, David en savoit plus qu'eux. M. de Buffon lui-même ne peut le disputer en science, en grace et en force, à cette société de naturalistes, les Moïse, les Job, les David, les Salomon, les Isaïe, les Jérémie, les Jésus fils de Sirach ; et qu'y a-t-il donc après tout, de si impossible à la puissance de Dieu dans l'effet de la musique sur plusieurs animaux ? Celui qui a donné tant de soupirs aux ondes, aux vents, aux forêts, celui qui tient le soleil comme une lyre d'or entre ses mains, ne pourra-t-il, sans la permission d'un athée, charmer un reptile par des sons, et lui sera-t-il plus difficile de donner une oreille harmonieuse au serpent que d'attacher une sonnette à sa queue ?

Que ceux qui regrettent la religion et les mœurs de l'antiquité, voient ici d'un coup d'œil les deux vertus, la vertu chrétienne et la vertu païenne, et les deux philosophies, l'une selon Jésus de Nazareth ; l'autre, selon Zénon du Portique. Le premier se montre à nous dans la

---

[1] *Voyez* tome XIV, page 103, à la fin du premier paragraphe.

condition la moins relevée; le second est placé sur le trône de l'univers. Celui-là est l'humble Juste, mourant pour avoir défendu ses frères, et écrivant cette simple et touchante apologie de la vertu et de la religion; celui-ci est le célèbre Marc-Aurèle, faisant du crime son trésor royal, dictant l'athéisme dans ses sentences, et répandant le sang innocent : qu'on choisisse.

—

BAILLY [1].

Qui pourroit penser que des hommes qui ont vu Bailly couvert du bonnet funèbre, conduit à la piscine du sang, sur le char de la philosophie qu'escortoit l'enfer et que traînoient l'athéisme et la mort, qui pourroit penser que ces hommes n'ont pas reçu une assez forte leçon? Astronomes! qui, malgré un avertissement si terrible, vous obstinez encore à chasser Dieu du ciel pour y placer le Néant, savez-vous bien ce que vous vous préparez? Vous ressemblez à ces peuples arabes qui marquent les immortelles constellations du pôle d'un grand et d'un petit cercueil.

—

LE SINAI [2].

Voyez ce mont embrasé, dont le sommet vomit des foudres. Voyez cet homme qui descend de ces hauteurs brûlantes; ses mains soutiennent une table de pierre

---

[1] Ce paragraphe a été retranché du chapitre III, tome XIV, p. 131.
[2] Variante du second paragraphe de la page 87, tome XIV.

sur sa poitrine ; son front est orné de deux cornes de feu, son visage resplendit encore des gloires du Seigneur, dont pourtant il n'a vu que le dos dans la nue. Des faces sublimes volent autour de lui comme des roues vivantes, et la terreur de Jehovah le précède ; le tableau représente un site vaste et solitaire ; à l'horizon, c'est la chaîne du Liban, avec ses crêtes nues, ses éternelles neiges, ses cèdres fuyant dans le Ciel, ses gazelles et ses ânes sauvages appendus dans des abîmes ; on y découvre sous de rares palmiers le camp des Hébreux et leurs tentes de peaux de brebis noires ; les chameaux paissent çà et là les plaines de sable ; et la postérité de Jacob, tremblante au pied de la sacrée montagne ; se voile et ferme les yeux de toute sa force, dans la crainte de voir Dieu et de mourir. Cependant les tonnerres font tout à coup un grand chœur de silence, et voici venir une voix : Écoute, Israël, etc.

LE DÉLUGE [1].

Alors fut reconnue la vanité de ce qu'on tient pour grand entre les hommes : le guerrier, le poète, le savant, l'artiste, l'orateur, firent retentir de leurs hurlements les carrefours des cités comme les plus simples et les plus timides.................. Les eaux surmontant de trente coudées le sommet des plus hautes montagnes, fondirent dans la bouche des volcans qui s'éteignirent en vomissant de tumultueuses fumées, tandis que leurs flancs creusés se remplirent avec un bruit

---

[1] Variante de la fin du chapitre IV, page 133, tome XIV.

affreux ainsi que des bouteilles immenses. Les colonnes d'eaux atteignirent des régions si raréfiées que les poissons même furent suffoqués dans leur propre élément ; et leurs corps balottés par les vagues, flottèrent pêle-mêle avec les autres débris de ce grand naufrage du monde...................... Le Ciel même ne parut plus qu'une onde crystallisée qui se fond en rosée fertile durant la fraîcheur des nuits.................
... Le souvenir de la destruction des races se perpétua dans les hauts lieux où l'on ne voit plus que de rares animaux errant par des montagnes inconnues.

SPECTACLE GÉNÉRAL

DE L'UNIVERS [1].

Il est un Dieu : les herbes de la vallée et les cèdres de la montagne le bénissent ; l'insecte bourdonne ses louanges et l'éléphant le salue au lever du jour ; l'oiseau le chante dans le feuillage, la foudre fait éclater sa puissance et l'Océan déclare son immensité ; l'homme seul a dit : Il n'y a point de Dieu!

Il n'a donc jamais celui-là, dans ses infortunes, levé les yeux vers le ciel, ou, dans son bonheur, abaissé ses regards sur la terre? La nature est-elle si loin de lui qu'il ne l'ait jamais pu contempler ? Il n'a pas besoin de courir à l'extrémité du globe, de s'enfoncer dans les déserts ; qu'il aille, vers le milieu de la nuit, se promener

---

[1] Variante du chapitre portant le même titre, tome XIV, page 141.

dans les plaines, autour de ces métropoles, séjour de l'orgueil et de l'athéisme; que, d'un côté, il prête l'oreille au murmure confus qui sort de ces remparts, et que, de l'autre, il écoute le silence des étoiles; qu'il nous dise si cette matière emprisonnée dans ce firmament et dans ces mers est partout sans maître, ou si c'est la même force qui l'a domptée dans cette ville et dans le ciel! L'homme ne peut rien, tout lui résiste; s'il courbe une roue, la roue se révolte et gémit : il semble attacher ses soupirs et son cœur tumultueux à tous ses ouvrages. Il n'en est pas ainsi de Dieu : il a parlé, le chaos s'est tu; les étoiles, saisies de frayeur, se sont dérobées, à pas légers, dans les ombres. Dans l'œuvre du créateur, tout est muet parce qu'il n'y a point d'efforts, tout est silencieux parce que tout est soumis. Les puissances unies de la matière sont à une seule parole de Dieu comme rien est à tout, comme les choses créées sont à la nécessité. O différence du pouvoir humain et du pouvoir divin ! le petit char d'un homme fait seul plus de bruit que toute la machine des mondes.

LA CREATION [1].

Si le monde n'eût été à la fois jeune et vieux, le grand, *le mélancolique*, le moral, disparoissoient de la nature, car ces sentiments tiennent par essence aux choses antiques. Chaque site eût perdu ses merveilles.

[1] *Voyez* le même tableau, plus correct sans doute, mais affoibli de couleurs, tome XIV, p. 137.

Le rocher en ruine n'eût plus pendu sur l'abîme avec ses longues graminées; les bois, dépouillés de leurs accidents, n'auroient point montré ce touchant désordre d'arbres *brisés ou morts* sur leurs tiges, de troncs *abattus* sur le cours des fleuves, *et tout rongés de fongus, de mousses et de lierre.* Les pensées inspirées, les bruits vénérables, *les génies*, les voix magiques, la sainte horreur des forêts, se fussent évanouis avec les voûtes sombres qui leur servent de retraites, et les solitudes de la terre et du ciel seroient demeurées nues et désenchantées en perdant ces colonnes de chênes qui les unissent. Le jour même où l'Océan répandit ses premières vagues sur ses rives, il baigna, n'en doutons point, des écueils déjà rongés par les flots, des grèves *festonnées d'algue et pavées* de débris de coquillages, *des baies mugissantes* et des caps décharnés qui soutenoient contre les eaux les rivages croulants de la terre.

D'une autre part, que fût devenue la pompe du soir si le premier coucher du soleil ne s'étoit fait sur la croupe de quelques vieilles montagnes, parmi des cîmes de rochers, de bois chenus et de nuages de pourpre? Et la lune qui, comme une blanche et timide vestale, se lève au milieu de la nuit pour chanter les louanges du Seigneur, auroit-elle osé confier à de jeunes arbrisseaux et de naissantes fontaines ce grand secret de mélancolie qu'elle ne raconte qu'aux vieux sapins et aux rivages antiques des mers? *Ah! il falloit que le cercueil du monde fût placé, pour ainsi dire, auprès de son berceau, afin qu'on ressentît dans les déserts ces douces et puissantes émotions qui résultent des contrastes de la mort et de la vie.*

En enlevant la beauté aux paysages, cette foible création l'eût aussi ravie aux plantes qui les décorent. Les fleurs sans parfums, sans couleurs, sans penchants, sans habitudes, n'auroient eu aucun rapport ni avec les vierges ni avec les zéphyrs, et, dans leurs hiéroglyphes secrets, on n'eût point retrouvé l'histoire mystérieuse de l'homme. *La liane barbue*, à peine sortant de la terre, ne se fût point détournée des autres arbres américains, pour s'attacher au copalme, comme le véritable amour qui n'embrasse qu'un seul objet. La rose naissante eût pu ressembler encore à la jeune fille, mais auroit-elle exprimé la touchante aventure que raconte sa corolle fanée ? Et vous aussi, merveilleuse agave [1], vous n'eussiez point nourri votre rejeton dans votre sein, pour le laisser tomber à terre tout formé : image d'une mère qui porte son enfant dans ses bras, jusqu'à ce qu'il ne puisse jouer seul sur la verdure. Enfin l'étonnante *sarracenia*, qui, dans les marais corrompus, renferme en son cornet vieilli, une source de la plus pure rosée, cette plante, trop jeune encore, n'eût point montré comment Dieu a caché l'espérance au fond des cœurs ulcérés par la douleur, comment il a fait jaillir la vertu du sein des misères de la vie.

Le troisième règne de la nature, ainsi que les deux premiers, n'auroit pu conserver ses charmes. Il falloit des pâtes calcaires durcies par un soleil qui n'avoit point été pour étayer les plans verticaux des montagnes, et dérouler dans leur escarpement de grands entablements de neige, parmi le pourpre des granits, le vert des porphires et les nuances variées des marbres. Les géologistes nous disent que les minéraux, que les pierres précieuses, que les cristallisations, les spaths, les agrégats de toutes les sortes, sont les fruits d'un travail lent et

---

[1] Agave viviparia.

graduel de la nature; cela peut convenir au système d'un savant, mais pour nous, qui croyons que Dieu est aussi grand poète que grand minéralogiste, nous nous figurons la terre comme une nymphe qui pour chevelure a des forêts, pour mamelles des montagnes, pour yeux l'astre du jour et celui de la nuit, pour voix les vents et les eaux, pour manteau les mers et toutes leurs perles. Comment imaginer qu'un globe si magnifique ait jamais manqué d'argent et d'or? à moins toutefois qu'on ne suppose que ces métaux n'aient commencé de végéter dans ses flancs que depuis le péché de l'homme............

LE DIMANCHE [1].

Les législateurs antiques ont marqué dans leurs codes les époques des fêtes des nations.

Et quel sera le jour du repos d'Israel? Le jour même du repos de Dieu! L'Hébreu, et son héritier le Gentil dans les jours de son obscur travail, n'auront rien moins devant les yeux que la création successive de l'univers; magnifique symbole de la formation de la société qui naît du travail graduel des hommes. Certes, voici une étrange sorte de computation, et nous ne voyons pas que la Grèce, pourtant si poétique, se soit jamais avisée de rapporter les misérables travaux du manœuvre et les soins du laboureur, à la création de la lumière, et à la naissance du bœuf et de l'agneau. Étrange manière, sans doute de faire dire au bûcheron en prenant sa coignée, ou au tisserand enlaçant sa navette : « C'est aujourd'hui

[1] Variante de la fin du chapitre IV, tome XVI, page 57.

que Dieu a planté les chênes; c'est aujourd'hui qu'il a tissu le soleil, ou croisé la trame du cœur de l'homme.

Enfin voyez ces mœurs charmantes, les plus belles mœurs de la terre, les mœurs patriarchales, que la loi du Très-Haut s'est, pour ainsi dire, plu à revêtir. Les anciens vouloient qu'on ne promulgât les lois qu'au son de la lyre, Dieu a publié les siennes au bruit de la foudre. Mais, cette foudre étoit comme une lyre dans les mains du père des concerts; elle faisoit résonner tous les sommets du Liban, d'une symphonie majestueuse. Jéhovah avoit sans doute monté ses tonnerres, non sur ce mode terrible qui effraie les mortels coupables, mais sur cette clef qui réjouit le laboureur en lui annonçant les pluies bienfaisantes de l'été. Le jour septième, dit la loi : tu ne feras aucun ouvrage, ni ton fils, ni ta fille, ni ton serviteur, ni ton hôte devant tes portes. Ne voit-on pas ici tout l'orient chenu, avec ses chameaux, son hospitalité et ses mœurs? Le mot hébreu *sheguarim* qui veut dire portes, a pour racine *shaguar* témoigner, parce que c'étoit aux portes des cités que la justice se rendoit par les vieillards. Qui ne se rappelle sur le champ, par ce seul mot du décalogue, Laban aux portes de la ville, demandant aux anciens du peuple, Ruth sa parente, en mariage? Eglogue admirable, à laquelle l'antiquité n'a rien à comparer. Ne voit-on pas encore le voyageur reçu d'abord aux puits des chameaux par quelque jeune fille aussi belle que Nausicaa qui ressembloit elle-même à la tige du palmier de Délos? La fille de Bathuel, fils de Melcha, fils de Nachor, mène ensuite l'étranger à la porte de son père rassasié de jours. Le patriarche reçoit l'étranger avec des pleurs de joie, et lui dit : entrez chez moi avec tous vos ânes forts, car il y a beaucoup de place ici pour le voyageur, Dieu ayant béni ma maison. Ceci étant fait, l'ancien des peuples entre avec son hôte; on lave ses beaux pieds dans de l'eau de fontaine, et une vierge parfaitement innocente, les essuie avec une écrue d'un jeune bélier. Or la joie a élevé en dedans une voix secrète, car les paroles du bord de la fontaine ont été ouïes, et le serviteur d'Abraham est venu demander en mariage pour Isaac, la sage Rebecca, sa cousine paternelle par la couche de son oncle Nachor.

—

DES PLANTES

ET DE LEURS MIGRATIONS [2].

Ici nous quittons la chair et le sang, les appétits grossiers, les affections animales; nous entrons dans ce règne enchanteur, où les merveilles de la Providence prennent un caractère plus suave. En s'élevant dans les airs et sur le sommet des monts, on diroit que les plantes empruntent quelque chose du ciel dont elles se rapprochent. Au lever de l'aurore, par un profond calme, voyez dans cette prairie, toutes ces fleurs immobiles sur leurs tiges, elles se penchent à mille attitudes diverses, elles regardent tous les points de l'horizon. Dans ce moment même, où vous croyez que tout est tranquille, un grand mystère s'accomplit, la nature conçoit : et ces plantes sont autant de jeunes mères tournées vers la région mystérieuse, d'où leur doit venir la fécondité. L'une s'incline pour écouter les paroles secrètes; qu'un zéphyr lui révèle de la part d'une compagne; l'autre envoie ses

[1] Variante du même chapitre, tome XIV, page 183.

parfums à quelque tige aimée, comme un jeune époux répand ses désirs sur les traces d'une jeune épouse. Les ondes roulent la postérité des lis, les brises sont les berceaux où dorment les nouveau-nés des roses; une abeille cueille du miel de fleur en fleur, et sans le savoir, féconde toute une prairie; un papillon porte un peuple sur son aile, un monde descend dans une goutte de rosée, les sylphes ont des sympathies aériennes, des communications moins invisibles. Cependant toutes les amours des plantes ne sont pas également tranquilles : il en est d'orageuses, comme celles des hommes, il faut des tempêtes pour marier sur des hauteurs inaccessibles le cèdre du Liban au cèdre du Sinaï, tandis qu'au bas de la montagne, le plus doux vent suffit pour établir entre les fleurs un commerce de volupté, et favoriser le long des ruisseaux leurs générations odorantes : n'est-ce pas ainsi que le souffle des passions agite les rois de la terre sur leurs trônes, tandis que les bergers vivent heureux à leurs pieds?

La fleur donne le miel, elle est la fille du matin, le charme du printemps, la source des parfums, la grâce des vierges, l'amour des poètes; elle passe vite comme l'homme, mais elle rend doucement ses feuilles à la terre. On conserve l'essence de ses odeurs : ce sont ses pensées qui lui survivent. Chez les anciens, elle couronnoit la coupe du banquet, et les cheveux blancs du sage; les premiers chrétiens en couvroient les reliques des martyrs, et l'autel des catacombes : aujourd'hui, et en mémoire de ces antiques jours, nous la mettons dans nos temples. Dans le monde, nous attribuons nos affections à ses couleurs : l'espérance à sa verdure, l'innocence à sa blancheur, la modestie à ses teintes de rose; il y a des nations entières où elle est l'interprète des sentiments. Toute l'Inde communique par une fleur; livre charmant qui ne cause ni troubles ni guerres, et qui ne garde que l'histoire fugitive des révolutions du cœur. Chez les sauvages Floridiens, lorsqu'un jeune homme veut déclarer son amour à une jeune fille, il se lève au milieu de la nuit, allume une torche de pin, se rend à la cabane de sa maîtresse comme un chasseur qui veut prendre une colombe au flambeau. Si la vierge réveillée couvre sa tête d'un voile, et dit : guerrier, je ne te vois pas, c'est le signe du refus; si elle éteint le flambeau, elle accepte la main du jeune homme. Alors il dépose sur la couche de sa future épouse, une rose de magnolia, où le fruit mûr, semblable à un grain de corail, pend au bout d'une longue soie; c'est le symbole d'une mère qui porte à son sein l'espérance de la patrie.

On a cru long-temps que les végétations n'avoient point la faculté locomotive, et l'on se trompoit; à la vérité, ce n'est pas toujours la plante entière ou une partie de la plante qui voyage, mais seulement sa graine : c'est sa postérité qu'elle envoie peupler d'autres régions ; les cocotiers sont de cette dernière espèce. On les trouve au milieu de l'Océan sur des écueils de sables, ils cachent dans leurs rameaux des fruits arrondis et pleins de lait, comme les mamelles d'une mère; ils ont filtré le sel des eaux qui baignent leurs douches, en un miel délicieux. Quand la tempête survient, ils secouent leurs trésors sur les mers, et les mers les roulent à des côtes habitées, où ils se transforment en beaux arbres. Telle une petite société d'infortunés nourrit de larmes amères les doux fruits de la vertu, et ce n'est qu'au souffle de l'orage, qu'elle laisse tomber ces fruits pour les hommes.

En plaçant les sexes sur des individus différents dans

plusieurs familles de plantes, la providence a multiplié les mystères et les beautés de la nature. Les colons de la Virginie croient que les érables à fleurs rouges sont des mâles, et que ceux dont la fleur est blanche sont des femelles; quoi qu'il en soit, on voit souvent, dans quelque vallée des Alléghanys, croître sur le même tronc deux de ces arbres solitaires. La brise, qui descend de l'escarpement de la montagne en se laissant rouler sur des nappes de verdure, et en apportant la fraîcheur des sources hautaines, tire des tiges blanches et roses des deux érables; tantôt s'inclinant pour s'unir, ils ferment leurs cimes en berceau; tantôt s'entr'ouvrant avec lenteur, ils dévoilent l'azur céleste. Si ce n'est pas l'épouse et l'époux, du moins c'est la sœur et le frère; on les reconnoît aisément à leur air de famille, et au délicieux langage du désert dans lequel ils s'entretiennent ensemble.

Sur les branches de ces érables, on aperçoit quelquefois une plante parasite qui ressemble à une joubarbe ou à une tête d'artichaut; cette plante est creuse en dedans et contient un verre d'une excellente eau. Les sauvages qui la connoissent, trouvent une source dans la tige d'un arbre; mais il y a quelque chose de plus miraculeux encore : si le vent arrache ce fongus, il prend racine partout où il tombe. On en a vu qui, par un hasard singulier, sembloient s'attacher aux pas des chasseurs, comme des fontainiers voyageant à leur suite. Certes, les échansons qui marchoient autrefois avec les cours, servoient aux rois des vivres bien moins rares : la providence est le génie bienfaisant qui tous les soirs fait sortir de la terre, devant le sauvage, une table chargée de mets et de liqueurs.

Presque tous les arbres de la Floride et de la Louisiane, en particulier le cyprès, le cèdre et le chêne vert, sont couverts d'une espèce de mousse blanche, qui descend de l'extrémité de leurs rameaux jusqu'à terre. Quand la nuit, au clair de la lune, vous apercevez, sur la nudité d'une savane, une yeuse isolée revêtue de cette draperie, vous croiriez voir un fantôme traînant après lui ses longs voiles. La scène n'est pas moins pittoresque au grand jour, car une foule de brillants scarabées, de colibris, de petites perruches vertes, de cardinaux empourprés, viennent s'accrocher à ces mousses, et présentent avec elles l'effet d'une tapisserie en laine blanche, où l'ouvrier auroit brodé des insectes et des oiseaux éclatants.

Les Espagnols se font des lits de cette barbe des vieux chênes, et les Indiens y trouvent des maisons de campagne durant l'été. Quelquefois vous rencontrez, sous ces berceaux mouvants, à l'ombre d'un cèdre une famille de Sioux logée tout entière aux frais de la providence.

Les mousses, en s'abaissant de toutes parts, forment les divers appartements du palais; les jeunes garçons montent sur les rameaux de l'arbre et se couchent dans les espèces de hamac que le chevelu végétal forme en s'entrelaçant; au dessous, au pied du tronc, habitent le père et la mère : les filles sont dans une arcade retirée. Quand Dieu envoie les vents pour balancer ce grand cèdre; que le château aérien, bâti sur ses branches, va flottant avec les oiseaux et les sauvages qui dorment dans ces abris; que mille soupirs sortent de tous les corridors et de toutes les voûtes du mobile édifice; les sept merveilles du monde n'ont rien de comparable à ce monument du désert.

Mais pour qu'aucune sorte de magie ne manquât à ces mousses américaines, ou plutôt afin que les peuples de la solitude en partageassent le bienfait, la nature les a rendues voyageuses. Le vent, en les enlevant d'un chêne, ente leurs débris sur un autre chêne. Il y a telle mousse qui a fait ainsi le tour d'une forêt, et qui est arrivée du golfe Mexicain aux côtes de l'océan Pacifique.

On nous a montré au bord de l'Yar, petite rivière du comté de Suffolk, en Angleterre, une espèce de cresson fort curieux : il change de place, et s'avance comme par bonds et par sauts. Il porte plusieurs chevelus dans ses cimes. Quand ceux qui se trouvent à l'une des extrémités de la masse sont assez longs pour atteindre au fond de l'eau, ils y prennent soudainement racine. Tirés par l'action de la plante, qui s'abaisse sur son nouveau pied, les griffes du côté opposé lâchent prise, et la cressonnière, tournant sur son nouveau pivot, se déplace de toute la longueur de son banc. Le lendemain le botaniste cherche en vain sa plante où il l'avoit laissée, il l'aperçoit avec étonnement plus haut ou plus bas sur le cours de l'onde, formant, avec le reste des familles fluviatiles, de nouveaux effets et de nouvelles beautés. Nous n'avons malheureusement ni la floraison ni la fructification de ce cresson singulier : nous l'avons nommé voyageur à cause de nos propres destinées.

Les plantes marines sont plus sujettes à changer de climat que les autres; elles semblent partager l'esprit d'aventure des peuples que leur position a rendus commerçants. Le *fucus giganteus* sort des antres du nord, avec les tempêtes : il part, il s'avance sur les mers, en enfermant dans ses bras des espaces immenses. Comme un filet tendu de l'un à l'autre rivage de l'océan, il entraîne avec lui des moules, des phoques, des raies, des tortues, des légions de maquereaux, et jusqu'à d'énormes souffleurs, qui se trouvent sur sa route.

Quelquefois, fatigué de nager sur les vagues, il alonge un pied au fond de l'abîme, et s'arrête debout; puis recommençant sa navigation avec un vent favorable, après avoir flotté sur mille latitudes diverses, il vient tapisser les côtes du Pérou des guirlandes enlevées aux rochers de la Norwège.

Les varecs sont amis du malheur, ils décorent les débris des naufrages. Une pauvre femme errante sur les grèves voit arriver de loin le funèbre convoi : elle s'en approche; elle le considère; elle cherche à deviner la vieillesse du tombeau par l'antiquité de son gazon. Elle découvre, à moitié enseveli sur les galets, quelque meuble trop connu, quelque petite boîte qu'elle avoit elle-même remplie de cordiaux, achetés du fruit de ses veilles et de ses épargnes.

Des algues, des mousserons de mer, remplacent maintenant ces chers présents de sa tendresse. A ce spectacle le cœur lui manque, et, lisant l'époque de son veuvage dans l'âge des plantes attachées à cette ruine, elle tombe évanouie sur le sable. Aussi, tandis que le bruit du canon apprend aux grands le naufrage des grands du monde, la Providence, annonçant, au même bord, quelque deuil aux petits et aux foibles, leur dépêche secrètement un brin d'herbe et un débris.

Il est arrivé plus d'une fois qu'on s'est vu forcé d'abandonner un vaisseau en pleine mer. Aussitôt que l'équipage s'est retiré dans les chaloupes, un équipage d'une toute autre espèce s'empare du navire demi-submergé. Les plantes marines montent à l'abordage de toutes parts : elles entrent par les sabords, par les dalles, par les dunettes. Les unes grimpent sur le bec des ancres; les autres s'attachent aux bois : toutes s'occupent à réparer les avaries. Celles-ci bouchent les voies d'eau;

celles-là garnissent les pompes; les mousses étendent dans les cadres leurs lits de verdure; de petits fongus garnissent de leurs coussins les coffres des matelots, les étuis de mathématiques, les octants, les compas, les quartiers de réduction. Sur les cartes géographiques, des moisissures colorées dessinent de nouveaux continents et de nouvelles mers; les éponges emballent dans leur bourre humide les étoffes de l'Inde, les soies de la Chine, les cafés de l'Arabie. Cependant on voit pendre en dehors de riches tapis de varecs aux galeries de la chambre du capitaine; les fucus filent le long des cordages, circulent d'un mât à l'autre, et forment des voiles, des manœuvres, des haubans; les poireaux plantent des girouettes, et les algues déroulent leurs banderoles et leurs oriflammes. La machine réparée s'avance en triomphe sur les mers, au murmure des vents, qui sifflent dans ses merveilleux cordages, ou qui font tinter sa cloche abandonnée. Ainsi vogue le vaisseau du commerce de la nature; il vogue sous le pavillon de celui-là même qui creusa le vaste océan; il passe, sans craindre le naufrage, sur ces gouffres qui ont englouti tant de flottes, tant de trésors, tant de villes, tant de royaumes, et porte d'un rivage à l'autre les richesses de la providence.

Mais c'est dans l'Amérique septentrionale que se voient les grandes migrations des plantes. C'est là que les forêts entières changent, pour ainsi dire, de patrie, et ce sont encore les eaux qui fournissent les moyens du voyage.

Il est difficile de se faire une idée de la navigation intérieure, dont la nature a disposé les canaux dans cette partie du Nouveau-Monde. Des millions de fleuves se croisent, se quittent, se mêlent de nouveau, se nouent, se dénouent en cent manières. Les uns tombent du sommet d'une montagne, tel que le Kanhaway; les autres forment des rapides tumultueux sous des rives perpendiculaires de 300 pieds d'élévation, tels que le Kentucky; d'autres ouvrent lentement leurs vastes plis à travers les forêts et les savanes, tels que la Kauk. Tous ces fleuves, en descendant les uns dans les autres et formant les branches d'une seule chaîne, varient leurs confluents selon leur plus ou moins de pureté, et le plus ou moins de vitesse de leur cours. L'Ohio apporte tranquillement au Meschacebé la collection des belles ondes qu'il dérobe aux urnes du Kentucky, du Scioto, du Ouabache et du Tenate; tandis que le Missouri darde, comme une écluse, son eau blanche à travers l'antre des fleuves, le coupe obliquement en Y, dont une large barre va frapper le bord opposé, rebondit, et, contraint alors de se mêler à son rival, le précipite avec lui vers la mer en décolorant ses ondes.

Quand tous ces fleuves se sont gonflés des déluges de l'hiver, quand les tempêtes ont abattu des pans entiers de forêts, c'est alors qu'il se fait dans les eaux de la solitude des embarcations dignes de sa pompe sauvage. Le temps, comme un puissant bûcheron, assemble sur toutes les sources les arbres déracinés : il les unit avec des lianes, il les cimente avec des vases et des argiles; il y plante de jeunes arbrisseaux et lance son ouvrage sur les ondes. Charriés par les vagues écumantes, ces radeaux débouchent de toutes parts sur le Meschacebé. Le vieux fleuve s'en empare à son tour, et se charge d'aller les placer à son embouchure, pour y former une nouvelle branche et multiplier ses cornes avec ses années. Monté sur ces vastes trains de bois, il les dirige avec son trident, et repousse l'un et l'autre rivage; par intervalle il élève sa grande voix en passant sous les monts, et répand ses eaux débordées autour des tombeaux indiens et des troncs des arbres, comme le Nil autour des pyramides et des colonnes égyptiennes. Mais, comme la grace est toujours unie à la magnificence dans les scènes de la nature, tandis que le courant du milieu entraîne rapidement vers la mer les cadavres des pins et des chênes, on voit sur les deux courants latéraux remonter tranquillement, le long des rivages, des îles de pistia et de nénufar, dont les roses jaunes s'élèvent comme de petits pavillons, à l'extrémité d'un mât de quinze à seize pouces. Des serpents verts, des hérons bleus, des flammants roses, de jeunes crocodiles, s'embarquent passagers sur ces vaisseaux de fleurs, et la colonie, déployant aux vents ses voiles d'or, va aborder endormie dans quelque anse retirée du fleuve [1].

SPECTACLE D'UNE NUIT [2].

Oserions-nous peindre une nuit dans les solitudes du Nouveau-Monde, et mêler notre voix à celle de tant d'hommes illustres qui ont glorifié les œuvres du Tout-Puissant ? On trouve quelquefois dans les forêts de hauts chênes qui rendent des sons sublimes, tandis qu'un petit buisson, né sous leur ombre, murmure foiblement à leurs pieds.

Je voyageois avec une famille sauvage que j'avois rencontrée dans les bois à quelque distance de la cataracte

---

[1] L'auteur reproduisit quelques traits de ce tableau dans les premières pages d'*Atala*.

[2] A comparer avec le même tableau, t. XIV, p. 191.

de Niagara; nous avions pris le repas du soir, et nous nous préparions à dormir ensemble. Et que pouvions-nous craindre les uns des autres? Le Grand Esprit n'avoit-il pas vu la fumée de notre couche commune s'élever au dessus des arbres, et son soleil couchant ne l'avoit-il pas dorée? Pour lui dérober la connoissance d'un crime, il auroit fallu un toit plus épais qu'une écorce de chêne rongée de mousse, et percée par les hermines qui l'habitoient avant nous.

Bientôt la nuit sortit de l'orient, et la solitude sembla faire silence pour admirer la pompe céleste.

La lune monta peu à peu au zénith du ciel; tantôt elle reposoit sur un groupe de nues, qui ressembloit à la cime des hautes montagnes couronnées de neiges; tantôt elle s'enveloppoit dans ces mêmes nues, qui se dérouloient en zones diaphanes de satin blanc, ou se transformoient en légers flocons d'écume. Quelquefois un voile uniforme s'étendoit sur la voûte azurée; mais soudain, une bouffée de vent déchirant ce réseau, on voyoit se former dans les cieux des bancs d'une ouate éblouissante de blancheur, si doux à l'œil, qu'on croyoit ressentir leur mollesse et leur élasticité.

La scène sur la terre n'étoit pas moins ravissante: le jour bleuâtre et velouté de la lune flottoit silencieusement sur la cime des forêts, descendoit dans les intervalles des arbres, et poussoit des gerbes de lumière jusque dans l'épaisseur des plus profondes ténèbres; une rivière qui couloit devant nos huttes, tantôt se perdoit dans les bois, tantôt reparoissoit brillante des constellations de la nuit qu'elle répétoit dans son sein. De l'autre côté de cette rivière, dans une vaste prairie naturelle, la clarté de la lune dormoit sans mouvement sur les gazons; des bouleaux agités par les brises, et dispersés çà et là dans la savane, formoient des îles d'ombres flottantes sur une mer immobile de lumière. Auprès tout étoit silence et repos, hors la chute de quelques feuilles, le passage brusque d'un vent subit, les gémissements rares et interrompus de la hulotte; mais au loin, par intervalles, on entendoit les roulements solennels de la cataracte de Niagara, qui, dans le calme de la nuit, se prolongeoient de désert en désert, et expiroient à travers les forêts solitaires.

La grandeur, l'étonnante mélancolie de ce tableau, ne sauroient s'exprimer dans les langues humaines; les plus belles nuits en Europe ne peuvent en donner une idée. En vain, au milieu de nos champs cultivés, l'imagination cherche à s'étendre, elle rencontre de toutes parts les habitations des hommes; mais, dans ces pays déserts, l'ame se plaît à s'enfoncer, à se perdre dans un océan de forêts; elle aime, à la clarté des étoiles, à errer aux bords des lacs immenses, à planer sur le gouffre des cataractes, à tomber avec la masse des ondes, et pour ainsi dire à se mêler, à se fondre avec toute cette nature sublime.

Telle fut cette nuit passée au milieu d'une famille de Sauvages. Mes hôtes me quittèrent au lever du jour. Nous nous séparâmes, non sans des marques d'émotion et de regrets, touchant notre front et notre poitrine à la façon du désert. Immobile et sentant des larmes prêtes à couler, je suivis long-temps des yeux la troupe demi-nue qui s'éloignoit à pas lents : les petits enfants suspendus aux épaules de leurs mères se détournoient en souriant pour me regarder, et je leur faisois des signes de la main en manière de derniers adieux. Cette marche touchante et maternelle s'enfonça peu à peu dans la forêt, où on la voyoit paroître et disparoître tour à tour entre les arbres :

elle se perdit enfin totalement dans leur épaisseur. Puissent ces Sauvages conserver de moi quelque souvenir ! Je trouve je ne sais quelle douceur à penser que, tandis que j'existe persécuté des hommes de mon pays, mon nom, au fond d'une solitude ignorée, est encore prononcé avec attendrissement par de pauvres Indiens.

DESIR DE BONHEUR DANS L'HOMME [1].

Quand il n'y auroit pas d'autres preuves de l'existence de Dieu que celle que nous avons développée dans le chapitre précédent, elle est si forte, qu'elle suffiroit pour convaincre tout homme qui ne cherche que la vérité, aussi les athées de bonne foi conviennent-ils que les arguments qu'on tire de la pensée sont les seuls difficiles à résoudre ; mais ces malheureux incrédules, quoi qu'ils en disent, sont encore plus embarrassés de répondre aux objections de leur propre cœur. Qu'ils nous déclarent, s'ils le peuvent, d'où leur vient ce désir de bonheur dont ils sont sans cesse tourmentés, ou nous allons faire encore de ce désir une preuve invincible d'un Dieu, d'une ame, d'une autre vie. Nous avons déjà traité ce sujet avec quelque étendue ; il est certain que tous les sentiments de l'ame peuvent aisément se rassasier : l'amour, l'ambition, la colère, la vengeance, ont une plénitude assurée de jouissance. Le désir de bonheur est le seul qui manque de satisfaction comme de but, car on ne sait ce que c'est que ce bonheur qu'on désire. Il faut conve-

[1] *Voyez* tome XIV, page 206.

nir que si tout est matière, la nature s'est ici étrangement trompée : elle a fait un objet sans cause finale.

Il y a des sophistes qui, pour éluder l'argument, le nient, et soutiennent qu'ils sont heureux. D'abord, comme étant les seuls à avoir cette prétention, on pourroit bien n'en tenir aucun compte; mais sans vouloir nous sauver par là, nous dirons que ces athées déguisent la vérité en faveur de leur système. Approchez, vous tous gens heureux, qui refusez de croire à l'ame et à la providence, ouvrez-nous votre sein, apprenez-nous ce que vous faites dans les heures oecultes de votre vie; venez nous révéler les moments de vos insomnies, quand seuls, sur votre couche inquiète, vous vous agitez dans le vide de votre cœur, hélas! que votre système ne peut remplir. Que de désirs vagues! Que d'instants douloureux! Qu'elle est lamentable cette voix qui s'élève du fond de votre ame et qui vous crie : « Voilà tout; demain c'est comme
» aujourd'hui: se lever, vaquer au soin du moment, se
» coucher, recommencer le cercle, et puis mourir. »
Cessons ces blasphèmes. Non, cette voix est lointaine; elle vient du côté de la tombe, elle vous appelle à des jours plus heureux, si vous ne continuez à la méconnoître. « Homme, vous dit-elle dans son vrai langage,
» pourrois-tu nier ton immortalité et la dignité de ta
» nature en sentant combien le monde est peu fait pour
» toi? Elle se calmera cette inquiétude de bonheur qui
» te tourmente; la raison te dit que tu ne l'as pas reçue
» en vain, sois vertueux et espère. »

On ajoute que le peuple n'a point cette inquiétude. Sans doute, il est moins malheureux que nous, car il est distrait de ses désirs par un travail pénible; il boit ses sueurs pour apaiser sa soif de félicité. Mais quand vous le voyez se consumer six jours de la semaine pour jouir de quelques plaisirs le septième; quand, toujours espérant le repos et ne le trouvant jamais, il arrive à la mort sans cesser de désirer, direz-vous qu'il ne partage pas la secrète aspiration de tous les hommes vers un bien-être inconnu. Que si l'on prétend que ce souhait est du moins borné pour lui aux choses de la terre, cela n'est rien moins que certain; donnez à l'homme le plus pauvre tous les trésors du monde, suspendez ses travaux, satisfaites tous ses besoins, et, avant que quelques mois se soient écoulés, il en sera encore à l'espérance.

D'ailleurs, est-il vrai que le peuple ne connoisse pas ce désir de bonheur? L'avez-vous suivi au milieu de ses travaux? Avez-vous surpris le laboureur assis à midi à l'ombre du pommier, et regardant l'herbe agitée par le vent ou le nuage fuyant au-dessus de sa tête? Pourquoi cet instinct mélancolique dans l'homme champêtre? Nous l'avons vu seul à la porte de sa cabane, tandis que le reste de sa famille étoit allé prier le Moissonneur qui séparera le bon grain de l'ivraie. Il prêtoit l'oreille au son de la cloche; son attitude étoit pensive, il n'étoit distrait ni par les passereaux de l'aire voisine, ni par les insectes qui bourdonnoient autour de lui. Celui qui laboure la terre a les yeux attachés à la terre. Qu'on nous dise quelle étoit la pensée qui rouloit alors dans l'ame de ce fils d'Adam? Cette noble figure de l'homme, plantée comme la statue d'un Dieu sur le seuil d'une chaumière, ce front sublime, quoique chargé de soucis, ces épaules ombragées d'une noire chevelure, qui s'élevoient comme pour soutenir le ciel, quoique courbées sous le fardeau de la vie; tout cet être si majestueux, encore que misérable, ne pensoit-il à rien, ou songeoit-il seulement aux choses du siècle? Ah! ce n'étoit pas l'expression de ces lèvres entr'ouvertes, de ce regard baissé, de ce corps immobile! Dieu étoit là avec le son de la cloche de son culte; l'œil de l'homme étoit fixé sur la poussière du monde, et son désir étoit dans le ciel.

Donc s'il est impossible de nier que l'homme espère jusqu'au tombeau, et espère encore en exhalant son dernier souffle; s'il est certain que tous les biens de la terre, loin de combler ce désir, ne font que creuser l'ame et en augmenter le vide, il faut en conclure qu'il y a quelque chose au delà du temps. *Vincula hujus mundi* (dit saint Augustin) *asperitatem habent veram, jucunditatem falsam; certum dolorem, incertam voluptatem; durum laborem, timidam quietem : rem plenam miseriœ, spem beatitudinis inanem.* « Les liens du monde ont
» une véritable âpreté et une fausse douceur, des dou-
» leurs certaines, des plaisirs incertains; un travail dur,
» un repos inquiet; des choses pleines de misère et une
» espérance vide de bonheur. »

Et cette espérance, vide de bonheur dans ce monde, n'est-elle pas visiblement faite pour l'autre? et cette chose espérée peut-elle être autre que Dieu? et cette chose qui espère peut-elle être autre qu'une ame? Comment supposer que ce besoin de la divinité, que l'homme manifeste de toute part, soit un pur souhait de la matière? Si la matière est unique, d'où lui viendroit l'idée d'un principe étranger à elle-même et placé hors d'elle-même? Non, si Dieu n'existoit pas, jamais homme n'en eût pu concevoir la pensée; on ne pense que ce qui existe. Si l'on disoit que tous les jours l'imagination crée des objets fantastiques, cette objection seroit foible; car on bâtit sans doute des palais dans les nuages; mais si l'architecture est imaginaire, les éléments en sont pourtant réels.

Cette preuve de l'existence de Dieu résout en même

temps l'objection des athées au sujet des maux de la vie. Il est aisé de juger que nous formons dans l'univers une très petite partie d'un tout que nous ne comprenons pas. Nos maux ont un but : ils concourent à un bien général qui nous est inconnu, mais dont nous recueillerons certainement notre part. Ne voyons-nous pas même au moral que le malheur est nécessaire? C'est de lui que naissent toutes nos vertus; les vertus sont des pleurs brillants qui tombent des yeux de l'adversité, comme les perles de la rosée sont les larmes de la nuit. Si vous considérez d'ailleurs la brièveté de vos jours, et combien votre tombe est près de votre berceau; s'il vous semble à soixante années que vous n'êtes encore que d'hier; si sur votre tête, ce matin brunie par les feux de la jeunesse, le temps élève ce soir, comme au haut d'une tour emportée d'assaut, ce pavillon blanc, signal de sa victoire et de votre défaite; si vous songez enfin qu'à peine votre chair, touchée par la mort, sera refroidie, vous serez déjà oublié, trouverez-vous encore que la joie ou les pleurs, la pauvreté ou la richesse, la justice ou l'injustice, la liberté ou l'esclavage, le pouvoir ou la sujétion, soient en eux-mêmes quelque chose? Tout cela ne sera-t-il pas à vos yeux plus vain qu'un vain sable? Ne rirez-vous pas vous-même de ces mots éclatants de bonheur et d'infortune, de bien et de mal, que vous alliez prodiguant aux haleines inconstantes de l'air? « Il se trouve encore une autre vanité sur la terre, dit le sage : il y a des justes qui éprouvent des malheurs, comme s'ils avoient fait les actions des méchants, et des méchants qui prospèrent, comme s'ils avoient fait les œuvres des justes; mais je crois que c'est encore là une très grande vanité. »

Notre soif de bonheur ou notre soif d'un Être-Suprême nous explique les maux de la condition humaine, et nous donne la clef de cette apparente injustice dans la répartition des biens, la plus violente des tentations à l'incrédulité. Loin de nous plaindre que le désir de félicité ait été placé dans ce monde, et son objet dans l'autre, admirons en cela la bonté de Dieu. Puisqu'il faut tôt ou tard sortir de la vie, et que le tombeau se trouve sur notre chemin, la Providence a mis au delà du terme fatal un objet qui nous attire, afin de diminuer nos terreurs de la mort. Quand une mère veut faire franchir une barrière à son enfant, elle lui tend la main de l'autre côté de cette barrière, en lui présentant un fruit pour l'engager à passer.

OBJECTIONS CONTRE LA PROVIDENCE [1].

Les incrédules, par exemple, produiront en triomphe la folie, les blessures au cerveau, les maladies, les fièvres délirantes; afin d'étayer leur triste système, ces hommes infortunés sont obligés d'enrôler, pour auxiliaires, dans leur cause, tous les malheurs de l'humanité; ils ont discipliné nos misères pour les mener avec eux au combat. Eh bien donc, ces fièvres, cette folie, que l'athéisme ou le génie du mal a fort raison d'appeler en preuve de sa réalité, que démontrent-elles après tout? Je vois une imagination déréglée, mais un entendement sain; le fou et le malade aperçoivent des objets qui n'existent pas;

[1] *Voyez* tome XIV, page 217.

mais raisonnent-ils faux sur ces objets? ils tirent d'une cause infirme des conséquences saines. Cet insensé croit être un roi puissant, et tandis qu'il se berce de cette triste illusion, il fait des lois pour ses sujets, il veut qu'on l'appelle Sire, qu'on le serve avec respect, heureux du moins, dans son infortune, que toutes ses grandeurs ne soient que le songe d'un songe.

Pareille chose arrive à l'homme attaqué de la fièvre; son ame se dérange dans la partie où se réfléchissent les images, parce que l'imbécillité de ses sens ne lui laisse plus parvenir que des notions trompeuses; mais la région des idées reste entière et inaltérable. Et tout de même qu'un feu allumé dans une ville entière n'en est pas moins un feu pur, quoique nourri d'impurs aliments; ainsi la pensée, flamme céleste, s'élance incorruptible du milieu de la chair troublée, de la pourriture et de la mort.

La religion chrétienne, bien entendue, n'est que la nature primitive, lavée de la tache originelle.

Les philosophes modernes, éveillés sur cette morale par l'Evangile, et croyant mieux faire que le Dieu des doux et des petits, n'ont plus vu d'instinct de la patrie. Ils se sont mis à aimer le genre humain, c'est-à-dire à n'aimer personne, alors tout a retenti de philanthropie; on eût cru que les cœurs, subitement embrasés d'un amour inextinguible, gémissoient faute de savoir où placer tout ce trésor. C'étoit mon frère le nègre! mon frère le Japonois! et cependant la vérité est que jamais il n'y eut plus de Caïns qu'au temps des encyclopédistes, que jamais siècle plus froid n'a roulé sur un peuple. Il n'y a pas de milieu avec ces gens-là; ou tout est frappé de glace dans leurs écrits, ou toute la chaleur n'y vient que de la tête; jamais un seul mouvement du cœur. Il faut en excepter J.-J. Rousseau, qui toutefois montre plus souvent un cerveau allumé qu'une ame ardente. Ce qu'il y a de pis, et ce qu'on ne sauroit voir sans indignation, c'est que ces philosophes débonnaires, qui étendoient leurs généreux soucis jusqu'aux habitants de Saturne, ne cessent, dans leurs ouvrages, de dénigrer leur patrie. Ils disoient du bien du Congo, pour dire du mal de la France.—C'étoit pour la réformer! s'écrie-t-on. Certes, voici de singuliers réformateurs que ces auteurs de la Pucelle et de tant d'autres œuvres qu'on rougit de nommer ! où donc ces chastes et rares législateurs avoient-ils appris qu'il faut commencer par avilir un peuple, afin de parvenir à l'élever ? Etoit-ce dans quelque manuscrit inconnu de Lycurgue ou de Solon qu'ils avoient lu qu'on doit enseigner à une nation à se mépriser elle-même, pour qu'elle devienne, par ce moyen, moins méprisable ? Quoi ! il étoit nécessaire de rendre la France la fable et la risée des hommes, pour la corriger ? On révèle en secret à un ami ses défauts, mais on les cache au reste du monde. Qu'on nous montre un seul auteur anglois, allemand, italien, espagnol, qui ait jamais pris plaisir à dégrader son pays dans l'estime de l'Europe ? Et qui ne sait pourtant que les sarcasmes de M. de Voltaire contre sa patrie sont dans la bouche de tous les étrangers ? Qui ne sait qu'on répète partout à vos oreilles son mot fameux sur les François, *moitié tigres et moitié singes.* Et J.-J. Rousseau, que ne restoit-il dans sa Genève, au lieu de venir vilipender la nation qui l'avoit reçu, et la troubler de ses rêveries ! Pense-t-on l'excuser, en disant qu'il étoit soûl ? Il y avoit une loi de Charondas qui punissoit doublement le crime commis dans l'ivresse. Ce n'étoit pas de cette sorte que les écrivains du siècle de Louis XIV parloient de la France. Ouvrez les livres de ces *suppôts de la tyrannie*, des Bossuet, des Fénélon, des Fléchier, des Boileau, des Racine; voyez avec quel haut respect, avec quelle magnifique opinion ils parlent de l'empire françois? Aussi quelle idée n'ont-ils point donnée de leur siècle à l'Europe entière; idée si grande, qu'elle dure encore. Un François étoit alors respecté sur tout le globe; aujourd'hui il est insulté partout. C'est cependant au nom des hommes qui ont le moins aimé leur patrie, qu'on a fait une révolution dont l'amour du pays natal est, dit-on, le fondement. Malheur à qui insulte son pays; que la patrie se lasse d'être ingrate avant que nous nous lassions de l'aimer; ayons le cœur plus grand encore que ses injustices; respectons-la, c'est le moyen d'être respectés nous-mêmes.

—

LE RICHE ATHÉE [1]

Que le riche et l'homme de prospérité n'aient aucun intérêt à être athées, c'est ce qu'il est aisé d'apercevoir. Quiconque habite avec la fortune doit savoir combien elle est volage; mais vous, pour qui la terre donne sa graisse et le ciel répand sa rosée, en ne plaidant que la cause de vos plaisirs, ne vous est-il pas bien doux de songer que vos jours se prolongeront au-delà de la vie? Avec quel désespoir ne quitteriez-vous pas ce monde, si vous croyiez vous séparer pour toujours du bonheur? En vain

[1] *Voyez* tome XIV, page 224, continuation des *Dangers de l'athéisme*.

tous les biens du siècle s'accumuleroient sur vos têtes, ils ne serviroient qu'à vous rendre le néant plus affreux. La mort auroit tant d'amertume, que sa seule pensée vous feroit suer de douleur au milieu de vos voluptés. D'ailleurs, si vous niez la Providence, sur qui compterez-vous pour la continuation de vos joies? Ce que le hasard a donné, le hasard peut le reprendre. Au contraire, en vous soumettant à la volonté de Dieu, s'il vous arrive quelque revers, du moins l'aurez-vous prévu, et alors vous aurez tout lieu de croire que la bonté divine vous traitera favorablement à cause de la droiture de votre cœur. Dieu rendit à Job deux fois autant de bien qu'il en avoit perdu.

Le riche doit encore tenir pour certain que la foi augmentera ses plaisirs en y mêlant une tendresse ineffable. Son cœur ne s'endurcira point, ne sera point rassasié par la jouissance, grand écueil des longues prospérités. La religion possède une huile sainte qui prévient la sécheresse de l'ame; et c'est avec cette huile qu'elle consacre les rois, la jeunesse et la mort, pour les empêcher d'être stériles.

Enfin, il viendra le jour des chagrins, le jour inévitable à l'homme, il viendra! Un souffle d'en haut fera disparoître les palais et les trésors; et le maître de tant de granges comblées sera pour toujours relégué parmi ceux qui n'ont pas un épi de froment. Que fera-t-il alors de son athéisme? C'est une relique de peu de vertu dans le malheur. Il verra ses nouveaux compagnons assis autour de la table de l'espérance, buvant sans cesse à la coupe enchantée qu'ils renouvellent sans cesse avec leurs larmes; lui seul ne pourra prendre part au banquet : sombre et désespéré, il se tiendra à l'écart; et à la vue de la source où il ne pourra boire, comme ces animaux frappés de rage, il se roulera écumant sur la poussière, dans les convulsions de la mort.

Le riche tombé, mais religieux, ne connaîtra point cette douleur; il quittera sans peine le manteau de pourpre pour vêtir la serge grossière. Ses pieds, que couvroit la soie et que protégeoient les cuirs moelleux, ne seront point blessés par l'inflexible chaussure de chêne, ou par la pierre qu'ils fouleront à nu. Que lui importera la solitude? Il n'avoit point compté sur les hommes; il savoit depuis long-temps qu'ils détourneroient leur face quand le jour seroit venu. Si la couche de duvet lui manque, il sait dormir sur la paille; si le coussin d'édredon ne soutient plus sa tête, une bonne conscience est un oreiller fort doux. Il n'a plus ces habitations pompeuses, ces longues salles où retentissoit la voix des flatteurs et des faux amis; mais il a la maison de Dieu, les églises où les anges ne lui donnent que des louanges sincères, et où Jésus-Christ dit à son cœur les mots de la véritable amitié. Ce sont ses galeries, ce sont ses palais : c'est là que recueilli dans sa pensée, tandis que tout est calme et silencieux sous les voûtes du temple, il entend gronder au dehors les flots du monde qui ne peuvent plus l'atteindre. Le riche doit donc croire.

LES ROIS ATHÉES [1].

Mais enfin c'est peut-être aux maîtres des empires que l'incrédulité est favorable. Ceux qui gouvernent les

[1] Continuation du même chapitre, tome XIV.

peuples doivent-ils nier la vérité? Et en vertu de qui règnent-ils donc? d'où leur est venue leur puissance? quel droit ont-ils de commander, et qui force les autres de se soumettre? *La religion*, dit Spinosa, *peut seule expliquer le miracle de l'obéissance* : grand mot dans la bouche d'un athée. Bien loin que l'athéisme soutienne les grands, c'est l'athéisme qui les renverse. Et comment un chef contempteur du ciel pourroit-il se faire aimer? quelle foi voulez-vous qu'on repose en ses promesses? Pour lui, le bien et le mal n'est qu'un être de raison forgé par les lois humaines : or, s'il est au dessus de ces lois, qui l'empêchera de les braver? Si Dieu ne le lie pas, celui qui n'est lié par personne aura-t-il d'autre règle que son bon plaisir et son pur caprice? Comment sera-t-il le père des malheureux, cet homme puissant qui ne croit point aux affections de l'ame, qui rit quand on parle de pitié et de sentiments pieux, qui n'établit aucune différence entre le vice et la vertu, qui regarde le plus fripon comme le plus habile, et qui ne craint rien dans le présent ni rien dans l'avenir?

On aura beau réclamer, il est certain que tous les préjugés sont en faveur de l'homme religieux, tandis que l'incrédule, quoi qu'il fasse, est toujours en butte aux soupçons. Dites à un homme : « Voici un chrétien, » voilà un athée; ils passent tous deux pour de très hon- » nêtes gens; vous avez une somme à déposer : entre » les mains duquel de ces deux hommes voulez-vous la » remettre? » Nous engagerions notre tête que cet homme, fût-il lui-même athée, confiera son argent au chrétien. Nier le fait ne détruiroit pas l'assertion; car, en supposant qu'il se trouvât un incrédule qui, par amour-propre et pour soutenir son système, remît sa fortune au dépositaire athée, le reste du genre humain feroit le contraire. Est-ce qu'une telle supériorité, avouée de tout le monde, ne devroit pas sur-le-champ décider la question? On dira peut-être que si on donne au chrétien la garde de l'argent, ce n'est pas qu'il soit plus honnête homme que l'athée, mais parce qu'on a une sûreté de plus dans *ses préjugés*. Ah! vous reconnoissez donc qu'on ne se peut fier à l'humanité toute seule; qu'il faut quelque chose de plus qu'*un honnête athéisme* pour être un *parfait honnête homme*? Heureux *préjugés*, saintes *erreurs* de la religion, continuez long-temps sur la terre!

Vous nous direz encore : Nous n'avons jamais nié que la religion, *comme instrument de morale*, n'ait en soi quelque chose de bon; nous soutenons seulement qu'elle est absurde en philosophie, et lorsqu'on veut la faire recevoir *comme pure vérité*.

Malheureux sophistes, qui voulez qu'une chose soit bonne et mauvaise à la fois, qui prétendez qu'une vertu puisse naître d'un mensonge, qui fondez la morale sur une vaine illusion! accordez-vous donc avec vous-mêmes. Votre langage sera-t-il uniforme? prêcherez-vous ouvertement l'athéisme, ou bien direz-vous *ici* qu'il y a un Dieu, et *là* qu'il n'y en a pas? Si la religion est bonne, pourquoi écrivez-vous contre elle? A qui persuaderez-vous d'être vertueux *au nom d'un être souverain* que vous déclarez *n'être qu'un fantôme*? Et, comme nous l'avons déjà dit, vous reconnoissez les *effets* de la morale, et vous niez les *causes*; vous admettez une conséquence qui n'a point de principe. Hélas! il est trop aisé de voir que l'erreur qui vous domine trouble également vos sentiments et votre raison. Détruisant par une proposition ce que vous avancez par l'autre, perplexes dans vos idées, foibles dans vos arguments, vous marchez, en tâtonnant, dans les ténèbres. Cessez d'errer dans ces régions de l'éternelle nuit, où tout est plein d'aspérités et de précipices, où vous n'êtes éclairés qu'à la lueur de la foudre qui vous menace, et où vous vous perdrez sans retour.

Il y a deux sortes d'athées bien distincts : les premiers déclarent qu'il n'y a point de Dieu, etc.[1];

Les derniers joignent aux vices de l'athée l'intolérance du sectaire et l'amour-propre de l'auteur.

Ce sont ces derniers hommes qui vous disent naïvement que le chef athée sera obligé de maintenir la justice pour se maintenir lui-même en pouvoir. A qui viennent-ils raconter ces choses? Quoi! ils pensent qu'un incrédule, maître de six cent mille hommes, se souciera de leur *justice relative* et de leurs subtilités sur la nécessité de la *morale*! C'est en vérité bien peu connoître le cœur humain, que de raisonner ainsi!

Mais voyons si le chef ennemi du ciel peut être athée pour lui seul, et religieux pour le peuple. S'il est athée pour le peuple même, il faut qu'il persécute la religion de ce peuple. Or, s'il a quelque envie d'être en horreur, il ne sauroit prendre un meilleur chemin. S'il est athée pour lui seul, quelle confiance la nation prendra-t-elle dans un souverain qui n'est pas de son culte? — Il en pratiquera les dehors, direz-vous. Ne vous y trompez pas; on est clairvoyant sur cette matière. On devinera bientôt votre dérision, et on vous détestera cent fois plus que si vous étiez un ennemi ouvert. L'insulte qu'on fait à Dieu par l'hypocrisie est plus horrible à l'homme de foi qu'une persécution déclarée. Après tout, direz-vous encore, qu'importe le peuple et ce qu'il pense? Nous

---

[1] *Voyez* tome XIV, début du chapitre, page 224.

entendons, mais quand vous aurez besoin d'augmenter ou vos finances ou vos armées, songez que, pour chaque écu et pour chaque homme, il vous faudra une baïonnette et un gendarme.

Le chef athée se voit donc exposé à être renversé par le peuple religieux ou par l'athéisme lui-même, ou enfin à être forcé de régner par la tyrannie : fausse position dans laquelle il ne peut trouver ni sûreté ni bonheur.

Enfin ce grand, ce puissant de la terre, tout souverain qu'il est, tout environné de glaives et de foudres qu'il puisse être, s'est-il assuré de la fortune? Ouvrez ce registre des misères humaines, l'histoire. Cherchez le chapitre des rois : quel long catalogue d'infortunés ! Sont-ce là les maîtres des empires, que tous ces hommes traînés dans le sang et la fange, abandonnés du ciel et de la terre, abreuvés de fiel et rassasiés du pain des douleurs? La religion est surtout faite pour ceux qui s'élèvent entre les hommes : elle est placée auprès des trônes comme ces vulnéraires qui croissent sur le sommet des Alpes, là où les chutes sont plus fréquentes et plus terribles. A qui les grands auront-ils recours dans leurs épouvantables calamités? Sera-ce en ces flatteurs qui vont adorer la nouvelle fortune, et qui, dans leur soif intarissable, non satisfaits des mépris d'une première cour, boivent à longs traits les mépris d'une seconde? Ah! qu'ils ne reposent point leur confiance dans leurs bienfaits, ceux qui commandent à la terre! Qu'ils sèment, mais sans compter de recueillir. Dans le champ de l'ingratitude, il ne lève que des moissons trompeuses. La récolte paroît abondante tandis qu'elle se dore au soleil des beaux jours ; mais quand le temps est venu de battre la gerbe, il se trouve que l'épi est vide, et il ne reste sous les coups du fléau qu'une paille inutile.

Aussi n'est-ce ni dans les courtisans ni encore moins dans les athées que les souverains tombés ont mis leur espoir. Que fait cette Marie d'Écosse, cette douairière de France et de Navarre, dans le château de Fothringay? Elle prie. Que fait ce Charles en cheveux blancs, dans la solitude de Carisbrooke? Il prie : *O Lord'*, s'écrie-t-il, *let the voice of his blood* (Christ) *be heard for my murderers, louder than the cry of mine against them.* « Seigneur, que le sang de Jésus-Christ élève la voix en faveur de mes meurtriers, plus haut que le cri de mon sang ne se fait entendre contre eux. » Ce n'est pas là la prière d'un athée. Charles avoit été maître de trois royaumes; Charles avoit eu des armées et des serviteurs. Que lui restoit-il maintenant de toute cette pompe? Un vieillard qui l'aidoit à allumer son feu le matin. Bientôt on lui cracha au visage, ses vêtements furent tirés au sort, et le bourreau répandit son sang : Charles se fût-il consolé, s'il n'avoit cru partager ces honneurs avec le monarque des cieux?

Il suffit donc que les grands puissent être malheureux, et malheureux plus que les autres hommes, pour que l'athéisme leur soit tout-à-fait mauvais. Et de ces infortunes des grands qui est-ce qui doute encore aujourd'hui? avons-nous besoin d'entasser exemples sur exemples? Qu'il nous seroit aisé d'en trouver d'autres! Non, vous n'êtes point à l'abri des maux qui consument le pauvre, puissances et souverains du monde. « Job repose, dans » son sommeil, avec les rois et les consuls de la terre, qui » se bâtissent des solitudes. » *Cum regibus et consulibus terræ, qui œdificant sibi solitudines* [1]. La nature ne fait pas des rois, elle fait des hommes; vous n'emporterez

---

[1] Job.

au cercueil que vos os, et rien de vos grandeurs. « Nus
» vous êtes sortis du ventre de votre mère; nus vous
» rentrerez dans son sein [1]. » Alors tous vos serviteurs
se retireront. La mort seule, comme le grand officier de
votre couronne, restera pour vous présenter la coupe du
sommeil, et vous étendre sur votre lit d'argile. C'est là
que dépouillé par ses mains, l'œil cherchera en vain sur
votre chair les marques de votre royauté, jusqu'à ce que
la terre vous couvre de son voile, et que l'éternité tire ses
rideaux autour de votre dernière couche. Croyez donc
en Dieu, puisqu'il faut mourir; soyez donc religieux,
puisque vous pouvez être misérables. Prenez garde surtout de vous laisser tenter à la prospérité; ne vous assurez
point dans un bonheur qu'un seul instant peut détruire.
Souvent ceux qui ont habité les palais en sont sortis les
mains liées derrière le dos; les reines ont été vues pleurant comme de simples femmes, et l'on s'est étonné de
la quantité de larmes que contiennent les yeux des rois[2].

LA FEMME ATHÉE [3].

O femmes! j'en appelle à vos entrailles maternelles,
le système de l'athée ne sera point le vôtre; il n'est fait
que pour des cœurs de glace : celui qui l'inventa n'avoit
jamais aimé. Vous croirez à cette religion qui couvre de
lin blanc et de fleurs le cercueil de vos nourrissons, qui
chante des cantiques de joie sur leurs aimables tom-

[1] Job.
[2] L'auteur a mis plus tard cette dernière phrase dans la bouche du père Aubry. (*Voyez* Atala.)
[3] *Voyez* tome XIV, page 224.

beaux ; qui vous apprend qu'ils ne sont point morts, mais transformés en petits anges. Vous chérirez cette foi divine, qui pour objet d'adoration, vous offre une femme de douceur et de joie qui tient dans ses bras son nouveau né : c'est là le véritable culte des mères.

―

CORRUPTION DU GOUT [1].

Mais la plus funeste des conséquences qui résultent de l'engoûment pour les littératures étrangères, c'est la perte irréparable du goût. Il y a des François qui osent maintenant trouver fades les vers de Racine, de ce grand homme qui ressemble si fort à Virgile, que la Muse elle-même pourroit les prendre l'un pour l'autre : tels étoient ces deux jumeaux dont parle le cygne de Mantoue qui trompoient doucement leur mère. On préfère dans les longues descriptions modernes les détails fastidieux et bas, aux traits rapides, au beau choix de circonstances de l'auteur des Géorgiques. On dit que cela est dans la nature. Et sans doute cela est dans la nature ! mais ne sait-on pas qu'un poème n'est qu'un tableau où l'on ne demande pas *la simple nature*, mais *la nature idéale* ? Certes, une enseigne de cabaret et un magot de la Chine sont beaucoup plus dans la nature que la Transfiguration de Raphaël et l'Apollon du Belvédère.

Il en est de même du théâtre. Les drames atroces, les monstruosités des étrangers sont vantées aux dépens des Phèdre et des Athalie. On s'écrie encore que cela est dans

[1] *Voyez* tome XIV, chap. v du livre IV. Ce fragment est remarquable surtout en ce qu'on le croiroit écrit trente ans plus tard. (Note des édit.)

la nature. Un auteur vous demande : « Avez-vous pleuré
» à ma pièce? — Oui. Eh bien! laissez là donc vos règles
» éternelles, votre Aristote et votre Racine. — Eh bon
» Dieu! j'ai pleuré à votre pièce : mais j'ai pleuré aussi
» en me promenant dans cet hôpital; j'ai aussi pleuré
» en voyant pendre ce scélérat; si l'on me casse un bras,
» je pleurerai; si on comprime mon cœur, si on le dé-
» chire, je verserai des larmes. » Dirai-je que tout cela
est beau parce que tout cela est violent, et que le méchant écrivain qui me met à la torture est le plus
grand auteur du monde? En ce cas, pourquoi tant chercher l'art? Le bourreau de Paris est le premier auteur
dramatique du siècle.

Il est faux que le premier des arts *soit de faire pleurer*,
dans le sens où l'on entend ce mot aujourd'hui. Les vraies
larmes sont celles que fait couler une belle poésie : il
faut qu'il s'y mêle autant d'admiration que de douleur.
Que si Sophocle me présente OEdipe tout sanglant, mon
cœur va se briser; mais tout à coup mon oreille se remplit d'une douce mélodie, mes yeux sont enchantés par
un spectacle souverainement beau; j'éprouve à la fois
du plaisir et de la peine; je pleure, et je voudrois sourire; je vois devant moi une affreuse vérité, et cependant
je sens que ce n'est qu'une ingénieuse imitation d'une
action qui n'est plus, qui peut-être n'a jamais été; alors
mes larmes coulent avec délices; mon cœur loin d'être
oppressé se dilate; je pleure, mais c'est au son de la lyre
d'Orphée; je pleure, mais c'est aux accents des muses.
Ces filles célestes pleurent aussi, car il n'y a rien de si
poétique que le malheur, mais elles ne défigurent point
leurs beaux visages par des grimaces, et leurs larmes
sont toujours mêlées de danses et de guirlandes d'hyacinthe. Faire pleurer ainsi est sans doute le premier des

arts. Ah! revenons vite à l'étude de l'antique! reprenons l'aimable simplicité du style et des sujets. Tenons-nous toujours dans la région du beau; représentons la nature, mais la nature dans sa grandeur et dans l'idéal de l'art. Alors nos théâtres cesseront d'être des écoles d'infidélité pour les femmes et d'immoralité pour les hommes, lorsque nous en aurons banni toutes ces *vertueuses adultères* et tous ces *honnêtes indigents* qui n'apprennent qu'à tromper la couche nuptiale et à voler son voisin.

Une des sources de l'erreur où sont tombés les gens de lettres qui cherchent des routes inconnues, vient de l'incertitude qu'ils ont cru remarquer dans les principes du goût. On est un grand homme dans un journal, et un misérable écrivain dans un autre : ici, un génie brillant; là, un pur déclamateur. Les nations entières varient. Tous les étrangers refusent du génie à Racine et de l'harmonie à nos vers. Nous, nous jugeons des Anglois tout différemment des Anglois eux-mêmes. Qui croiroit que Richardson passe pour avoir un style bas, et qu'il est à peine lu; que le *Spectateur* est presque abandonné; que Pope, regardé comme un pur versificateur, est mis fort au dessous de Dryden? On ne sait plus ce que c'est que Hobbes. Locke est médiocrement estimé; il est douteux que les œuvres philosophiques de Hume aient jamais été ouvertes; on rit d'Ossian qui nous tourne la tête. Il n'y a que les étrangers qui s'obstinent à croire que ces poèmes soient véritablement du barde écossois : toute la littérature angloise est convaincue que c'est l'ouvrage de M. Macpherson. On demandoit à Johnson s'il connoissoit beaucoup d'hommes dans le cas d'écrire comme Ossian. — *Yes*, répondit-il, *many men, many women, many children*. — Beaucoup d'hommes, beaucoup de femmes, beaucoup d'enfants.

RÉSURRECTION

ET JUGEMENT DERNIER [1].

Les enfers des nations infidèles sont aussi capricieux que leur ciel ; les récompenses que le Christianisme promet à la vertu et les châtiments qu'il annonce au crime se font au premier coup d'œil reconnoître pour les véritables. Car le ciel et l'enfer de notre sainte religion ne sont point bâtis, comme ceux des païens, sur les mœurs particulières d'un seul peuple, mais sur des idées générales qui conviennent à toutes les nations et à toutes les classes de la société. Ecoutez ce qu'il y a de plus simple et de plus sublime en quelques mots : le bonheur du chrétien vertueux consistera, dans l'autre monde, à posséder Dieu avec plénitude ; le malheur de l'impie sera de connoître les perfections de l'Éternel et d'en être à jamais privé.

Voilà sans doute une conception digne de la religion révélée. On dira que les philosophes de l'antiquité ont enseigné les mêmes dogmes ? Outre que cette assertion n'est pas rigoureusement vraie, car Platon et Pythagore n'ont jamais rien avancé de si clair ni de si positif, il y a une grande différence entre un dogme renfermé dans un cercle étroit de disciples choisis ou une vérité qui est devenue la manne commune du plus petit peuple. Ce que les plus beaux génies de la Grèce ont trouvé par un dernier effort de raison et de pensée, s'enseigne publiquement aux carrefours des cités chrétiennes ; et le

---

[1] *Voyez* le même sujet, fort abrégé, t. XIV, p. 238-239.

manœuvre achète tous les jours pour quelques deniers, dans le catéchisme de ses enfants, les secrets les plus sublimes des écoles antiques. Bénissons cette religion merveilleuse qui réunit les vérités métaphysiques les plus profondes aux dogmes moraux les plus purs, aux mystères les plus ineffables, à la doctrine et au culte les plus poétiques.

Feuilletez toutes les annales du monde, parcourez tous les livres sacrés des prêtres égyptiens, grecs, romains, indiens, persans, et montrez-nous quelque chose de plus frappant que ce moment de la fin des siècles, annoncé par la religion de nos pères?

L'univers est un immense vaisseau. Dieu, pilote souverain, assis à la poupe de l'arche merveilleuse, tient dans sa main le sablier qui marque les minutes de sa route; l'éternité est contenue dans les deux verres opposés de l'horloge, et le temps, qui passe sans cesse d'un globe à l'autre, comme un vain sable découlant de l'éternité, tombe dans l'éternité. Mais tout à coup l'heure de la course de l'univers finit; le temps s'arrête, l'horloge se brise, le soleil et les astres sanglants se détachent de leur voûte, se plongent dans la nuit primitive; tout ce qui naquit par le temps meurt avec lui, et l'éternité envahit son empire.

Alors les quatre trompettes se font entendre aux quatre points de ce qui fut jadis les régions de la terre absente. Une poussière épaisse s'élève subitement de l'abîme produit par le genre humain qui sort à la fois du tombeau. Les justes revivent, avec un corps tout lumineux de l'éclat de leurs vertus; les méchants traînent des membres hideux et rouges des ulcères du crime. Mais la vaste coupole d'un ciel sans horizon abaisse lentement sa hauteur dans les espaces, et voici apparoître le

Fils de l'Homme, sur les nuées, accompagné de l'armée de ses Saints et des Anges. L'enfer remonte en même temps du puits de l'abîme, et vient assister à ce dernier arrêt prononcé sur les siècles : le partage des boucs et des brebis s'opère. Oh! qu'alors ils désireront vainement, pour les ensevelir, ces masses qui pesoient sur la terre, ces montagnes qui ne seront plus, tous les philosophes qui verront Dieu face à face, après l'avoir renié pendant leur vie! Il les foudroiera de sa présence, il leur criera : « Troupe impie, niez donc à présent mon existence, venez m'attaquer sur mon trône! Comment s'est dissipée dans un instant toute votre audace? » En disant ces mots, il les couvrira de tels épanchements de lumière, qu'ils se sentiront remplis de la divinité jusqu'aux extrémités de leurs doigts, que leurs cheveux même prendront douloureusement la parole pour confesser l'existence de Dieu; et cette conviction sera l'éternel tourment, le tourment épouvantable de ces cœurs incrédules.

Tel sera le terrible jugement du Créateur sur les infidèles. Tous les crimes porteront en eux-mêmes la nature de leurs punitions : l'impureté se trouvera condamnée aux plus infâmes souillures, en souhaitant alors l'innocence dont elle connoîtra toute la beauté ; les oreilles du fourbe qui aura faim et soif de la vérité, ne retentiront que de mensonges; l'homicide verra avec un cœur tendre les spectacles les plus cruels, et sentira par là les mêmes maux qu'il aura causés; l'honnête homme en apparence, ces hommes profondément orgueilleux qui, sauvant les dehors, se contentent de n'avoir point de vices sans avoir de vertus, seront rejetés du troupeau des fidèles. Le souverain juge dira à ces philanthropes : « Vous ne fîtes point de mal, mais vous ne fîtes point de bien. Qu'il passe à ma droite, cet homme qui fut foible, mais qui secourut et aima véritablement ses frères, cet homme qui tomba, mais qui vêtit l'orphelin, protégea la veuve, réchauffa le vieillard et donna à manger au Lazare; car c'est ainsi que j'en agissois, lorsque j'habitois entre les hommes. » Voilà quel sera le langage du Fils du Très-Haut; et le grand tourment de l'enfer consistera en un désir inextinguible de beauté et de vertu sans pouvoir jamais y atteindre.

—

PARADIS CHRETIEN [1].

« Mais, avant ce dernier moment de la dissolution de l'univers, le juste chrétien n'est point privé de sa récompense, et il entre immédiatement dans le bel héritage que Jésus-Christ promit à ses vertus. Son ame, après avoir comparu au tribunal secret du Seigneur, est conduite à la céleste Jérusalem, comme celle de l'hermite Paul que saint Antoine vit dans le désert, au milieu d'une troupe d'archanges.

» Elle suit ce chemin tracé en lozange de lumière, par qui les messagers célestes remontent vers le Saint des Saints, et descendent sur notre globe de pleurs; elle traverse les régions inconnues où les planètes exécutent

---

[1] A ce magnifique tableau du *Paradis chrétien* qui, dans le *Génie du Christianisme*, devait former le chapitre VIII du livre VI, fut substitué un fragment du *Télémaque*, où Fénélon a peint le *Bonheur des Justes*. (*Voy.* tome XIV, p. 240.) M. de Châteaubriand en a reproduit plus tard quelques traits dans le *Ciel* des *Martyrs*.

des chants et des danses mélodieuses, sous la conduite du soleil qui règle leurs concerts, ainsi que la poétique antiquité représentoit le chœur des Muses, sous leur beau maître Apollon, ou telles que les sept cordes de la lyre résonnoient sous les doigts d'Homère. Cette ame fortunée laisse bientôt derrière elle le grand essieu de cristal sur lequel roule harmonieusement l'univers. C'est là que trois anges, vêtus de robes plus blanches que la neige, chantent avec des voix éclatantes le passé, le présent et l'avenir. Leur ineffable symphonie forme cette triple voix du temps, que des sages ont quelquefois entendue sur la terre en approchant d'un tombeau, durant le silence des nuits; ou plutôt, c'est cette sorte de musique révélée par Pythagore, et qu'on ne peut ouïr avec l'oreille, mais avec l'entendement et la pensée.

» Tantôt l'esprit bienheureux s'ouvre une voie glorieuse à travers des sables d'étoiles; tantôt il se plonge dans ces routes ignorées où les comètes promènent leurs pas vagabonds. Et cependant il n'est encore que sur les derniers confins du royaume de Jéhovah; et des soleils après des soleils sortent incessamment de l'immensité, à mesure qu'il avance; et des univers inconnus succèdent à des univers plus ignorés encore; l'infini suit l'infini, et l'espace succède à l'espace. Il voit des globes de toutes les formes, de tous les feux, de toutes les couleurs; les uns avec des anneaux, les autres avec une multitude de satellites. Il atteint à ces étoiles reculées qu'habitent les exemplaires de ces ames qui doivent un jour animer des corps sur la terre et que Dieu créa toutes à la fois par sa féconde idée après avoir pensé les anges. Enfin une clarté plus vive, des harmonies plus riches et plus pures, lui annoncent la céleste Jérusalem. Cet immense séjour des bienheureux flotte dans la mer de l'immensité, et n'a d'autre point d'appui que la volonté immédiate de Dieu. Ses murailles sont de jaspes, de pierres vivantes. Il a douze portes de perles, et douze fondements de saphir, de calcédoine, d'émeraude, d'onyx, de topaze, d'hyacinthe et d'améthiste : là, dans des campagnes d'un or pur, semblable à du verre très clair serpente un fleuve d'eau divine, ombragé par l'arbre de vie qui porte douze fruits, et donne son fruit chaque mois. Au bord de ce fleuve s'élèvent des forêts pleines de merveilles, et dont les arbres sont habités par des anges qui chantent sur des harpes d'or. Mais ces eaux et ces arbres n'ont rien qui ressemble aux nôtres, ce sont des ondes de perles, des arbres de corail avec des fruits de diamants, et qui toutefois surpassent la solitude, les charmes et la verdure de nos bois les plus délicieux.

» Une musique ravissante s'élève sans fin de toutes ces choses. Tantôt ce sont des frémissements interrompus, et pareils aux vibrations rares d'une harpe éolienne, que la foible haleine du zéphyr toucheroit pendant une nuit silencieuse d'été; tantôt un mortel croiroit entendre les plaintes d'un harmonica divin, ces soupirs de verres, qui semblent ne tenir à rien de terrestre. Quelquefois encore des voix inconnues sortent longuement du fond des forêts, et leurs ondulations lointaines imitent ces chœurs de bardes, dont les chants, à demi formés, venoient expirer à l'oreille d'Ossian solitaire. Ce n'est point, de même qu'ici-bas, un jour grossier et corporel qui luit sur ces régions de la souveraine beauté, c'est quelque chose d'enchanté, d'inexplicable : une molle clarté tombant sans bruit sur ces terres mystiques, s'y fond ainsi qu'une neige virginale, s'insinue dans tous les objets, en les faisant briller du jour le plus suave; et leur donnant à la vue une douceur et une rondeur parfaite. Aucun soleil ne se lève ni ne se couche sur ces royaumes de béatitude. Une espèce d'aurore, éternelle ou d'ineffable orient en borde seulement les horizons entr'ouverts, s'attache aux arbres célestes, comme un phosphore. L'éther, si subtil, seroit trop matériel pour ces lieux; aussi l'air qu'on y respire est-il l'amour divin lui-même, et cet air mystérieux est une sorte de mélodie visible et lumineuse qui remplit de clarté et de concerts toutes les blanches campagnes des ames.

» Sur les rivages de l'éternité, les passions, filles du temps, ne pénètrent jamais. Quiconque recueilli en soi-même n'a eu avec son corps que le moindre commerce possible, quiconque apprenant de bonne heure à méditer et à mourir s'est retiré pur au tombeau des pollutions de la chair, celui-là s'envole aussitôt à ce lieu de vie; délivrée de ses craintes, de son ignorance, de ses tristesses, cette ame parfaite, dans les ravissements infinis de ce séjour, contemple à jamais ce qui est vrai, divin, immuable et au dessus de l'opinion. Elle s'enchante d'une espérance heureuse, et atteint sans cesse à cette espérance qui renaît sans cesse et qui la nourrit toujours. Le bonheur de cet héritier des béatitudes se compose de la quadruple extase, du jeune homme qui pour la première fois conçoit l'amour, du vieillard qui contemple le soleil couchant, en méditant les plus belles lois pour un peuple, et du poète et de l'artiste qui sentent toutes les fureurs du génie, toutes ces grandes pensées qui noyèrent de délices un Homère, un Phidias, un Michel-Ange. Toutefois si les prédestinés n'ont plus les passions du monde, ils ont encore le sentiment de leurs tendresses, car que seroit l'éternité, si nous y perdions la mémoire de nos amis! Dieu, la source de l'amour, a laissé à ses élus toute la sensibilité, même ce qu'elle peut avoir de foible ; les plus heureux comme les plus grands saints sont sans doute ceux qui ont beaucoup aimé.

» Ainsi s'écoulent rapidement les siècles des siècles pour ces hommes de la vertu. Tous leurs moments sont remplis par des délices sans fin et sans mesure ; ils pensent, ils voient tout en Dieu, et les torrents de félicité dont cette union intime les remplit sont indicibles. A la source de la vraie science, ils y puisent sans cesse à longs traits et pénètrent dans tous les artifices de la sagesse. Les secrets les plus cachés et les plus sublimes de la nature sont déroulés à leurs yeux. Ils connoissent les causes des mouvements de l'abîme et de la vie des mers ; avec le grand chimiste ils voient l'or se filtrer dans les entrailles de la terre ; avec le premier astronome, ils font le dénombrement de l'armée des soleils ; ils savent les raisons de l'existence et les lois de la mort ; ils assistent à la contexture du vermisseau, et à celle de l'éléphant, leur œil suit la sève dans les canaux des plantes ; et le cèdre du Liban et l'hysope de la vallée ne peuvent leur dérober la navette qui croise le fil de leur écorce, ou de leurs feuilles. Ils peuvent parcourir l'atelier où l'air est tissu, et le feu jeté en moule ; mais le plus merveilleux spectacle dont ils jouissent, c'est celui du cœur de l'homme, de cet organe mystérieux de la douleur et de la joie ; de ce tout contracté dans un point, de cette fabrique mortelle où se travaille l'immortalité, de ce métier, vivant de lui-même comme le char qui porte le Fils de Dieu ; de ce cœur, enfin, à la fois chef-d'œuvre et ouvrage le plus imparfait du grand maître.

A des distances incommensurables, par delà toutes ces régions trois fois fortunées, se retire la Première Essence. Les puissances célestes les plus sublimes, les roues à quatre visages, l'un de chérubin, l'autre d'homme, le troisième de lion, le quatrième d'aigle, les faces impétueuses qui portent quatre ailes, et comme une main d'homme sous leurs ailes; ces autres esprits qui ne sont qu'un seul bras, tel que celui qui saisit Ezéchiel par les cheveux, ou traça les mots sinistres sur la muraille de Balthazar; toutes ces hautes Ardeurs ne pourroient cependant entrer dans les espaces du Père sans être anéanties; le Fils seul peut y pénétrer; ces régions formidables retentissent éternellement de la mécanique des êtres, ou du bruit des mondes qui se font et qui se détruisent. La voix de la vertu monte aussi jusqu'à ce lieu; et à travers le fracas des sphères et des mugissements de l'abîme, le vermisseau qui demande son grain de blé s'y fait entendre. Dans la profondeur la plus ignorée de ces gouffres sublimes, où sont les poids, les leviers cachés de l'univers, réside le Saint des Saints; une nuée vivante le couvre à jamais de son épaisse obscurité. Dans cette nuée se lit en caractères de feu le nom mystérieux, le nom redoutable de Jéhovah. Ces mots aussi s'en vont flamboyant à l'entour : Je suis le serment, Je suis celui qui est, l'ancien des jours est mon nom. Un terrible J trois fois multiplié par lui-même, brille et retentit comme la foudre à trois pointes, dans ces abîmes de vie. Derrière la nuée, on découvre, de temps en temps, l'arche avec ses douze voiles d'azur. Du fond de l'arche, sortent une voix et un fleuve de lumière, c'est Jéhovah.

Dans les moments de conception ou de travail du grand principe, le Verbe se plonge dans la nuée ardente, qui se referme sur lui avec des éclairs, le Père reçoit le Fils dans ses bras et s'unit à lui au centre de l'arche. L'Esprit descend à son tour et se mêle aux deux Essences; alors le grand mystère s'accomplit; à l'entrée du Saint des Saints le triangle de feu s'imprime dans les noirs espaces. A ce signal redouté, la nature s'émeut jusque par delà le chaos ; les déserts les plus reculés de l'infini frémissent ; tout le ciel tombe prosterné sur sa face, les chérubins sont confondus, les anges tendent leurs ailes entre la création et la clarté qui sort du Saint des Saints et tâchent de sauver tous les mondes. Ils craignent que le triple Dieu, versant des torrents d'existence, ne change les modifications de l'univers, ou que, rappelant à lui les diverses parties de la nature, il ne les force à rentrer dans son sein, et à s'unir en un seul tout avec lui.

Cependant le ciel demeure suspendu dans une sainte épouvante, l'éternité tremblante attend la pensée qui va naître, Jéhovah revêtu de ses essences est muet encore dans le travail de l'enfantement. Bientôt la conception de Dieu s'achève ; l'arche s'entr'ouvre, et voici venir un oracle au milieu des éclairs et des foudres. Dans un instant il a fait le tour de l'étendue sans bornes ; et des millions d'univers nouveaux naissent dans les espaces incréés. Mais soudain le triangle de feu se dissipe, les essences se séparent ; les milices divines se relèvent ; un universel alléluia ébranle les profondeurs de la céleste Jacob. Ce poëte saint, que les hommes appellent du doux nom d'Ambroise, cette bouche éloquente qui, dormant jeune encore au milieu des fleurs de l'Ausonie, servit, dit-on, de retraite à des abeilles ; ce majestueux prélat entonne le sacré cantique des anges ; le grand chœur du ciel s'unit à sa voix et Dieu même chante avec lui :

LE CHOEUR.

Saint ! Saint ! Saint ! Seigneur Sabbaoth, Dieu des armées ! Hosanna ! Hosanna !

STROPHE PREMIÈRE.

Gloire à Dieu dans l'exaltation du ciel, et paix aux hommes de bonne volonté sur la terre. Nous vous louons, nous vous bénissons, nous vous adorons, ô Seigneur Dieu roi du ciel, vous commandez à toute la nature. A votre voix les ténèbres enfantent le soleil; à votre voix cet astre radieux paroît dans les régions de l'aurore. Tel qu'un superbe navire, il appareille dans le grand port de l'Orient du monde; au signal d'un pilote inconnu, de divins nautoniers arrachent son ancre; ses cordages de pourpre s'alongent, et un souffle venu du ciel enfle ses larges voiles d'or; il commence à cingler majestueusement sur la mer céleste, en laissant après lui un long sillon de feu sur une surface azurée. Soleil sacré, vaisseau de lumière, tu portes le pavillon d'un roi puissant, les étoiles abaisseront devant toi leurs couleurs et nul ennemi n'osera l'attaquer sur ta route. Tu toucheras à tous les rivages de la terre, et dans ta navigation rapide tu n'auras besoin que de deux fois douze heures pour achever le tour de l'univers !

LE CHOEUR.

Cieux, chantez éternellement, éternellement chantez: Saint! Saint! Saint! Seigneur Sabbaoth! Dieu des armées! Hosanna! Hosanna!

ANTISTROPHE.

C'est vous qui domptez la fierté des yeux de l'impie,

c'est vous qui lui criez du milieu du tourbillon : Où étois-tu quand je jetois les fondements de la terre? Où étois-tu quand les astres de la nuit s'éveillèrent dans les cieux? Est-ce toi qui as lié la mer, comme un enfant enveloppé de bandelettes? L'autruche aux plumes de fer, le cheval de bataille, qui frémit, mange la terre et dit : *Allons*, le Béhemoth qui absorbe l'onde des fleuves; le Léviathan qui éternue le feu et fait bouillir l'abîme comme l'eau d'un pot, sont-ils des enfants de tes mains? Fils de la poussière, chante donc avec le ciel: Saint, Saint, Saint! Seigneur Sabbaoth! Dieu des armées! Hosanna! Hosanna!

STROPHE DEUXIÈME.

Bénissez le Seigneur, habitants des déserts; bénissez le Seigneur, hôtes muets des mers; bénissez le Seigneur, rapides fils des airs! C'est lui qui est la force et la grace, la colombe lui doit ses gémissements, et l'aigle ses cris altiers; il rugit dans le lion, il bêle dans l'agneau; il verdit dans le cyprès de la tombe, il mûrit sur la gerbe dorée, il ondoie dans la chevelure de la vestale, il brille sous les sourcils noirs du héros. Ce n'est pas le bruit du vent que vous entendez dans la forêt, c'est Jéhovah qui soupire; ce n'est point une formidable solitude qui règne dans le désert, c'est Jéhovah qui s'y promène; ce n'est point une grande tristesse qui est assise sur les rochers de la montagne, c'est l'esprit de Dieu qui les couvre. Sa voix sort en même temps du tranquille ruisseau et des flots de l'Océan. Vent léger, il court sur les moissons légères; pesant orage, il fait plier le dos des mers et leur épine courbée va toucher les sables de l'abîme.

LE CHOEUR.

Cieux, chantez mélodieusement, répétez sans cesse, répétez : Saint ! Saint ! Saint ! Seigneur Sabbaoth ! le juste Dieu des armées, le doux, le glorieux ! Hosanna !

ANTISTROPHE.

Mais la colère de Dieu s'allume ; il affermit son bras comme un homme qui va attaquer. Le ciel sue de terreur. Portes des cités, asseyez-vous dans la solitude ! Pleurez vos citoyens, rues désertes ! que la muraille de la ville étende ses bras et qu'elle sèche de douleur. Fontaines publiques, où sont les matrones qui parloient à vos lavoirs ? Temples abandonnés, qu'avez-vous fait de vos vieillards et de vos prêtres ? Ne chanteront-elles plus le lit de l'époux, ces jeunes femmes bannies dans la terre de l'exil. Pourquoi ces petits enfants qui tombent morts des bras de leurs mères à la porte de leur lieu natal ? O mon cœur, répandez-vous à terre comme une eau ! O ma prunelle, ne cessez de parler le langage des larmes, et bannissez la mémoire du sourire, car le renard habite mes palais ; le silence et l'ingratitude veillent à leurs portes, et l'herbe croît dans le lit des rois et des reines !

LE CHOEUR.

Ma chair et ma peau sont vieillies. La douleur consume mes os, et c'est en vain que je chante d'une voix lamentable, en versant deux torrents de pleurs : Saint ! Saint ! Saint ! Sabbaoth ! Dieu jaloux ! Dieu fort des armées ! Hosanna ! Hosanna !

ÉPODE.

Jéhovah est le Dieu de toute puissance. Toutes les chaînes d'or des astres viennent se lier autour de son doigt; il peut les rompre comme une soie fragile, et souffler sur les univers, ainsi que sur de vains sables; l'œil de Jéhovah embrasse des millions de mondes. Jéhovah gouverne la race des hommes répandue dans des millions d'étoiles. Il ordonne à la poudre des tombeaux de parler et de marcher, et la poudre des tombeaux parle et se lève! Il tue la mort et la ressuscite. Il dit au néant : soyez; et à l'être : ne soyez plus. Il fait et défait la lumière; il la dévide comme un peloton de fil. Il appelle par leurs noms toutes les comètes, et les comètes tremblantes viennent recevoir ses ordres aux pieds de son trône; ministres de ses hautes vengeances, elles partent avec des regards affreux et des signes effroyables, pour aller, à travers les mondes, heurter quelque globe pervers.

CHOEUR GÉNÉRAL.

O Jéhovah! que ta puissance est infinie! Gloire à toi, au Fils et à l'Esprit dans tous les siècles des siècles! Cieux, criez sans cesse, criez éternellement : Saint! Saint! Saint! Seigneur Sabbaoth! Dieu des armées! Hosanna! Hosanna!

Ainsi chantent les vastes cieux, les saints et les milices divines, les hommes, les plantes, les métaux, les animaux de tous les univers, les mers et les océans, les montagnes et les vallées, la lumière et les ténèbres, les tonnerres et les silences, les anges placés dans toutes les planètes, répètent l'ode consacrée; les innombrables étoiles accompagnent le chorus immense, avec des lyres d'or et des roulements mélodieux; le chaos et l'enfer même, forcés de louer le Seigneur, forment sourdement la basse de l'universel cantique, tandis que des millions de soleils et de nombreuses comètes, comme de belles femmes échevelées, exécutent devant le Très Haut des danses mystiques en redisant eux-mêmes : Saint! Saint! Saint! Seigneur Sabbaoth! Dieu des armées! Hosanna! Hosanna!

LA HENRIADE [1].

Il ne faut pas accuser la religion chrétienne, si la Henriade, considérée comme poème épique, est la production la plus sèche qui soit jamais sortie du cerveau d'un auteur. M. de Voltaire doit au christianisme le peu de beaux traits répandus dans son épopée; et c'est précisément pour n'avoir pas cru à Jésus-Christ, qu'il ne nous a laissé que l'amplification d'un écolier qui se trouvoit assez savant, en sortant du collége, pour faire l'Iliade et pour ne pas croire au Dieu de ses pères.

Lorsque prenant la Henriade nous venons à ces vers :

    Descends du haut des cieux, auguste Vérité,

le livre nous tombe des mains. Un poème épique où l'on invoque la Vérité! Cet ouvrage qui

    Se soutient par la fable, et vit de fiction.

[1] Voyez le même chapitre, tome XIV, page 286.

Est-il possible qu'on ait loué cette sottise philosophique, comme une chose qui annonçoit la supériorité de notre siècle sur ceux d'Homère, d'Aristote, et d'Horace? Comment n'a-t-on pas été frappé, au premier coup d'œil, de la bévue du poète? n'est-ce pas pour avoir été des conteurs trop fidèles, que Stace et Silius Italicus sont restés

De froids historiens d'une fable insipide.

Le Tasse, qui traitoit, comme M. de Voltaire, un sujet chrétien, s'y est pris d'une tout autre façon, dans l'invocation de son poème, lorsqu'il a fait ces vers charmants, d'après Platon et Lucrèce :

Sai, che là corre il mondo ove più versi
Di sue dolcezze il lusinghier Parnaso, etc.

« Là il n'y a pas de poésie, où il n'y a point de » menterie », dit Plutarque dans son traité de la manière de lire les poètes.

Si nous examinons d'abord le plan de la Henriade, il est clair que M. de Voltaire n'a pas même vu une seule fois son sujet. Est-ce que cette France, à demi barbare, n'étoit plus assez couverte de forêts, pour qu'on n'y pût rencontrer quelques uns de ces châteaux du vieux temps, avec des mâchicoulis, des souterrains, des tours verdies par le lierre, et toutes pleines d'histoires merveilleuses ? Est-ce qu'on ne pouvoit trouver quelque temple gothique dans une vallée, au milieu des bois? Les montagnes de la Navarre n'avoient-elles point quelque Barde, enfant du rocher, qui, sur le tombeau du Druide, chantât les exploits des Gaules sauvages? Je m'assure qu'il y avoit encore quelque ancien chevalier du règne de François Ier, qui regrettoit dans son manoir les tournois de la vieille cour, et ces beaux temps où la France s'en alloit en guerre contre les mécréants et les infidèles. Que de choses à tirer de cette révolution des Bataves, contemporaine, voisine, et pour ainsi dire sœur de la Ligue! Les Hollandois commençoient à s'établir aux Indes, et Philippe recueilloit les premiers trésors du Pérou. Coligny lui-même avoit envoyé une colonie dans la Caroline, et le chevalier de Gourgues offroit à l'auteur de la Henriade un superbe et touchant épisode.

Tels étoient les moyens que M. de Voltaire avoit d'étendre son épopée au dehors; car une épopée doit renfermer l'univers. En Europe, le plus heureux des contrastes lui donnoit les mœurs primitives et pastorales en Helvétie, le peuple commerçant en Angleterre, et le siècle des arts en Italie. L'intérieur de la France lui présentoit aussi l'époque la plus heureuse pour un poëme épique, époque qu'il faut toujours choisir, à la fin des mœurs antiques d'un âge, et à la naissance des nouvelles mœurs d'un autre âge : la barbarie expiroit, et le siècle de Louis-le-Grand commençoit à poindre : Malherbe étoit venu. Nous ne voyons pas pourquoi ce héros, à la fois barde et chevalier, n'eût pu conduire les François aux combats, en chantant de beaux hymnes à la victoire. Quant aux épisodes, on n'est embarrassé que du choix : pour n'en citer que deux, si faciles à lier au sujet, c'étoit une admirable chose à traiter en vers, que l'histoire du Corse San-Pietro et de sa femme [1], l'aventure du gouverneur qui venge, d'une si étrange manière,

---

[1] Shakespeare en a profité dans *Othello*.

l'honneur de sa sœur outragée, étoit également propice aux muses [1]. Le merveilleux venoit à son tour sans effort. Satan, sans doute furieux des triomphes de la croix, cherchoit à perdre les chrétiens, en suscitant au milieu d'eux le démon de l'hérésie : de là toute la machine du poème.

M. de Voltaire ne s'est pas douté de tout cela; sa composition est chétive; il suit la marche des événements avec la timidité d'un annaliste; et par une bizarrerie sans exemple, il ne s'écarte un moment de l'histoire que pour la choquer d'une manière monstrueuse, en conduisant Henri IV à la cour d'Elisabeth.

Les caractères de la Henriade ne sont que des portraits, et l'on a trop vanté cet art de peindre, dont Rome en décadence a donné le premier modèle [2]. Le portrait n'est nullement épique : il ne fournit que des beautés sans action et sans mouvement, il est d'ailleurs d'un genre fort médiocre, et les moindres auteurs y réussissent passablement : il ne s'agit que de contraster quelques traits, de presser la phrase et de faire briller le mot; or, dans ce siècle de *philosophie*, quel est l'homme qui ne sache un peu arranger des sons?

Comment M. de Voltaire a-t-il oublié d'introduire un prêtre et un médecin dans son épopée? La figure de quelque vénérable hermite, qu'on eût aperçue partout, n'eût point effrayé les muses : Homère, depuis longtemps, les a réconciliées aux barbes blanches; elles aiment les têtes chenues, et trouvent qu'une couronne de laurier, cueillie sur le Pinde, par leurs mains divines, fait assez bien sur un front chauve. La vraisemblance des mœurs

---

[1] Esprit de la Ligue.
[2] V. Lucain et Tacite.

est violée d'un bout à l'autre de la *Henriade*. A quel temps appartiennent les héros de ce poème? Sont-ils plus du seizième que du dix-huitième siècle? Sans physionomie, sans caractère, ils débitent de temps en temps, d'assez beaux vers, qui servent à mettre en lumière les principes philosophiques du poète, mais nullement à nous montrer des guerriers tels qu'ils étoient dans leur âge. Qu'on ne dise pas que plusieurs discours des ligueurs et des royalistes font éclater l'esprit des temps; c'étoient les actions des personnages, et non leurs paroles, qui devoient nous déceler cet esprit : le chantre d'Achille n'a pas mis l'*Iliade* en harangues.

Le merveilleux est aussi maigre que le reste. Il falloit être frappé d'un singulier vertige pour préférer (et nous ne parlons que sous les rapports poétiques) des divinités allégoriques aux machines puisées dans le Christianisme. Cette Politique, cette Envie, ce temple de l'Amour, sont si bizarres dans une épopée dont les héros sont chrétiens, qu'on se demande comment jamais pareille idée a pu tomber dans la tête de M. de Voltaire. Nous ne dirons rien de la froideur que ces êtres de raison répandent sur tout un ouvrage. Le poëte va lancer son héros sur une frêle barque au milieu de l'océan. Quelle tempête ne va-t-il pas élever! quels périls ne menacent pas les jours d'Henri IV! Ne craignez rien; notre siècle est plus judicieux, il n'admet pas ces extravagances homériques, par qui un dieu arrive en trois pas au bout de la terre. Soufflez, enfant d'Orythie! mais que la philosophie vous rappelle que Bourbon s'est embarqué à Dieppe, et que conséquemment il est dans la Manche; donnez-vous de garde d'égarer le héros dans les poétiques solitudes d'Amphitrite. La raison doit toujours vous guider; la vérité, qui n'étoit autrefois que dans l'ivresse de Bacchus, est maintenant dans celle des Muses. D'après cette apostrophe, que l'auteur de l'épopée dédiée à la Vérité semble avoir faite à sa muse, les vents furieux ont conduit Bourbon par delà les portes du jour, dans des lieux vagues, couverts de ténèbres, à une île lointaine, inconnue, à Jersey enfin.

Telle est cependant l'influence des idées philosophiques ; il n'y a pas de si heureux génie qu'elle n'étouffe : les seuls endroits où M. de Voltaire se soit élevé dans la *Henriade* sont ceux-là mêmes où il a cessé d'être philosophe pour devenir chrétien. Aussitôt qu'il a touché à la source de toute poésie, la religion, la source a immédiatement coulé. Le serment des Seize dans le souterrain, l'apparition du fantôme de Guise qui vient armer Clément d'un poignard, sont de belles choses et des choses fort épiques, puisées dans les opinions du seizième siècle. Voyez comme le poète s'est trompé lorsqu'il a voulu transporter la philosophie dans les cieux. Son Éternel est sans doute un dieu fort juste, qui juge le bonze et le derviche ; mais ce n'est pas cela qu'on attendoit de la muse, on lui demandoit de la poésie, un ciel chrétien, des cantiques, Jéhovah enfin ; le *mens divinior*, la religion.

Il nous semble que M. de Voltaire a repoussé fort mal à propos cette milice sacrée, cette armée des martyrs et des anges qui lui auroit fourni de fort belles choses ; et, parmi nos saintes, il eût pu trouver des puissances aussi grandes que celles des déesses antiques, et des noms aussi doux que ceux des Grâces. Une bergère apparoît sur un nuage d'or ; ses tempes ne se couronnent plus des roses fugitives qu'elle glanoit jadis au champ des hommes, mais des roses durables qu'elle cueille maintenant sur la montagne du Seigneur. Son vêtement est un tissu de vapeur azurée, sa chevelure est formée du plus beau rayon de l'aurore. A travers sa brillante immortalité, on reconnoît encore les lieux qui l'ont vue naître et les charmes d'une vierge de France. En vérité il nous semble que si nous étions poète, nous trouverions quelque chose à dire sur ces bergères transformées par leurs vertus en bienfaisantes divinités; sur ces Geneviève, qui, du haut du ciel, protègent avec une houlette le sceptre des Clovis et des Charlemagne. Est-ce donc qu'il n'y a point d'enchantement pour les muses, à voir le peuple le plus spirituel et le plus brave du monde consacré, par la religion, à la fille de la simplicité et de la paix ? Et de qui les gentilles Gaules tiendroient-elles leurs troubadours, leur parler naïf et leur penchant aux graces, si ce n'étoit du chant pastoral, de l'innocence et de la beauté de leur patrone !

Vicieuse par le plan, par les caractères, par le merveilleux, il ne restoit plus à la *Henriade* que de pécher encore par la poésie; or, on convient que M. de Voltaire faisoit mal les vers épiques. On trouve dans son épopée de beaux vers, quelques tirades entières que tout le monde sait par cœur, une superbe image (Henri s'éloignant de Paris, comparé au soleil qui paroît plus grand en se retirant à l'horizon) [1]; enfin, le style de la *Henriade* est correct, la narration parfaite et la diction généralement pure; mais, après tout, il y a au moins une moitié des chants écrite à la hâte en prose rimée. N'est-ce pas se moquer des lecteurs que de leur dire dans une épopée :

Sur les bords fortunés de l'antique Idalie,
Lieux où finit l'Europe et commence l'Asie.

[1] Imitée même du P. Lemoine.

Nous ne parlons que du style, et nous ne demandons pas ce que M. de Voltaire a voulu dire par ce palais de l'Amour, dont l'art ornant depuis la simple architecture,

<blockquote>Par ses travaux hardis surpassa la nature.</blockquote>

Certainement l'auteur ne s'est jamais bien entendu, quand il s'est enfoncé dans un pareil galimatias.

Concluons :

« Un poème excellent, où tout marche et se suit,
» N'est pas de ces travaux qu'un caprice produit.
» Il veut du temps, des soins ; et ce pénible ouvrage
» Jamais d'un écolier ne fut l'apprentissage. »

De tout ce que nous avons dit sur la *Henriade*, il résulte que si M. de Voltaire a échoué dans l'épopée, ce n'est pas parce qu'il l'a tenté sur un sujet pris dans le Christianisme, comme on nous le voudroit faire croire, mais, au contraire, parce qu'il n'a pas lui-même été chrétien. Toutefois, en traitant si rigoureusement la *Henriade*, nous ne nions pas que son auteur n'eût reçu de la nature les talents nécessaires pour faire un beau poème épique. S'il a manqué son sujet, la faute en est tout entière à la philosophie.

CHRYSÈS

OU LE PRÊTRE [1].

Il n'y a peut-être pas de tableau plus chaste dans toute l'Iliade que cet endroit du premier livre, où Homère représente Chrysès, prêtre d'Apollon, venant redemander sa fille aux Grecs devant Troie. On voit cet antique serviteur des dieux arriver seul au camp des Atrides : une couronne de laurier est dans ses cheveux blancs, et il tient à la main un rameau vert entouré des sacrées bandelettes de laine. Menacé par Agamemnon et forcé de quitter les vaisseaux, il reprend le chemin de Chrysa, il marche en silence le long des flots bruyants de la mer. Lorsqu'il est à quelque distance du camp, il s'arrête, et étendant ses bras vers les eaux, il prie Apollon le *sagittaire* de venger l'injure de son prêtre. Ne semble-t-il pas que tout cela se passe sous vos yeux?

Mais voici un solitaire chrétien qui peut lutter de beauté avec Chrysès lui-même. Guelfe et Ubalde sont allés chercher le jeune héros qu'Armide retient dans les déserts des îles Fortunées; les deux guerriers arrivent au bord d'un fleuve.

> . . . . Alor d'aspetto
> . . . . Il corso il varca.

« Soudain apparoît un vieillard d'un aspect simple et vénérable. Son front est couronné de feuilles de hêtre,

---

[1] Ce morceau devoit appartenir au tome XV, page 40, il a été entièrement supprimé.

une longue draperie de lin blanc flotte autour de lui. Sa main agite une baguette, et il foule à pied sec la surface du fleuve, en remontant contre son cours. »

Tantôt cet anachorète habite les antres de la terre et le sein des fleuves; tantôt il fixe sa demeure sur les sommets aériens (au Ramagion) du Carmel et du Liban; ici il contemple les astres et mesure leur course; là, pénétrant dans les trésors de la foudre, il suit les pas insidieux des vents. La montagne n'a point de fossiles dans ses flancs, point de végétaux sur ses cimes, dont le solitaire ne connoisse les vertus. Dans le fol orgueil de son savoir, cet habitant des solitudes s'étoit jadis épris de lui-même; mais l'eau du baptême éclaira son ame, et il connut que toutes les lumières des hommes ne sont que de trompeuses ténèbres : voilà le trait chrétien, le trait admirable.

LE GUERRIER ATHÉE [1].

Qu'un capitaine rassemble ses soldats, et leur dise la veille d'une bataille : « Mes amis, le boulet qui vous tranchera demain par le milieu du corps, ne laissera rien de vous dans ce monde. On vous jettera dans une fosse avec les chevaux où vous pourrirez pêle mêle, parce que vous ne valez pas mieux qu'eux. La fatigue que vous avez éprouvée, les dangers que vous avez courus, les privations que vous avez souffertes, ont été très bien payés par douze sous que la patrie vous a donnés par jour.

[1] Ceci appartenoit aussi au chapitre sur l'*Athéisme*, tome XIV, p. 224.

Quant à Dieu et à un monde meilleur, n'y comptez pas, c'est une pure rêverie de vos prêtres : tout se réduit à vous faire casser la tête pour ma propre gloire. Fantassins obscurs, vous serez oubliés ; je recueillerai seul le fruit de votre mort. ».

Que ce capitaine mène ses soldats à la charge après ce beau discours, et le premier coup de canon de l'ennemi dispersera toutes ses légions philosophiques.

Mais si quelque antique solitaire, aumônier de l'armée, qui, depuis trente ans, chante le *Te Deum* sur le champ de bataille, et célèbre le sacrifice de paix sur un autel formé de tambours ; si ce père, à barbe blanche, qui tant de fois a fait descendre le Dieu fort sur un camp françois, qui tant de fois, étalant les humbles vertus chrétiennes au milieu des nobles vertus militaires, a invoqué le Jésus des petits enfans au lit de mort d'un grenadier et pratiqué les choses de l'hermitage sous une tente ; si cet homme pieux dit aux soldats : « Mes enfants,
» voilà l'ennemi ; défendez votre religion. Ceux qui tom-
» beront dans cette cause sacrée seront reçus par leurs
» pères qui les regardent du haut du ciel. Pour une vie
» d'un moment et pleine de trouble, ils jouiront d'une
» vie éternelle et pleine de délices. Toutes leurs peines
» seront finies, et nous les regarderons comme des saints.
» Leurs os reposeront dans une terre bénite, et le ciel
» répandra ses graces sur leur famille. Marchez donc, je
» vous remets tous vos péchés, marchez à la voix de
» votre Dieu qui vous commande : la victoire est entre
» ses mains, il vous la donnera. »

Nous parierons que l'aumônier aura raison contre le capitaine, et qu'en effet les soldats du prêtre battront les soldats du philosophe.

L'AMOUR [1].

Ce que nous appelons proprement *amour* parmi nous est un sentiment dont la haute antiquité a ignoré jusqu'au nom. Ce n'est que dans les siècles modernes qu'on a vu se former des sens et de l'ame cette espèce d'amour dont l'amitié est la partie morale. C'est encore au christianisme que l'on doit ce sentiment perfectionné ; c'est lui qui, tendant sans cesse à épurer le cœur, est parvenu à jeter de la spiritualité jusque dans le penchant qui en paroissoit le moins susceptible. Voici donc un nouveau moyen de situations poétiques que nos auteurs doivent à ce culte qu'ils s'épuisent à décrier : on peut voir dans une foule de romans les beautés que cette passion demi-chrétienne a fait naître. Le caractère de Clémentine [2], par exemple, est un chef-d'œuvre dont l'antiquité n'offre point de modèle. Mais pénétrons un peu dans ce sujet : considérons d'abord *l'amour passionné* ; nous verrons ensuite *l'amour champêtre*.

Nous examinons donc à présent cette sorte d'amour qui n'est ni aussi saint que la piété conjugale, ni aussi gracieux que le sentiment des bergers, mais qui, plus poignant que l'un et l'autre, dévaste les ames où il règne. Ne s'appuyant point sur la religion du mariage ou sur l'innocence des mœurs champêtres, et ne mêlant aucun autre prestige au sien, il est à soi-même sa propre illusion, sa propre folie, sa propre substance ; ignorée de l'artisan trop occupé et du laboureur trop simple, cette

---

[1] Variante du chapitre intitulé *Didon*, tome XV, page 63.
[2] Grandison.

passion n'existe que dans ces rangs de la société où l'oisiveté nous laisse surchargés de tout le poids de notre cœur, avec son immense amour-propre et ses éternelles inquiétudes. C'est alors que, presque seul au milieu du monde avec une surabondance de vie, on sent en soi une force dévorante qui consomme l'univers sans être rassasiée. On cherche quelque chose d'inconnu, l'idéal objet d'une flamme future; on l'embrasse dans les vents, on le saisit dans les gémissements du fleuve : tout est fantôme imaginaire, et les globes dans l'espace, et le principe même de vie dans la nature.

Tels sont les sinistres symptômes qui annoncent l'amour passionné, cette grande maladie de l'ame chez les riches de la terre : elle se déclare avec fureur aussitôt que se montre l'objet qui doit en développer le germe. Didon s'occupe encore des travaux de la cité naissante : la tempête se lève; un héros sort de ses flancs. La reine se trouble, un feu aveugle ronge ses os; les imprudences commencent, les plaisirs suivent, le désenchantement et les remords viennent après eux. Bientôt Didon se trouve abandonnée sur le bord d'un précipice; effrayée de ce changement subit, elle regarde avec horreur autour d'elle, et ne voit que des abîmes. Comment s'est-il évanoui tout cet édifice de bonheur, dont une imagination exaltée avoit été l'amoureux architecte? Quoi! ces merveilleuses structures n'étoient que des palais de nuages, dorés par un soleil qui devoit si promptement s'éteindre? Que de combats dans le sein de la reine infortunée! une pensée désapprouve ce que l'autre conseille. Les larmes, les imprécations, les prières, sont tout ce qui lui reste. Dans ces moments de folie, les passions, incapables de supporter leur propre fougue et d'exprimer clairement leurs transports, croient déclarer tous leurs accents. Didon vole, cherche, appelle, aborde Enée :

Dissimulare etiam et parasti, etc. . . . . .
. . . .
. . . .

« Perfide ! espérois-tu me cacher une chose si détestable, et t'échapper clandestinement de cette terre ! Ni notre amour, ni cette main que je t'ai donnée, ni Didon prête à étaler de cruelles funérailles, ne peuvent arrêter tes pas ! Non, tu aimes mieux livrer ton vaisseau aux hivers ! Homme dur ! il te tarde d'errer au milieu des tempêtes ! Quoi ! si tu n'allois pas supplier un sillon étranger et des toits inconnus à tes pères, quand ton unique Ilion seroit encore, tes vaisseaux oseroient-ils maintenant redemander Ilion à cette mer furieuse ? Par ces larmes, par ta main, par toi-même (hélas ! c'est déjà tout ce qui me reste dans ma misère), par notre union, par notre hymen projeté, si j'ai bien mérité de toi, si je t'ai laissé de moi quelque douce mémoire, prends pitié de mon toit désert. Ah ! si mes prières peuvent encore ici trouver grace, je t'en conjure, change, change la fatale résolution. Pour toi, j'ai bravé la haine des peuples de Libye, des tyrans nomades et de mes sujets irrités ; pour toi, j'ai éteint ma pudeur, et ce flambeau par qui je resplendissois jusqu'aux astres, la gloire. A quelles mains me livres-tu mourante, ô mon hôte ? Ce nom étranger est tout ce qui remplace aujourd'hui un nom plus doux. Que résoudre ? Attendrai-je que mon frère Pygmalion vienne renverser cette cité naissante, ou que le Gétulien Iarbas me traîne à sa suite, épouse et esclave ? Du moins si avant ta fuite, l'hymen eût détaché pour moi un tendre bouton de ta tige ; si je voyois se jouer dans ma cour un petit Enée qui me retraçât ton image, je ne me croirois ni tout à fait aussi captive ni tout à fait aussi délaissée. »

Quel trouble, quelle passion, quelle vérité dans l'éloquence de cette femme trahie ! Son discours est plein d'ellipses, de réticences, de parenthèses; car les idées se pressent tellement dans sa tête, et les sentiments dans son cœur, qu'elle les produit en désordre, incohérents et séparés, tels qu'ils s'accumulent sur ses lèvres. Remarquez bien les autorités qu'elle emploie dans ses prières. Est-ce au nom des dieux, au nom d'un vain spectre qu'elle parle ? Non ! elle ne fait pas même valoir *Didon dédaignée* : mais, plus humble et plus amante, elle ne conjure le fils de Vénus que par des larmes, que par la propre main du perfide ; si elle y joint le souvenir de l'amour, ce n'est encore qu'en l'étendant sur Enée : par *notre hymen, par notre union commencée*, dit-elle; *per connubia nostra, per inceptos hymenœos.* Mais elle atteste aussi ce toit, ce foyer hospitalier, où naguère elle accueillit l'ingrat. Ce sont là en effet les vrais dieux pour Didon. Ensuite, avec l'adresse d'une femme, et d'une femme amoureuse, elle rappelle tour à tour le souvenir de Pygmalion et celui de Iarbas, pour réveiller ou la générosité, ou la jalousie du héros troyen. Enfin, ayant épuisé la rhétorique des larmes, pour dernier trait de passion et de misère, la superbe souveraine de Carthage va jusqu'à souhaiter que du moins un petit Enée, *parvulus Æneas*, restât dans sa cour pour consoler sa douleur, même en portant témoignage de sa honte.

PAUL ET VIRGINIE [1].

Il est certain que le charme de ce tableau, et en général de tout le livre, gît dans une certaine morale mélancolique, qui se trouve fondue dans l'ensemble de l'ouvrage comme cet uniforme éclat que la lune répand sur une solitude parée de fleurs. Or, quiconque s'est rendu familier la lecture des évangiles, ne peut nier que ce ne soit là leur caractère. M. Bernardin de Saint-Pierre, qui a écrit les *Études de la Nature*, pour justifier les voies de Dieu et pour prouver la vérité de la foi, a dû nourrir son génie de la méditation des livres saints. Son églogue n'a tant de charme, que parce qu'elle représente une petite famille chrétienne exilée, vivant entre la parole de Dieu dans les Écritures, et les ouvrages *de ce même Seigneur,* dans le désert des cocotiers. Joignez-y l'indigence et les infortunes de l'ame dont la religion est le seul remède, et vous aurez tout le sujet. Les personnages n'y sont pas plus nombreux que les intrigues, et ils y ont la même simplicité; ce sont deux beaux enfants dont on aperçoit le berceau et la tombe, deux bons esclaves et deux pieuses maîtresses. Ces honnêtes gens ont un historien tout à fait digne de leur vie; c'est un solitaire qui raconte les malheurs de ses amis, sur les débris de leur cabane. Sa tête est chauve, ses ans sont antiques; il a survécu à tout ce qu'il aima. Demeuré seul dans la montagne, sa vertu semble attendre le siècle pour s'épanouir au soleil de l'éternité, comme l'aloès de ces mêmes terres indiennes, qui n'ouvre qu'au bout de cent printemps sa fleur aux regards de l'aurore.

[1] Voyez le même chapitre sur cet ouvrage de Bernardin de Saint-Pierre, tome XV, page 84.

SONGE D'ENEE [1].

C'étoit l'heure où le premier sommeil engourdit sous ses ailes les douleurs de l'homme, et fait couler dans son sein les gracieuses faveurs des dieux. Tout à coup le fantôme d'Hector m'apparoît dans un songe ; il attache sur moi des regards pleins d'une profonde tristesse ; de larges pleurs tombent de ses yeux. Le guerrier étoit tel qu'en ce jour où, tout noir de poudre, les pieds enflés et percés d'une courroie, nous le vîmes cruellement traîné par un char autour de nos murailles. O combien différent de cet Hector qui revenoit couvert des armes d'Achille, après avoir lancé les feux d'Ilion sur la flotte des Grecs ! Sa barbe étoit sale et hérissée, sa chevelure collée par un sang épaissi, et son corps tout couvert des plaies qu'il reçut en mourant pour sa patrie. Sans faire de vains efforts pour retenir mes larmes, il me sembla que je lui adressois ces tristes mots : « O lumière des Dardanides ! ô fidèle espérance de Teucer ! pourquoi as-tu tardé si long-temps ? quelle région a pu nous cacher notre Hector ? Faut-il te revoir après les funérailles de tous tes proches, après que tant de malheurs ont ravi tant de citoyens à Troie ? Mais quel nuage trouble les sérénités de ton front ? pourquoi ces innombrables blessures ? » Ainsi je parlois, et muet étoit le héros, nul son de sa bouche ne répondoit à mes questions inutiles ; mais, amenant du fond de son cœur un pesant soupir sur ses lèvres : « Fuis, Énée, fuis, sauve-toi des flammes ; l'ennemi est dans ces murs : Ilion touche à sa fin. Ils sont

---

[1] *Voyez* tome XV, page 243, la traduction en vers du *Songe d'Énée*, par M. de Fontanes, substituée à celle-ci.

passés les jours de Priam et de ta patrie. Si Troie eût pu être sauvée, elle l'eût été par mon bras. A toi sont confiés les dieux tutélaires de cette ville sacrée; à toi sont commis ses destins. Pars : va chercher de lointains climats, où tu bâtiras des murs fameux, après avoir erré sur toutes les mers. » Il dit, et saisissant dans la chapelle secrète la bandelette du prêtre, la statue de Vesta et le feu éternel, il les emporte avec lui.

ENFER DU DANTE [1].

Le Dante, descendu dans la vallée des Serpents, où sont punis les brigands qui ont usé de mensonge, voit une multitude d'ombres courir épouvantées sur des reptiles de toute race et de toute forme.

Deux coupables s'arrêtent auprès de lui :

Com'el ramano sotta la gran fersa, etc.

« Comme on voit sous l'ardente canicule le lézard, désertant ses buissons, fuir en éclair à travers les sentiers; tel parut, s'échappant vers les deux autres coupables, un reptile enflammé, noir et luisant comme l'ébène. Il frappa l'un d'eux au nombril, premier passage des aliments dans nous, et tomba vers ses pieds étendu. L'homme frappé le vit, et ne cria point; mais, immobile et debout, il bâilloit comme aux approches du sommeil ou d'une brûlante fièvre, il bâilloit et fixoit le reptile qui

---

[1] *Voyez* tome XV, page 154.

le fixoit lui-même. Tous deux se contemploient : la bouche de l'un et la blessure de l'autre fumoient comme deux soupiraux, et les deux fumées s'élevoient ensemble.

» Qu'ici, témoin du prodige, Lucain se taise sur les malheurs de Sabellus et de Nasidius; qu'Ovide ne parle plus de Cadmus et d'Aréthuse : car s'il changea l'un en dragon et l'autre en fontaine, jamais il n'opposa deux natures de front, les forçant d'échanger entre elles leur matière et leur forme; mais le serpent et l'homme firent cet horrible accord.

» Je vis la croupe de l'un se fendre et se diviser, et les jambes de l'autre s'unir sans intervalle; ici la peau s'étendre et s'amollir, et là se durcir en écailles; ensuite les bras du coupable décroissant à ses côtés, le monstre alongea deux de ses pieds vers ses flancs, et les deux autres, réunis plus bas, lui donnèrent le sexe que perdoit l'ombre malheureuse.

» Sous la fumée qui les voiloit toujours, les deux spectres se coloroient diversement ; et l'un quittant enfin les cheveux dont l'autre ombrageoit sa tête, le reptile tomba sur son ventre, et l'homme se dressa sur ses pieds ; alors, et sans détourner leurs affreux regards, l'un se montra sous une face et des traits moins informes, et l'autre, pareil au limaçon qui replie ses yeux, n'offroit déjà plus qu'une tête effilée, où disparoissoient tour à tour le nez, la bouche et les oreilles.

» Mais la fumée s'évanouit, et soudain le nouveau reptile, dardant une langue acérée, fuit en sifflant dans la nuit profonde. L'homme nouveau l'insulte en crachant après lui, et se tournant ensuite vers l'autre compagnon : « Je veux, lui dit-il, que Bosc rampe dans la vallée aussi » long-temps que moi. »

» Ainsi j'ai vu le septième habitacle se former et se

transformer; et si mes tableaux sont horribles, ils ont au moins la nouveauté. »

M. de Rivarol a dit dans ses notes que ce morceau approchoit du Laocoon, et ce jugement est modéré.

Tel peut devenir un enfer chrétien sous un pinceau habile. Si tout ceci ne forme pas un corps de preuves sans réplique en faveur des beautés poétiques de notre religion, jamais rien ne sera prouvé en littérature. Et qu'on ne dise pas qu'un Grec ou un Romain eût pu faire un Tartare tout semblable à l'enfer du Dante. Non seulement cette remarque, fût-elle véritable, ne concluroit rien contre le christianisme ; mais quiconque aura la moindre critique reconnoîtra que la couleur sombre de l'enfer du Dante ne se trouve point dans la théologie païenne, et qu'elle appartient indubitablement aux dogmes formidables de notre foi.

—

M. BODMER [1].

Si M. Bodmer n'a pas mis dans son poëme du déluge tout ce qu'on pouvoit y mettre, personne sans doute ne s'en prendra au sujet. Quelle carrière pour une imagination féconde, qu'un monde anté-diluvien ! Elle n'a pas même tout à créer; car, si on veut bien fouiller le Critias,

---

[1] Jean-Jacques Bodmer étoit de Zurich ; il s'est fait remarquer durant sa vie par de nombreux écrits sur des questions qui ont divisé la littérature allemande vers le milieu du xviiie siècle. Son poëme sur le Déluge est intitulé : *la Noachide*, Zurich, 1752-72. Il est mort en 1783, à l'âge de 85 ans. (Note des éditeurs.)

les chronologies d'Eusèbe, quelques traités de Lucien et de Plutarque, on trouvera une ample moisson. Scaliger a cité un fragment de Polyhistor, où cet auteur parle de certaines tables écrites avant le déluge, et conservées à Sippary, la même vraisemblablement que la Sipphara de Ptolémée. Les Muses sont des divinités polyglottes, et elles pourroient lire bien des choses sur ces tables. Lorsqu'on écrit et qu'on veut vivre, il ne faut pas craindre d'ouvrir ces gros in-folio du bon temps des Estiennes et des Elzevirs, qui contiennent des miracles d'érudition.

Mais s'il fut jamais un magnifique sujet d'épopée, soit chez les anciens, soit chez les modernes, un sujet où tout se trouve, un sujet à la fois le plus pathétique, le plus grand, le plus merveilleux de tous les sujets, c'est l'histoire de Joseph, dans cette même Bible, objet du dégoût des ignorants et des incrédules. Certes, ce ne sont pas ici les matériaux qui manquent au poète. Voyez, d'un côté, toute cette mystérieuse Egypte, dont le sol creusé n'est qu'un vaste temple souterrain, qui porte à sa surface d'autres temples. Voyez ces forêts de colonnes, d'obélisques, de pyramides; ces lacs faits de main d'homme, ce Sphinx, ces statues colossales; voyez tous ces monuments des arts qui se mêlent aux sables du désert, aux moissons du Delta, aux bœufs pesants, aux légers dromadaires. Ici le souffle créateur de l'aurore enfle le sein des statues et une poitrine de pierre pousse de mélodieux soupirs. Là le Phénix, sublime symbole de l'homme, vient se brûler sur l'autel du Soleil: il compose son bûcher d'aromates précieux; et c'est pour nous apprendre que nous devons faire de vertus notre dernière couche, afin que, réduits en cendres par la mort, nous puissions renaître à une seconde vie. Plus loin on s'entretient avec ces prêtres qui conservent les sciences hermétiques; par eux sont expliqués les hiéroglyphes inexplicables. Aux ports du golfe Arabique, on s'embarque pour Ophir, on vogue à l'Atlantide de Platon, on aborde à la quatrième partie de la terre où se trouvent encore les fourneaux du roi Salomon [1]; on fait le tour entier de l'Afrique, et on voit le soleil au septentrion [2]. La Trapobane et le cap Comaria nous appellent, et nous conversons avec les prêtres de l'Inde. L'Ethiopie nous reçoit à notre retour pour nous introduire à l'antre de ses gymnosophistes. Avec les caravanes de Pharaon, nous nous enfonçons dans l'intérieur de l'Afrique; nous parvenons jusqu'à ce grand lac de l'ouest, où se décharge le Tigre [3], et nous visitons les énormes cités découvertes depuis peu par les modernes voyageurs [4].

Tournant nos regards vers l'Europe, nous les fixons sur des scènes non moins admirables. Voilà Cécrops qui part pour fonder Athènes [5], et nous allons balancer à notre gré le merveilleux berceau de l'Attique. L'Etrurie, avec ses sciences et ses beaux vases, est de même livrée à notre muse, car nous la réclamons comme colonie égyptienne [6]; et qui nous empêcheroit d'aller demander, en passant, l'hospitalité à Saturne qui règne sur l'âge d'or en Ausonie [7]?

De retour en Egypte, nous ne manquerons pas de

---

[1] Colomb prétendoit en avoir vu les restes dans les mines de Cibao.
[2] *Vid.* Hérodote.
[3] Ptol. ap. geo. min.
[4] Mungo-Park.
[5] L'anachronisme ne seroit que de 134 ans au plus.
[6] Suid. verb. tyrrhen.
[7]   *Aurea quæ perhibent illo sub rege fuerunt*
      Sæcula.
                              Virg., lib. VIII, v. 53.

combats si nous en désirons; nous assistons en même temps à toutes les fêtes des dieux de la Grèce, originaires de la terre de Mitzraïm. Nous suivons les processions superbes, sur les ruines antiques et inconnues des villes des rois pasteurs [1]. Nous sommes initiés aux mystères d'Isis; nous allons au temple d'Ammon dans l'Oasis du désert; nous pénétrons dans l'intérieur de la grande pyramide où peut-être nous apprenons d'étranges histoires. Que ne voyons-nous point? Quelles sciences ne nous sont point révélées? Quels secrets de la nature restent cachés pour nous? On pourroit croire qu'une telle richesse suffit pour épuiser un sujet! Eh bien! ce n'est pas tout : par un contraste unique, et qui ne se retrouve nulle part, les sciences de la vie patriarcale viennent se placer auprès de ces tableaux : c'est le vieux Jacob pleurant son fils à l'entrée de sa tente; ce sont les filles du puits de l'étranger donnant à boire aux chameaux et aux ânes robustes; c'est la pierre du serment; c'est l'autel d'alliance; c'est un mariage accordé auprès de la fontaine; c'est le champ du glaneur; c'est le vrai Dieu, c'est le sublime Jéhovah, parlant à son peuple sur les hauts lieux, et lui envoyant ses anges sous la figure de beaux jeunes hommes; c'est la future Sion; c'est le mont flamboyant de Sinaï, et tous les miracles hébreux aisément retracés par une machine poétique; enfin, pour lier les deux étonnantes parties d'un poème de Joseph, l'histoire la plus merveilleuse, la plus touchante, la plus pathétique, vient vous présenter sa chaîne. M. de Bitaubé a traité ce fameux sujet [2].

D'après cette vue rapide des poèmes fondés sur des

---

[1] Maneth. *apud* Joseph, etc., Afric. Herod., lib. II. Diod., lib. I, etc.
[2] Ainsi qu'un auteur allemand et un vieil auteur françois.

sujets chrétiens, il nous semble prouvé qu'il ne faut pas rejeter sur la prétendue barbarie de notre religion le peu de succès de ces ouvrages. Est-il rien après tout qui soit plus plein d'enchantement et de délices que la *Jérusalem délivrée* [1] ?

—

ARCHITECTURE [2].

Mais voici une chose remarquable. Chez les Grecs, il n'y avoit point d'architecture qu'on pût appeler proprement religieuse. Un temple et un palais se ressembloient. Par là on voit d'un coup d'œil que la religion, chez ces peuples, ne s'élevoit pas au dessus de la politique, et qu'elle n'avoit rien de divin et de mystérieux. Le Christianisme, au contraire, a distingué ses monuments de ceux des hommes, et plus les âges qui les ont élevés ont eu de piété et de foi, plus ces monuments ont été frappants par la grandeur et la noblesse de leur caractère.

On peut voir un bel exemple de cette vérité dans les *Invalides* et dans l'*Ecole-Militaire*. Les premiers sont du siècle de la religion, la seconde est du temps de l'incrédulité. Ces deux édifices sont placés l'un auprès de l'autre comme par un dessein de la Providence, afin qu'ils se servent de commentaire, et qu'on puisse juger du génie du Christianisme et du génie de la philosophie. Vous est-il arrivé quelquefois de vous promener, en été, aux Champs-Elysées, le long de la rivière, et avez-vous

[1] *Voyez* le tome XIV, page 264.
[2] Variante du chapitre VI, tome XV, page 222.

remarqué le dôme des Invalides? Comme il est beau ce dôme, enflé dans la vapeur du soir! Majestueux et immobile, il domine les fumées et les bâtiments qui l'environnent, comme la tête arrondie d'une vieille montagne. Qu'il y a haut de son pinacle religieux aux mansardes philosophiques de l'Ecole-Militaire! On diroit que le nom de Dieu, répété dans cette enceinte par la bouche des Bossuet, en a dilaté les voûtes en cherchant un passage vers le ciel, tandis que l'édifice voisin s'est accroupi sur la terre à la parole d'un siècle athée. Mais voici que le soleil se couche par delà les hauteurs de Meudon, à travers la poussière d'or élevée en nuage dans le chemin de la nouvelle Babylone. La Seine avec ses ponts, les grands marronniers des Tuileries, les statues de bronze et de marbre, sont entrecoupés de bandes noires et de rayons de pourpre. Bientôt l'astre du jour, se plongeant sous l'horizon, laisse tout dans les ombres, hors le dôme sacré, qui réfléchit encore les feux de l'occident dans quelques-uns de ses antiques vitraux. Dans ce moment même, vous croiriez voir apparoître sur le dôme l'âge immortel de la France, et entendre une voix qui vous crie du haut du superbe monument : « *Je suis du grand siècle!* »

MUSIQUE [1].

Si l'on fait attention à la musique moderne, on verra qu'elle exprime rarement la vérité des passions, parce que les passions chez nous sont dénaturées. Nos airs d'amour,

[1] Voyez le même chapitre dans le tome XV, page 206.

par exemple, imitent la volupté des sens, mais ils sont faux dans le moral ou dans la partie de l'ame. Nous n'avons pas un morceau où l'amitié soit bien peinte; Pylade et Oreste poussent des cris dans l'*Iphigénie en Tauride*. Ce n'est nullement là cette paix, cette modestie, ce ton simple et grand, qui caractérisent l'amitié.

Le Christianisme, en rencontrant les passions qui sont les cordes de notre ame, a rétabli les harmonies de cette harpe céleste; il en a fait sortir des sons au dessus de tous les bruits de la terre. Ecoutez cette jeune religieuse murmurer des airs dans sa cellule; surprenez-la lorsqu'elle ne chante pas distinctement, mais lorsqu'elle soupire je ne sais quoi de vague, qu'elle compose elle-même à moitié, vous entendrez la mélodie des anges. Le culte évangélique est tellement formé pour l'harmonie, qu'il a rempli ses temples de musique, inventé l'orgue, et donné des soupirs à l'airain même.

La nature publie sans cesse les louanges du Créateur, et il n'y a rien de plus religieux que ces cantiques que chantent, avec les vents, les chênes et les roseaux du désert.

Ainsi le musicien, qui veut suivre la religion dans tous ses rapports, est obligé d'apprendre l'imitation des symphonies de la solitude. Il faut qu'il connoisse ces notes mélancoliques que rendent les eaux et les arbres; il faut qu'il ait étudié le bruit des vents dans les cloîtres, et ces murmures qui règnent dans l'herbe des cimetières, dans les souterrains des morts et dans les temples gothiques. Il ne doit pas ignorer les grandes harmonies des mers, celles des globes dans les espaces, et celles des séraphins dans les cieux; car ces harmonies sont essentiellement du ressort de la religion. Nous ne parlerons point de la mélodie intérieure de l'ame, et, pour ainsi dire, de la musique des pensées. Heureux l'artiste qui pourra faire éclater au dehors cette mélodie inconnue, que le juste entend dans son cœur !

Au reste, si le Christianisme étoit ennemi des concerts, eût-il, dès son berceau, pris tant de soins de s'en entourer? Ignore-t-on que c'est lui qui a sauvé le chant dans les siècles barbares? Là où il a placé son trône, là s'est formé le peuple le plus mélodieux de la terre. Les anciens Romains étoient sans génie pour la musique, et en vérité il n'est guère probable qu'en mêlant leur sang au sang des Huns et des Goths, ils aient acquis ce génie. Le même phénomène se remarque chez les Allemands, qui ne semblent pas formés pour les arts, et qui cependant sont musiciens. Il faut donc qu'une cause morale et secrète ait déterminé ce talent; cette cause n'est autre que la religion. Partout où elle s'est montrée, elle a fait naître l'harmonie, et l'on voit que cela devoit être ainsi. Le chant est fils des prières, et les prières sont les compagnes de la religion. Réunit-elle trois hommes, au désert ou dans un temple, elle entonne aussitôt les louanges du Créateur. Quand elle a civilisé les Sauvages, ce n'a été que par des cantiques, et l'Iroquois, qui n'avoit point cédé à ses dogmes, a cédé à ses concerts. O religion de paix et de mélodie! vous n'avez pas, comme les autres cultes, dicté aux humains des préceptes de haine et de discorde; vous leur avez seulement appris à s'aimer et à chanter !

Que si, de ces idées générales sur l'influence du Christianisme dans la musique, nous descendons à l'effet immédiat de la religion sur cet art, nous trouverons des choses intéressantes, tant pour l'antiquité des souvenirs que pour la valeur intrinsèque du chant d'église. Pénétrons un peu à la source.

Les Grecs distinguèrent dans leur musique quatre modes principaux qu'ils appelèrent *chants authentiques*. Le *dorien* renfermoit les airs graves; on s'en servoit pour louer les dieux, et c'étoit le seul que Platon voulût conserver dans sa république.

Ces quatre chants authentiques, subdivisés en plusieurs classes, donnèrent naissance à la mélopée. Cette mélopée se partage elle-même en trois branches; la seconde de ces branches fut affectée au récitatif de la tragédie et aux harmonies funèbres.

Les Romains n'apportèrent aucun changement au génie de la musique : ce ne fut que vers l'an 415 de la fondation de la cité que cet art parut à Rome. Il fut introduit dans les jeux scéniques par des mimes et des joueurs de flûte, que le sénat avoit envoyé chercher en Toscane. Nous ignorons quel étoit le caractère de cette musique. Si les Étrusques étoient Égyptiens d'origine, comme il y a quelque lieu de le croire, il est vraisemblable qu'ils ne connoissoient que le premier système d'Hermès ou Mercure.

Mais Polymnie, avec les autres Muses, envahit dans la suite l'empire des vainqueurs de la Grèce. La seule altération que les Romains se permirent dans l'art d'Olympe, fut de substituer l'alphabet latin à l'alphabet grec pour faciliter la lecture de l'échelle musicale.

Ce fut dans cet état que le Christianisme trouva la musique sur la terre. Les premiers fidèles, s'apercevant combien l'ame attendrie par les sons s'ouvre plus facilement aux influences religieuses, célébrèrent les louanges de Dieu sur les plus beaux airs de la Grèce. Saint Ambroise et le pape Damase réformèrent dans la suite l'harmonie que le temps avoit corrompue. Boèce, au retour de ses voyages, l'an 502 de notre ère, fit part à l'église latine des chants qu'il avoit recueillis à Athènes. Enfin, saint Grégoire-le-Grand, corrigeant le troisième système des Grecs et des Latins, c'est-à-dire le système d'Olympe, fixa pour toujours la musique sacrée; musique que l'ignorance et l'esprit d'irréligion se sont plu à ravaler, mais qui n'en fait pas moins les délices de tous ceux qui goûtent encore la simplicité, la mélancolie, la majesté, la grandeur, et qui aiment à égarer leur pensée dans la nuit des temps et dans le vague des souvenirs.

S'il y a quelque chose de médiocre dans la musique sacrée, ce sont, en général, les chants d'allégresse. Le Christianisme est sérieux comme l'homme, et son sourire même est mélancolique. L'*O filii et filiæ*, les divers *alleluia*, sont bien inférieurs aux soupirs et aux prières que nos maux arrachent à la religion : tout l'office des morts est un chef-d'œuvre ; les artistes conviennent qu'il est du style le plus sublime, et qu'il fait entendre les sourds retentissements du tombeau. Il reste une tradition dans l'église, que le chant *qui délivre les morts*, comme l'appelle un de nos plus grands poètes, est celui-là même qui servoit aux pompes funèbres des Athéniens, vers le temps de Périclès.

On remarque aussi quelquefois dans les hymnes d'église je ne sais quel génie à la fois religieux et sauvage. Composées par des solitaires qui vivoient au milieu des bois, ces hymnes ont des silences, des renflements et des dimensions graduelles de sons ; vous croiriez reconnoître, dans leur murmure monotone, le bourdonnement des ifs et des vieux pins qui ombrageoient les cimetières et les cloîtres des abbayes.

Presque tous les chants de la semaine sainte sont parfaits dans le style de la douleur ; la passion de saint

Matthieu est encore aujourd'hui le désespoir des maîtres; le récitatif de l'historien, les cris de la populace juive, la noblesse des réponses de Jésus, forment un drame pathétique dont la musique moderne n'a point approché. Et quelle est donc cette religion qui, représentant sans cesse une sublime tragédie, compose son culte de la réunion de tous les arts ?

FRAGMENT D'UN EPISODE [1].

L'étranger étoit assis sous un papaya, au bord du lac de Tindaé. Le jour approchoit de sa fin; et tout étoit calme, superbe, solitaire et mélancolique au désert. Les montagnes de Jore, les forêts de cèdres des Chéroquois, les nuages dans les cieux, les roseaux dans les savanes, les fleuves dans les vallées, se rougissoient des feux du couchant. Par delà les rivages du lac, le soleil s'enfonçoit avec majesté derrière les montagnes. On le voyoit encore suspendu à l'horizon entre la fracture de deux hauts rochers : son globe élargi, d'un rouge pourpre mouvant et environné d'une auréole glorieuse, sembloit osciller lentement dans un fluide d'or, comme le pendule de la grande horloge des siècles [2].

Prête à se livrer au silence, la solitude exécutoit un dernier concert : les forêts, les eaux, les brises, les quadrupèdes, les oiseaux, les monstres, faisoient les diverses parties de ce chœur unique. La nompareille chantoit dans le copalme; l'oiseau moqueur gazouilloit dans le

---

[1] Ce morceau rappelle quelques pages des *Natchez* et d'*Atala*.
[2] Cette phrase se trouve dans *René*.

tulipier : on entendoit à la fois et les flots expirants sur leurs grèves, et les crocodiles qui rugissoient sourdement. Nichées dans les feuillages des tamarins, des grenouilles d'un vert de porphyre imitoient par un cri singulier le tintement d'une petite cloche ; et de beaux serpents, qui vivent sur les arbres, siffloient suspendus aux dômes des bois, en se balançant dans les airs comme des festons de lianes. Enfin, de longues bandes de cariboux, d'orignaux, de buffles sauvages, venoient en bramant, en mugissant, se baigner dans les eaux du lac. Toutes ces bêtes défiloient sous l'œil de l'universel Pasteur, qui conduit la chevrette de la montagne avec la même houlette dont il gouverne dans les plaines du ciel l'innombrable troupeau des astres.

Tandis que l'étranger contemploit ce rare spectacle, et les forêts autour de lui, et le soleil dans l'ouest, et le lac à ses pieds, il entendit marcher dans le bois : c'étoit le vieux Sauvage, son hôte. Outalissi s'avançoit en s'appuyant sur son arc détendu, et ses cheveux, noués sur le sommet de sa tête avec des plumes d'aigle, ressembloient à une touffe de filasse argentée ; il salua le jeune Européen selon la coutume du désert en l'agitant légèrement par l'épaule ; il lui souhaita *un ciel bleu, beaucoup de chevreuils, un manteau de castor et l'espérance.* Il poussa la fumée du calumet de paix vers le soleil couchant et vers la terre : cela étant fait, il s'assit sous le papaya.

L'homme des forêts et l'homme des cités s'entretinrent des choses de la solitude ; ils louèrent le dieu des fleuves, le dieu des rochers, le dieu des hommes justes ; leurs pensées remontèrent vers le berceau du monde, vers ces temps où l'homme de trente années suçoit encore le lait de sa mère, c'est à dire qu'il se nourrissoit d'innocence, et l'étranger pria son hôte de lui raconter ce qu'il savoit de l'*ancienne parole* [1]. —« Fils de l'étranger, enfant des mille cabanes, répondit le Sauvage, je te parlerai dans toute la sincérité de mon cœur; mais je ne pourrai mettre dans ma *chanson* [2] la cadence que j'y aurois mise autrefois, dans ce temps où mes cheveux ne comptoient encore que deux fois dix chutes de feuilles. J'ai bien changé depuis ces jours : les jarrets du vieux cerf se sont roidis, il a pris sa parure d'hiver, son poil est devenu blanc, et il va bientôt se retirer dans l'étroite caverne. O mon fils! si je fleuris encore aujourd'hui, ce n'est plus que par la mémoire : un vieillard avec ses souvenirs ressemble à l'arbre décrépit de nos bois, qui ne se décore plus de son propre feuillage, mais qui couvre quelquefois sa nudité de la verdure des plantes qui ont végété sur ses antiques rameaux. »

L'ancien des hommes ayant ainsi fait l'apologie de son grand âge, avec cette douce prolixité si naturelle aux vieillards, commença son chant religieux. Son chef caduc se balançoit sur ses épaules arrondies comme cette étoile du soir qui paroît trembler sur le dos des mers où elle est prête à s'éteindre.

D'abord il raconta les guerres du *Grand Esprit* contre le cruel *Kitchimanitou*, dieu du mal. Ensuite il célébra le jour fameux qui commence les temps, jour où le *Grand Lièvre*, au milieu des quadrupèdes de sa cour, se plut à former l'univers d'un grain de sable, qu'il tira du fond de l'abîme; et à transformer en homme les corps des animaux noyés. Il dit le premier homme et la belle *Atahensie*, la première de toutes les femmes, précipités

---

[1] La tradition.
[2] La tradition est chantée.

pour avoir perdu l'innocence ; la terre rougie du sang fraternel ; *Jouskeka* l'impie, immolant le juste *Tahouit-savon* ; le déluge descendant à la voix du *Grand Esprit* pour punir la race de Jouskeka ; Massou sauvé seul, dans son canot d'écorce, du naufrage du genre humain ; le corbeau envoyé à la découverte de la terre, et ce même corbeau revenant à son maître sans avoir trouvé où se reposer. Plus heureux que le volatile, le rat musqué rapporta à *Massou* un peu de terre pétrie dont *Massou* forma le nouvel univers. Ses flèches, lancées contre le tronc des arbres dépouillés, se changèrent en branches verdoyantes. *Massou*, par reconnoissance, épousa la femelle du rat musqué, et de cet étrange hymenée sortit la nouvelle race des hommes, qui tiennent de leur mère terrestre l'instinct et les passions animales, et se rapprochent de la divinité par l'ame et la raison qu'ils tiennent de leur père.

Tel fut le chant du vieux Sauvage, qui remplit d'étonnement l'Européen en retrouvant dans le plus profond des déserts, dans un monde séparé des trois autres parties de la terre, les traditions de notre sainte religion. Cependant la nuit américaine sortant de l'orient s'avançoit sur les forêts du Nouveau-Monde, dans toute la pompe de son costume sauvage, et l'on n'entendoit plus que le roucoulement de la colombe de la Virginie. L'Indien et le voyageur se levèrent pour retourner à la cabane, ils passèrent près d'un tombeau qui formoit la limite de deux nations dans la solitude : c'étoit celui d'un enfant ! On l'avoit placé au bord du sentier public, afin que les jeunes femmes, en allant à la fontaine, pussent recevoir dans leur sein l'ame de l'innocente créature, et la rendre à la patrie. Il s'y trouvoit alors une mère, toute semblable à Niobé, qui, à la clarté des étoiles, arrosoit de son lait le gazon sacré et y déposoit une gerbe de maïs et des fleurs de lis blanc. On y voyoit aussi des épouses nouvelles qui, désirant les douceurs de la maternité, venoient puiser les semences de la vie à un tombeau, et cherchoient, en entr'ouvrant leurs lèvres, à recueillir l'ame du petit enfant, qu'elles croyoient voir errer sur les fleurs.

J'admirai avec des pleurs dans les yeux ces mœurs très merveilleuses et ces dogmes attendrissants d'une religion qui sembloit avoir été inventée par des mères.....

Humbles monuments de l'art des Indiens! vous n'invitez point une science fastueuse à vos tombes inconnues. Vous n'avez d'autres portiques que ceux des forêts, d'autres pilastres que le granit des rochers, d'autres ciselures que les guirlandes des vignes et des scolopendres. L'Ohio, silencieux et rapide, coule nuit et jour à votre base; un bois de sapins conduit à vos sépulcres, et ses colonnes, marbrées de vert et de feu, forment le péristyle de ce temple de la mort. Dans ce bois règne sans cesse un bruit solennel, comme le sourd mugissement de l'orgue; mais lorsqu'on pénètre au fond du sanctuaire, on n'entend plus que le chant des oiseaux, qui célèbrent à la mémoire des morts une fête éternelle.

ESQUISSE[1].

Au jour de nos calamités, la patrie en travail de la révolution jeta un cri de douleur, comme une femme qui enfante un fruit mort-né dans son sein. En ce temps-là l'exil s'avança au devant de ses nouvelles tribus et les absorba dans sa dévorante solitude. L'esprit de Dieu s'étant retiré du milieu du peuple, il ne resta de force que dans la tache originelle, qui reprit tout son empire comme aux jours de Caïn et de sa race. Quiconque vouloit être raisonnable sentoit en lui je ne sais quelle impuissance du bien ; quiconque étendoit une main pacifique voyoit cette main subitement séchée. Le drapeau rouge flotte aux remparts de toutes les cités ; la guerre est déclarée à tous les potentats de la terre ; les os des rois de Juda, les os des prêtres, les os des habitants de Jérusalem sont jetés hors de leurs sépulcres, le sang ruisselle de toutes parts, les ames deviennent dures, les yeux secs et arides. Sacrilège envers les souvenirs, on efface toutes les institutions antiques ; sacrilège envers les espérances, on ne fonde rien pour la postérité : les tombeaux et les enfants sont également profanés. Dans cette ligne de vie, qui nous fut transmise par nos ancêtres, et que nous devons prolonger au-delà de nous, on ne saisit que le point présent, et chacun se consacrant au débordement de ses mœurs, comme à un sacerdoce abominable, vit comme si rien ne l'eût précédé, et que rien ne le dût suivre !

[1] Variante du chapitre I du livre III de la troisième partie du tome XVI.

DÉFENSE [1].

On nous impose aujourd'hui une tâche que nous nous sentons fort peu capable de remplir avec la dignité de style et la sainteté de mœurs qu'elle demande. Il s'agit de défendre le Christianisme contre les sarcasmes et les blasphèmes des philosophes; de montrer que ses dogmes, sa doctrine et son culte, loin d'être ridicules, froids, barbares et ennuyeux, se prêtent, au contraire, merveilleusement aux choses de l'ame, et peuvent enchanter l'esprit plus divinement encore par leur nature, que tous ces dieux de Virgile et d'Homère, que l'impiété voudroit faire revivre.

En effet, il faut avoir vécu comme nous au milieu des gens de lettres, pour savoir combien cette fausse idée, que le Christianisme est dépouillé de charme et de poésie, a fait d'incrédules. On s'est persuadé, peu à peu, sans examen, qu'une religion qui n'avoit ni beaux noms à reproduire, ni rites sublimes ou gracieux à offrir, devoit être une religion de moines et de Vandales. De là, la conjuration de tous les hommes qui prétendent au bel esprit, de tous les artistes, de tous les talents contre elle. Les trois divines personnes, leurs mystères profonds, les saints et les anges sont devenus un sujet éternel de railleries aussi cruelles que dégoûtantes. Le roseau et la couronne d'épines ont meurtri de nouveau la tête du Fils de l'Homme, et les gardes des tyrans se sont écriés comme autrefois : « Salut, Roi des Juifs ». *Salve, Rex Judæorum.*

---

[1] Extrait d'une préface inédite.

LE TEMPS [1].

Le temps écoulé est une profonde solitude où apparoissent çà et là quelques ruines imposantes ; les hommes sont déjà vieux sur la terre, et cependant on voit à peine s'élever cinq ou six grands législateurs dans l'histoire. Il est bien humiliant pour notre orgueil, de penser que toutes les maximes de la sagesse humaine peuvent se renfermer dans quelques pages. Et dans ces pages, encore, combien d'erreurs et d'absurdités ! Que trouve-t-on dans le bel édifice des lois des Lycurgue et des Pythagore, sinon la cendre même de ces sociétés dont elles devoient éterniser la vie ? Ces lois n'ont survécu aux peuples pour lesquels elles furent faites, que comme les pyramides des déserts, immortels palais de la mort !

[1] *Voy.* tome XIV, chapitre des *Lois morales.*

FIN DES FRAGMENTS.

GILBERT.

Lorsqu'on voit Gilbert[1], pauvre et sans nom, attaquer la puissante faction des gens de lettres qui, dans le dernier siècle, dispensoit la fortune et la renommée; lorsqu'on le voit, dans ce combat inégal, lutter presque seul contre les opinions les plus à la mode et les réputations les plus hautes, on ne peut s'empêcher de reconnoître dans ses succès le prodigieux empire du talent.

Un recueil d'héroïdes, de traductions et de pièces fugitives, intitulé *Début poétique*, annonça Gilbert au monde littéraire. Un jeune homme qui cherche son talent est sujet à se méprendre; le Juvénal du 18⁰ siècle se trompa sur le sien. L'épître d'*Héloïse à Abélard* avoit fait renaître un genre de poésie presque oublié depuis Ovide. L'*héroïde*, poème moitié historique, moitié élégiaque, a le grand inconvénient d'appeler la déclamation et les lieux communs de l'amour. Le poète, faisant parler le personnage lui-même, ne peut ni s'élever au mode inspiré de la lyre, ni cependant descendre au ton familier d'une lettre. Le sujet d'Héloïse seul permettoit à la fois toute la naïveté de la passion et tout l'art de la

---

[1] Mort en 1780. *Voyez* les *Mém. hist., litt. et anecd.* du baron de Grimm, année 1780.

muse, parce que la religion prête de la pompe au langage sans en détruire la simplicité. L'amour prend alors quelque chose de sublime et de formidable, *lorsque les occupations les plus sérieuses, le temple saint lui-même, les autels sacrés, les mystères terribles en rappellent le souvenir* [1].

L'histoire de madame de Gange ne présentoit pas à Gilbert ce ressort puissant de la religion. Cependant l'amitié fraternelle en contraste avec la jalousie lui pouvoit fournir des situations très pathétiques. Dans l'héroïde de Didon, le poète a traduit heureusement quelques vers de l'Énéide, en particulier le *non ignara mali*.

> Malheureuse, j'appris à plaindre le malheur.

Je ne sais si ce sentiment est aussi juste qu'il est aimable ; du moins est-il vrai qu'il y a des hommes que l'adversité semble endurcir : ils ont versé sur eux toutes leurs larmes.

La nature avoit donné à Gilbert de la verve et de l'audace ; aussi réussit-il mieux dans l'ode que dans l'héroïde. Le début de son *Jugement dernier* est fort beau.

> Quels biens vous ont produits vos sauvages vertus,
> Justes ?... Vous avez dit : Dieu nous protège en père ;
> Et, partout opprimés, vous rampez abattus
> Sous les pieds du méchant dont l'audace prospère...
> . . . .
> Qu'il vienne donc, ce Dieu, s'il a jamais été.
> Depuis que du malheur les vertus sont sujettes,
> L'infortuné l'appelle et n'est point écouté.
> Il dort au fond du ciel sur ses foudres muettes.
> Quel bruit s'est élevé ? etc.

[1] Massillon, *Enfant prodigue*.

Le son de la trompette qui réveille les morts au tombeau répond seul à cette question des méchants. On trouveroit difficilement un tour plus vif et plus lyrique.

Tout le monde connoît les vers qui terminent cette ode :

> L'Eternel a brisé son tonnerre inutile,
> Et d'ailes et de faux dépouillé désormais,
> Sur les mondes détruits le Temps dort immobile.

La belle expression *veuve d'un peuple-roi*, en parlant de Rome, se trouve dans l'ode adressée à *Monsieur*, sur son voyage en Piémont.

Après l'apostrophe des Impies au Christ, dans l'ode sur le *Jubilé* :

> Nous t'avons sans retour convaincu d'imposture,
> O Christ !

le poète reprenant tout à coup la parole :

> Ainsi parloit hier un peuple de faux sages.

La foudre personnifiée qui *choisiroit* parmi nous le blasphémateur, si le temps des miséricordes n'étoit venu ; tout le peuple marchant sur les pas de la croix ; ces vieux guerriers qui, pour calmer les vengeances du Seigneur, vont offrir

> Et les lauriers et les souffrances
> D'un corps dont le tombeau possède la moitié :

tout cela nous paroît de la vraie nature de l'ode, qui,

> Elevant jusqu'au ciel son vol ambitieux,
> Entretient dans ses vers commerce avec les dieux.

Mais pourquoi Gilbert, qui joint la hardiesse de l'expression au mouvement lyrique, ne peut-il être placé au rang de Malherbe, de Racine et de Rousseau? C'est qu'il a souvent manqué de cette harmonie sans laquelle il n'y a point de vers. La poésie d'images et de pensées ne suffit pas au poète, il faut encore qu'il ait la poésie du langage ou la mélodie des sons; il faut qu'on entende frémir les cordes de la lyre: malheureusement on ne peut enseigner le secret de cette musique divine; une oreille heureuse est un don de la nature.

Gilbert a donc trop peu connu *ces changements de ton qui s'entre-choquent les uns les autres, et par le mélange de leurs accords, causent à l'âme un transport et un ravissement admirables*[1]. Dans quelques strophes néanmoins il a saisi cette harmonie, si nécessaire au genre lyrique. En parlant du combat d'Ouessant, il s'écrie :

Vengeons-nous ; il est temps que ce voisin parjure
Expie et son orgueil et ses longs attentats ;
D'une servile paix, prescrite à nos états,
C'est trop laisser vieillir l'injure.
Dunkerque vous implore ; entendez-vous sa voix
Redemander les tours qui gardoient son rivage,
Et de son port dans l'esclavage
Les débris indignés d'obéir à deux rois ?

Gilbert a quelquefois déposé la lyre, pour faire entendre la voix de l'orateur.

« Il fut un pays, dit-il (dans la péroraison de son éloge de Léopold, duc de Lorraine), il fut un pays où les sujets avoient le droit de juger leur maître au moment où la Providence rappelle les monarques, pour leur demander compte de leurs actions. Ils s'assembloient en

---

[1] Longin, cap. 32.

foule autour de son corps exposé sur les bords du tombeau. Celui-ci insultoit à ce cadavre malheureux, en disant : *Ma famille fut empoisonnée par tes ordres.* Celui-là s'écrioit : *Il m'a ravi mon bien.* Cet autre : *Les hommes étoient à ses yeux de vils troupeaux.* Tous le condamnoient à devenir la proie des oiseaux dévorants. Mais s'il avoit été juste, alors toute la nation, les cheveux épars, jetant des cris affreux, se réunissoit pour le pleurer et lui dresser de superbes mausolées; les orateurs faisoient retentir les temples du bruit de sa gloire. Eh bien! le temps qui s'est écoulé depuis la mort de Léopold nous donne le privilège dont jouissoient ces peuples. Nous n'avons point à craindre le ressentiment de ses fils. Son sceptre est brisé, son trône anéanti. Il est ici des citoyens de tous les ordres; les uns ont vécu sous ses lois, les autres ont appris de leurs pères l'histoire de son règne. Qu'ils se lèvent. Et vous, ombre de Léopold, sortez de la tombe, venez recevoir le tribut de malédiction ou de louange que vous doit cette auguste assemblée. Parlez, citoyens; parlez, cette grande ombre est ici présente. Qu'avez-vous à reprocher à Léopold? Aucun de vous n'élève la voix? Qu'avez-vous à reprocher à Léopold? Partout où je porte mes regards, je vois des visages interdits, de vaines larmes couler. Ingrats! vous osez outrager votre bienfaiteur par ce silence injurieux. Parlez, qu'avez-vous à reprocher à Léopold? Hélas! je vous entends! Vous n'avez rien à reprocher qu'au ciel qui moissonna trop tôt ses jours. Pleurons donc. »

Ce n'est pas là l'éloquence de l'évêque de Meaux; mais si ce passage se trouvoit dans Fléchier, il y a long-temps qu'il eût été cité avec honneur.

Dans plusieurs endroits de ses ouvrages, Gilbert se plaint amèrement de sa destinée.

« Quelle folie, a dit une femme, d'ouvrir notre cœur au monde : il rit de nos foiblesses, ne croit point à nos vertus, et ne plaint point nos douleurs. »

Les vers suivants, échappés à un homme malheureux, ne sont remarquables que par l'accent de la vérité qui s'y fait entendre. Le poète se montre luttant tour à tour contre le noble besoin de la renommée et les chagrins inséparables de la carrière des lettres.

> Dieu plaça mon berceau dans la poudre des champs ;
> Je n'en ai point rougi ; maître du diadème
> De mon dernier sujet j'eusse envié le rang,
> Et, honteux de devoir quelque chose à mon sang,
> Voulu renaître obscur pour m'élever moi-même.

Voilà bien le cri du jeune homme qui sent pour la première fois la généreuse passion de la gloire. Mais bientôt il est réduit à regretter son obscurité première. Il fait la peinture du bonheur d'un ami qu'il a laissé dans les champs :

> La justice, la paix, tout rit à Philémon.
> Oh ! combien j'eusse aimé cette beauté naïve
> Qui, d'un époux absent pressentant le retour,
> Rassemble tous les fruits de son fertile amour,
> Dirige des aînés la marche encor tardive,
> Et portant dans ses bras le plus jeune de tous,
> Vole au bout du sentier par où descend leur père !

L'attendrissement du malheur a passé dans les accents du poète ; on ne reconnoît plus le satirique armé du *vers sanglant*.

On est fâché que Gilbert parle si souvent de *sa faim*. La société, que l'indigence importune, pour éviter de nous secourir dit qu'il est noble de cacher notre misère. L'homme de génie luttant contre l'adversité est un gladiateur qui combat, pour le plaisir du monde, dans l'arène de la vie ; on veut qu'il meure avec grace.

Gilbert ne fut point ingrat, et quiconque eut le bonheur d'adoucir ses maux reçut un tribut de sa muse, si foible d'ailleurs qu'eût été le secours. Homère, qui avoit senti l'indigence, comme notre jeune poète, dit que *les dons légers ne laissent pas de soulager et de réjouir*.

Dans la pièce intitulée *Les Plaintes du Malheureux*, on remarque un mouvement pathétique.

> . . . . . . Malheur à ceux dont je suis né !
> Père aveugle et barbare ! impitoyable mère !
> Pauvres, vous falloit-il mettre au jour un enfant
> Qui n'hérita de vous qu'une affreuse indigence ?
> Encor si vous m'eussiez laissé mon ignorance,
> J'aurois vécu paisible en cultivant mon champ :
> Mais vous avez nourri les feux de mon génie !

Le dernier reproche que l'infortuné Gilbert adresse aux auteurs de ses jours retombe bien tristement sur les mœurs de son siècle. C'est ainsi que nous avons tous voulu sortir du rang où la nature nous avoit placés. Entraîné par l'erreur commune, l'honnête ouvrier retranchoit du pain de sa misère, pour donner une éducation littéraire à ses enfants ; éducation qui ne les conduisoit trop souvent qu'à mépriser leur famille. D'ailleurs le génie est fort rare. Vous pouvez rencontrer sans doute un homme supérieur dans les conditions obscures de la vie ; mais combien d'estimables artisans arrachés à leurs travaux ne seront que de méchants auteurs ! La société se trouve alors surchargée de citoyens inutiles, qui tourmentés par leur amour-propre fatiguent de leurs vains systèmes les peuples et les gouvernements. Rien n'est dangereux comme un homme médiocre dont l'unique métier est de faire des livres.

Et quand un père seroit convaincu que son fils est né pour les lettres, est-il certain qu'il fait le bonheur de ce fils, en lui ouvrant cette aride carrière? Ah! qu'il se rappelle ce vers de Gilbert :

>La faim mit au tombeau Malfilâtre ignoré.

Qu'il voie Gilbert lui-même étendu sur son lit de mort, et laissant tomber de sa bouche mourante ces stances plaintives :

> Au banquet de la vie infortuné convive,
> J'apparus un jour et je meurs ;
> Je meurs, et sur ma tombe, où lentement j'arrive,
> Nul ne viendra verser des pleurs.

Gilbert simple laboureur, chéri de ses voisins, aimé de son épouse, et mourant plein de jours, entouré de ses enfants sous le toit rustique de ses pères, n'eût-il pas été plus heureux que Gilbert, haï des hommes, abandonné de ses amis, exhalant à trente ans son dernier soupir sur un grabat à l'hôpital, et ayant perdu par le chagrin jusqu'à cette raison supérieure, foible compensation que le ciel accorde aux hommes de talent, pour les maux dont ils sont accablés. On m'objectera sans doute que si Gilbert fut malheureux, il ne dut s'en prendre qu'à lui-même. La satire, il est vrai, n'est pas propre à nous faire des amis et à nous concilier la bienveillance universelle; mais notre siècle a trop décrié ce genre de poésie. Tandis que la faction régnante dans la littérature prodiguoit les noms de *cuistres*, de *sycophantes*, de *sots*, de *gredins*, etc., etc., à tout ce qui ne partageoit pas ses opinions, elle regardoit comme un crime les plus légères représailles, elle s'en plaignoit aux échos, elle en fatiguoit l'oreille des rois ; elle vouloit qu'ils poursuivissent les *libellistes* qui osoient attaquer les apôtres de la nouvelle doctrine. « Ah ! mon bon d'Alembert, dit le roi de Prusse, consolant le philosophe, si vous étiez roi d'Angleterre, vous essuieriez bien d'autres brocards, que vos très fidèles sujets vous fourniroient pour exercer votre patience. »

« Vous me chargez, dit-il dans une autre lettre, d'une commission d'autant plus embarrassante pour moi, que je ne suis ni correcteur d'imprimerie, ni censeur de gazettes.... Pour le gazetier du Bas-Rhin, la famille de Mauléon trouvera bon qu'il ne soit point inquiété, vu que sans la liberté d'écrire les esprits restent dans les ténèbres, et que tous les encyclopédistes (dont je suis disciple zélé), en se récriant contre toute censure, insistent sur ce que la presse soit libre, et que chacun puisse écrire ce que lui dicte sa façon de penser. »

On ne peut dire tout ce qu'il y a d'esprit, d'ironie et de bon sens dans les lettres de Frédéric. La satire n'est point un crime ; elle peut être très utile pour corriger les sots et les fripons, quand elle reste dans une juste mesure : *Ride, si sapis*. Mais il faut avouer que les poètes vont quelquefois trop loin, et qu'au lieu du ridicule ils prodiguent l'offense. La satire est une lice où le champion, comme dans les jeux de la chevalerie, devroit porter des coups fermes à son adversaire, mais éviter de frapper à la tête et au cœur.

Si jamais le sujet peut justifier la satire, c'est sans doute celui que Gilbert avoit choisi. Les malheurs où nous ont entraînés les vices et les opinions que le poète reproche au 18ᵉ siècle font voir combien il avoit raison de jeter le cri d'alarme. Il nous a prédit nos malheurs; et dans des vers où nous trouvions autrefois *l'exagération*, nous sommes obligés de reconnoître aujourd'hui la *simple vérité*.

> Un monstre dans Paris croît et se fortifie,
> Qui, paré du manteau de la philosophie,
> Que dis-je! de son nom faussement revêtu,
> Étouffe les talents et détruit la vertu;
> Dangereux novateur, par son cruel système
> Il veut du ciel désert chasser l'Être suprême,
> Et du corps *expiré* l'ame éprouvant le sort,
> L'homme arrive au néant par une double mort.
> Ce monstre toutefois n'a point un air farouche,
> Et le nom des vertus est toujours à sa bouche.

Ce sera sans doute une chose bien remarquable pour l'histoire, qu'on ait voulu introduire l'athéisme chez un peuple au nom de la vertu. Le mot de liberté étoit sans cesse à la bouche de ces hommes qui rampoient aux pieds des grands, et qui, non satisfaits des mépris d'une première cour, boiroient encore à longs traits les mépris d'une seconde;

> Fanatiques criant contre le fanatisme!

hommes triplement méchants, car ils joignoient aux vices de l'athée l'intolérance du sectaire et l'amour-propre de l'auteur.

Gilbert fut d'autant plus courageux dans cette attaque contre le *philosophisme*, que, sans ménager aucun parti, il peignit avec énergie les vices des grands et du clergé, qui servoient d'excuse aux novateurs, et justifioient leurs principes.

> Sur les pas de nos grands énervés de mollesse,
> Ils se traînent à peine.

Pouvions-nous échapper à une destruction épouvantable? Depuis les jours du Régent jusqu'à la fin du règne de Louis XV, l'intrigue faisoit et défaisoit chaque jour des hommes d'état. De là ce changement continuel de systèmes, de projets, de vues. Ces ministres éphémères étoient suivis d'une nuée de flatteurs, de commis, d'histrions, de maîtresses; tous ces êtres d'un moment se hâtoient de sucer le sang du misérable, et s'abîmoient bientôt devant une autre génération de favoris, aussi fugitive et aussi dévorante que la première.

Tandis que les imbécillités et les folies du gouvernement irritoient l'esprit des peuples, les désordres de l'ordre moral étoient montés à leur comble. L'homme qui ne trouvoit plus son bonheur dans l'union d'une famille, s'accoutumoit à se faire une félicité indépendante des autres hommes. Repoussé du sein de la nature par les mœurs de son siècle, il se renfermoit dans un dur égoïsme, qui flétrit la vertu jusque dans son germe.

Pour comble de maux, en perdant le bonheur sur la terre, des sophistes lui avoient enlevé l'espérance d'une meilleure vie. Dans cette position, seuls au milieu de l'univers, n'ayant à dévorer que les ennuis d'un cœur vide et solitaire, qui n'avoit jamais senti battre un autre cœur, faut-il s'étonner que beaucoup de François fussent prêts à saisir le premier fantôme qui leur montroit un monde nouveau? Au reste, Gilbert étoit-il le seul homme qui connût les novateurs de son siècle? falloit-il crier à l'atrocité, parce qu'il les avoit si bien peints dans ses vers? Il fait parler ainsi Psaphon, chef de la secte :

> Lorsqu'on médit de Dieu, sans crime on peut médire ;
> Mais toujours critiquer en vers pieux et froids,
> Sans daigner seulement endoctriner les rois,

Sans qu'une fois au moins votre muse en extase
Du mot de tolérance attendrisse une phrase !
Blasphémer la vertu des sages de Paris,
De la chute des mœurs accuser leurs écrits ;
Tant de fiel corrompt-il un cœur si jeune encore !

Lorsque le satirique lance quelques traits malins contre cette fureur de *penser* et cette manie de *géométrie* qui avoit saisi toute la France, a-t-il été plus loin que Frédéric II, dont les paroles serviront ici de commentaire et d'excuse à notre poète ?

Dans un dialogue des morts, où le roi de Prusse met en scène les trois généraux Lichstenstein, le prince Eugène et Marlborough, il fait ce portrait des encyclopédistes :

« Les encyclopédistes sont une secte de soi-disant philosophes de nos jours. A l'effronterie des cyniques ils joignent la noble impudence de débiter tous les paradoxes qui leur tombent dans l'esprit ; ils se targuent de géométrie et soutiennent que ceux qui n'ont pas étudié cette science ont l'esprit faux ; que par conséquent ils ont seuls le don de bien raisonner. Si quelque folliculaire a l'audace de les attaquer, ils le noient dans un déluge d'encre et d'injures ; ce crime de lèse-philosophie est irrémissible. Ils dénigrent toutes les sciences hors celle de leurs calculs : les poésies sont des frivolités dont il faut exclure les fables ; un poète ne doit rimer avec énergie que des équations algébriques. Pour l'histoire, ils veulent qu'on l'étudie à rebours, à commencer de nos temps pour remonter avant le déluge. Les gouvernements, ils les réforment tous. La France doit devenir un état démocratique, dont un géomètre sera le législateur, et que des géomètres gouverneront en soumettant toutes les opérations de la nouvelle république au calcul infinitésimal. Cette république conservera une paix constante, et se soutiendra sans armée, etc. [1] »

Il entroit surtout dans les vues de la littérature de ces temps de rabaisser les grands hommes du dix-septième siècle, pour diminuer le poids de leur exemple et de leur autorité. C'est ce qui avoit fait dire au satirique :

De nos pères fameux les ombres insultées.

Il faut encore entendre le roi de Prusse à ce sujet. Voici comme il parle dans l'examen du *système de la nature*.

« C'est une grande erreur de croire que dans les choses humaines il puisse se rencontrer des perfections : l'imagination peut se former de telles chimères, mais elles ne seront jamais réalisées. Depuis que le monde dure, les nations ont essayé de toutes les formes de gouvernement, mais il n'en est aucun qui ne soit sujet à des inconvénients... De tous les paradoxes que les soi-disant philosophes de nos jours soutiennent avec le plus de complaisance, celui d'avilir les grands hommes du siècle passé paroît leur tenir le plus à cœur. Quelle réputation leur reviendra-t-il d'exagérer les fautes d'un roi qui les a effacées à force de gloire et de grandeur? Les fautes de Louis XIV sont connues; et ces soi-disant philosophes n'ont pas seulement le petit avantage d'être les premiers à les découvrir. Un prince qui ne régnera que huit jours en commettra sans doute ; à plus forte raison un monarque qui a passé soixante années de sa vie sur le trône. [2]»

Ce morceau est suivi d'un magnifique éloge de Louis XIV. Frédéric revient plusieurs fois sur ce sujet,

---

[1] Œuvres posthumes de Frédéric II, t. VI, p. 100 et suivantes.
[2] Œuvres de Frédéric II, tome XI.

dans sa correspondance avec d'Alembert : « Notre pauvre siècle, s'écrie-t-il, est d'une stérilité affreuse en grands hommes comme en bons ouvrages. Du siècle de Louis XIV, qui fait honneur à l'esprit humain, il ne nous est resté que la lie, et dans peu il n'y aura plus rien du tout. »

L'éloge de Louis-le-Grand dans la bouche du grand Frédéric; un roi de Prusse défendant la gloire françoise contre des littérateurs françois, est un de ces traits précieux qu'un écrivain doit s'empresser de recueillir.

J'ai déjà remarqué que si Gilbert avoit seulement attaqué les sophistes, on eût pu le soupçonner de partialité : mais il s'éleva contre l'homme vicieux, quel que fût son rang, son état et sa puissance; sans craindre d'outrager la religion, il sacrifie au mépris ces ecclésiastiques, la honte éternelle de leur ordre....

. . . . . La religion, mère désespérée,
Par ses propres enfants sans cesse déchirée,
Dans ses temples déserts pleurant leurs attentats,
Le pardon sur la bouche en vain leur tend les bras.
Son culte est avili, ses lois sont profanées.
Dans un cercle brillant de nymphes fortunées,
Entends ce jeune abbé, sophiste bel esprit :
Monsieur fait le procès au Dieu qui le nourrit.

Je ne sais s'il est un caractère plus vil que celui d'un prêtre qui, regardant le christianisme comme un abus, consent à se nourrir du pain de l'autel, et ment à la fois à Dieu et aux hommes. Mais nous voulions jouir des honneurs de la philosophie sans perdre les richesses de la religion : les premiers étoient nécessaires à notre amour-propre, et les secondes à nos mœurs.

Tels étoient les déplorables succès de l'incrédulité, qu'il n'étoit pas rare d'entendre un sermon où le nom de

Jésus-Christ étoit comme un écueil, évité avec soin par le prédicateur. Qu'avoit donc ce nom de si ridicule ou de si funeste pour un orateur chrétien? Bossuet avoit-il trouvé que ce nom déshonorât son éloquence! Vous prêchiez devant des pauvres, et vous n'osiez nommer Jésus-Christ! devant des infortunés, et le nom de leur père ne pouvoit venir sur vos lèvres! devant des enfants, et vous ne pouviez leur apprendre quel fut celui qui bénit leur innocence! Vous parliez de morale et vous rougissiez de nommer l'auteur de l'évangile! on ne remplacera jamais les préceptes touchants de la religion par les lieux communs de la philosophie. La religion est un sentiment; la philosophie un raisonnement; et, supposé que l'une et l'autre voie conduisent aux mêmes vertus, il seroit toujours plus sûr de prendre la première. Mais il y a plus : toutes les vertus de la philosophie sont accessibles à la religion, et toutes les vertus religieuses ne sont pas à la portée de la philosophie. Est-ce le philosophe qui a été s'établir sur le sommet des Alpes pour secourir le voyageur? Est-ce lui qui assiste l'esclave pestiféré dans les bagnes de Constantinople, ou qui s'exile dans les déserts du Nouveau-Monde pour civiliser des sauvages? La philosophie peut porter le sacrifice jusqu'à donner ses soins au malade; mais en appliquant le remède, elle détourne les yeux; mais son cœur et ses sens se soulèvent, car tel est le mouvement de la nature. Voyez la religion soulager l'infirme! avec quelle tendresse elle contemple ces plaies dégoûtantes! elle découvre une vie sans fin, une beauté ineffable sur ce visage moribond, où la philosophie ne voit que la laideur de la mort. Entre les services que la philosophie et la religion peuvent rendre à l'humanité, il y a toute la différence qui existe entre le devoir et l'amour.

Pour justifier Gilbert d'avoir défendu le christianisme, je ne saurois trop m'appuyer de l'autorité du grand roi que j'ai si souvent cité dans cet article. Les philosophes eux-mêmes le regardent comme un philosophe. Certes on ne l'accusera pas de superstition religieuse, mais il avoit une longue habitude du gouvernement des hommes, et il savoit qu'on ne mène pas les peuples avec des principes abstraits de métaphysique. En continuant de réfuter le *Système de la nature*, il dit :

« Comment l'auteur peut-il soutenir avec vérité que cette religion (la religion chrétienne) est cause de tous les malheurs du genre humain ? Pour s'exprimer avec justesse, il auroit pu dire simplement que l'ambition et l'intérêt des hommes se servent du prétexte de cette religion pour troubler le monde et contenter les passions. Que peut-on reprendre de bonne foi dans la morale contenue dans le décalogue ? n'y eût-il dans l'évangile que ce seul précepte, *ne faites pas aux autres ce que vous ne voulez pas qu'on vous fasse*, on seroit obligé de convenir que ce peu de mots renferme la quintessence de toute morale. Et le pardon des offenses, et la charité et l'humanité ne furent-elles pas prêchées par Jésus, dans son excellent sermon de la montagne ? Il ne falloit donc pas confondre la loi avec l'abus, les choses écrites et les choses qui se pratiquent. »

Mûri par l'âge et l'expérience, et peut-être averti par cette voix qui sort du tombeau, Frédéric, sur la fin de sa vie, étoit revenu de tous ces vains systèmes, qui n'enfantent que des erreurs. Il commençoit à sentir trembler sous lui les fondements de la société, et à y découvrir la mine profonde que l'athéisme y creusoit en silence. La religion est surtout faite pour ceux qui s'élèvent entre les hommes. Elle est placée auprès des trônes, comme ces vulnéraires qui croissent sur le sommet des Alpes, là où les chutes sont plus terribles.

Il est probable que les deux satires de Gilbert et quelques strophes de ses odes resteront à notre littérature. Ce jeune poète, mort avant d'avoir perfectionné son talent, n'a ni la grace et la légèreté d'Horace, ni la belle poésie et l'excellent goût de Boileau. Il tourmente sa langue, il force l'inversion, il tire ses métaphores de trop loin, son talent est capricieux et sa muse quinteuse : mais il a des mots piquants, des expressions créées, des vers bien frappés, et souvent la verve de Juvénal. Grace au héros qui gouverne aujourd'hui la France [1], nous n'avons plus besoin de nouveaux Gilbert pour décrire les maux de la religion, mais de poètes pour chanter ses triomphes. Déjà nos littérateurs les plus distingués, les Delille, les Laharpe, les Fontanes, les Bernardin de Saint-Pierre ont consacré leurs veilles à des sujets religieux. Un nouveau défenseur, M. de Bonald, par la profondeur de ses idées et la puissance de son raisonnement, développe la haute et prévoyante sagesse des institutions chrétiennes. Tout ce qui annonce quelque talent parmi la jeunesse, revient à ces principes sacrés qui ont fait dire à Quintilien : « Si tu crois, tu seras bientôt instruit des devoirs d'une bonne et heureuse vie. » *Brevis est institutio vitæ honestæ beatæque, si credas.*

Ceux qui ne peuvent se consoler d'être rentrés dans l'obscurité, dont, pour notre bonheur, ils n'auraient jamais dû sortir, s'efforcent en vain de rabaisser les travaux du chef du gouvernement. La paix générale, l'amnistie, et surtout le rétablissement du culte, placent

---

[1] Époque du concordat conclu entre le Premier Consul et le Saint-Père.

le Consul si haut et si loin de tous ces hommes qui ont paru à la tête des affaires dans nos temps orageux, que désormais les traits de l'envie ne peuvent plus l'atteindre. Que l'on considère ce que la France étoit avant brumaire, et ce qu'elle est aujourd'hui. Un jeune militaire, qui n'a connu que les combats, se trouve tout à coup placé à la tête du gouvernement. Il faut qu'il lutte presque seul contre toutes sortes d'opinions, d'hommes et de maux. A sa vue, entre mille ruines, se présentent mille chemins, où chaque parti cherche à l'entraîner : la guerre au dehors, les factions au dedans, des haines partout. S'il parle de religion, le fanatisme révolutionnaire le menace; s'il veut rester ferme au timon de l'état, la mine éclate sous ses pas; enfin la malveillance, ne pouvant étouffer sa gloire, et oubliant que ce n'est pas lui qui a fait les maux de la France, va jusqu'à l'accuser de n'avoir pas guéri dans un jour une plaie qu'un demi-siècle aura bien de la peine à cicatriser.

Si l'on ne peut ternir l'éclat de ses bienfaits, on cherche du moins à diminuer le nombre des cœurs reconnoissants. Vous croit-on quelque influence sur l'opinion publique, on vous fait entendre qu'on vous *traiteroit bien mieux* si l'on étoit à la première place. Qu'on ne s'y trompe pas : une persécution nouvelle, et peut-être la mort, voilà tout ce qui attend les hommes de bien, si les rênes de l'état retomboient dans ces mains sanglantes auxquelles la Providence a permis qu'elles fussent arrachées. Vous trouve-t-on inébranlable dans votre opinion, on vous accuse alors d'être un *lâche flatteur*, parce que vous admirez des actions admirables. Mais les plus fiers républicains n'ont-ils jamais loué personne? n'ont-ils jamais vanté l'homme en place? n'ont-ils jamais rampé dans l'antichambre de Marat ou du Directoire? Ne prendroient-ils point les secrets dépits du pouvoir perdu pour les généreux mouvements du patriotisme?

Ah! si vous ne régnez, vous vous plaignez toujours!

Voilà la plaie secrète. Ils ne pardonneront jamais à un héros d'avoir relevé l'édifice de la religion, d'avoir fait cesser le scandale de leur pouvoir, de les avoir empêchés d'établir dans la France déserte leur affreuse démocratie, comme la Patience de Shakespeare, *assise sur un tombeau, et souriant à la Douleur.*

ESSAIS

DE

MORALE ET DE POLITIQUE.

On peut trouver plusieurs causes du succès prodigieux des romans, pendant ces dernières années; il y en a une principale, indépendante du goût et des mœurs. Fatigué des déclamations de la philosophie, on s'est jeté par besoin de repos dans des lectures frivoles; on s'est délassé des erreurs de l'esprit par celles du cœur : les dernières n'ont du moins ni la sécheresse ni l'orgueil des premières; et à tout considérer, s'il falloit faire un choix dans le mal, la corruption des sentiments seroit peut-être préférable à la corruption des idées : un cœur vicieux peut revenir à la vertu; un esprit pervers ne se corrige jamais.

Mais l'esprit humain tourne sans cesse dans le même cercle, et les romans nous amèneront aux ouvrages sérieux, comme les ouvrages sérieux nous ont conduits aux romans. En effet, ceux-ci commencent à passer de mode; les auteurs cherchent des sujets plus propres à

[1] Ouvrage de M. Molé, publié en novembre 1806.

satisfaire la raison ; les livres sérieux reparoissent. Nous avons déjà eu le plaisir d'annoncer la *Législation primitive* de M. de Bonald : entre les jeunes gens distingués par le tour grave de leur esprit, nous avons fait remarquer l'auteur de la *Vie de Rollin* : aujourd'hui les *Essais de Morale et de Politique* sont une nouvelle preuve de notre retour aux études solides.

Cet ouvrage a pour but de montrer qu'une seule forme de gouvernement convient à la nature de l'homme. De là deux parties ou deux divisions dans l'ouvrage : dans la première on pose les faits, dans la seconde on conclut ; c'est-à-dire que dans l'une on traite de la nature de l'homme, et que dans l'autre on fait voir quel est le gouvernement le plus conforme à cette nature.

Les facultés dont se compose notre esprit, les causes des égaremens de notre esprit, la force de notre volonté, l'ascendant de nos passions, l'amour du beau et du bon, ou notre penchant pour la vertu, sont donc l'objet de la première partie.

Que l'homme doit vivre en société ; qu'il y a une sorte de nécessité venant de Dieu ; qu'il y a des gouvernements *factices* et un gouvernement *naturel ;* que les mœurs sont des habitudes que nous ont données ou nous ont laissé prendre les lois, telles sont à peu près les questions qu'on examine dans la seconde partie.

C'est toucher, comme on le voit, à ce qui fit dans tous les temps l'objet des recherches des plus grands génies. L'auteur a su prouver qu'il n'y a point de matière épuisée pour un homme de talent, et que des principes aussi féconds seront éternellement la source de vérités nouvelles.

Une gravité naturelle et soutenue, un ton ferme sans jactance, noble sans enflure, des vues fines et quelquefois profondes, enfin cette mesure dans les opinions, cette décence de la bonne compagnie, d'autant plus précieuses qu'elles deviennent tous les jours plus rares; telles sont les qualités qui nous paroissent recommander cet ouvrage au public.

Nous choisirons quelques morceaux propres à donner aux lecteurs une idée du style des *Essais*, et de la manière dont l'auteur a traité des sujets si graves. Dans le chapitre intitulé : *Rapport des deux Natures de l'Homme*, voici comme il parle de l'union de l'ame avec le corps :
« Son ame et son corps sont tellement unis, qu'ils sont
» obligés, pour ainsi dire, d'assister réciproquement à
» leurs jouissances et d'en modifier la nature, pour
» qu'ils puissent y participer également. Dans les plaisirs
» du corps on retrouve ceux de l'ame, et dans les plaisirs
» de l'ame on retrouve ceux du corps. Le corps exige,
» dans les objets de ses penchants, quelques traces de
» ce beau ou de ce bon, sujet de l'éternel amour de
» l'ame. Il veut qu'elle lui vante le bonheur dont il jouit,
» et qu'elle y applaudisse en le partageant. L'ame, et
» c'est sa misère, ne peut saisir ce qu'elle aime que
» sous des formes et par des moyens qui lui sont fournis
» par le corps... Les deux natures de l'homme confon-
» dent ainsi leurs désirs, unissent leurs forces, et se
» concertent ensemble pour arriver à leurs desseins.....
» L'ame découvre pour le corps une foule de plaisirs
» qu'il ignoreroit toujours : elle lui conserve la mémoire
» de ceux qu'il a goûtés, et dans les temps de disette,
» elle le nourrit de l'image des objets qu'elle a chéris...»

Tout cela nous semble ingénieux, agréable, bien dit, délicatement observé. On lira avec le même plaisir le chapitre sur les *Causes et les Suites des Égarements de l'Esprit*. Si l'on trouvoit ce portrait de *l'erreur* dans les caractères de La Bruyère, on le remarqueroit peut-être :

« Vraiment on calomnie les passions. Elles ne sont
» que la cause des maux dont l'erreur est le principe.
» Les passions s'usent, il faut bien qu'elles se reposent;
» l'erreur est éternelle et ne se fatigue jamais. Les pas-
» sions entraînent ceux qu'elles tourmentent, les aveu-
» glent et souvent les abîment. L'erreur conduit avec
» méthode, conseille avec prudence; elle n'ôte pas la
» connoissance, et laisse éviter le danger; elle est aus-
» tère et même inexorable, et le mal qu'elle fait com-
» mettre, on l'exécute avec la rigueur du devoir; elle
» éclaire le crime, elle s'entend avec l'orgueil; et tous
» les crimes qu'elle a excités, l'orgueil les récom-
» pense. »

Qui ne reconnoît ici la philosophie du dernier siècle ? Pour faire un portrait aussi fidèle, il ne suffisoit pas d'avoir le modèle sous les yeux, il falloit encore posséder, dans un degré éminent, le talent du peintre.

Jusqu'ici nous n'avons cité que la première partie des *Essais*. Dans la seconde, consacrée à l'examen des gouvernements, on remarquera surtout deux chapitres sur l'Angleterre. L'auteur, cherchant à prouver que la monarchie absolue est le seul gouvernement *naturel* ou conforme à la *nature de l'homme,* fait la peinture de la monarchie angloise dont le gouvernement, selon lui, n'est pas *naturel*. Par une idée ingénieuse il attribue aux anciennes mœurs des Anglois, c'est-à-dire aux mœurs qui ont précédé leur constitution de 1668, ce qu'il y a de bon parmi eux, tandis qu'il soutient que les vices du peuple et du gouvernement de la Grande-Bretagne naissent pour la plupart de la constitution actuelle de ce pays.

Ce système a l'avantage d'expliquer les contradictions que l'on remarque dans le caractère de la nation britannique. Il est vrai que l'auteur est alors obligé de prouver que les Anglois, du temps d'Henri VIII, étoient plus heureux et valoient mieux que les Anglois d'aujourd'hui, ce qui pourroit souffrir quelques difficultés; il est encore vrai que l'auteur a contre lui l'*Esprit des Lois*. Montesquieu parle aussi de l'inquiétude des Anglois, de leur orgueil; de leurs changements de partis, des orages de leur liberté; mais il voit tout cela comme des conséquences *nécessaires*, et non *funestes*, d'une monarchie mixte ou tempérée. On lit dans Tacite ce passage singulier : *Nam cunctas nationes et urbes populus, aut primores, aut singuli regunt : dilecta ex his et constituta reip: forma, laudari facilius, quàm evenire; vel si evenit, haut diuturna esse potest.* D'où il résulte que Tacite avoit conçu l'idée d'un gouvernement à peu près semblable à celui de l'Angleterre, et qu'en le regardant comme le meilleur en théorie, il le jugeoit presque impossible en pratique. Aristote et Cicéron semblent avoir partagé l'opinion de Tacite, ou plutôt Tacite avoit puisé cette opinion dans les écrits du philosophe et de l'orateur. Ces autorités sont de quelque poids, sans doute, mais l'auteur des *Essais* répondroit avec raison que nous avons aujourd'hui de nouvelles lumières qui nous empêchent de penser comme Aristote, Cicéron, Tacite et Montesquieu. Quoi qu'il en soit, les juges sont maintenant nombreux dans cette cause : plusieurs milliers de François, ayant vécu pendant leur exil en Angleterre, peuvent avoir appris à connoître le fort et le foible des lois de ce pays.

Le dernier chapitre des *Essais* renferme des considérations sur le génie des peuples, et sur le but de la société, qui est le bonheur. L'auteur pense que l'ordre et le repos sont les deux plus sûrs moyens d'arriver à ce but. Son tableau de l'Egypte nous a rappelé quelque chose des belles pages de Platon sur les Perses, et le ton calme, élevé, moral, du philosophe de l'Académie.

Au reste, il y a dans cet ouvrage un assez grand nombre d'opinions que nous ne partageons pas avec l'auteur. Il soutient, par exemple, *qu'il existe un degré de civilisation qui exclut le despotisme et le rend impossible; qu'il y auroit trop de lumières à éteindre; qu'il n'y a point de despotisme où l'on crie au despote*, etc.

C'est contredire, il nous semble, le témoignage de l'histoire. Nous seroit-il permis de faire observer à l'auteur que la corruption des mœurs marche de front avec la civilisation des peuples, et que si la dernière présente des moyens de liberté, la première est une source inépuisable d'esclavage?

Il n'y a point de despotisme où l'on crie au despote. Sans doute quand le cri est public, général, violent, quand c'est toute une nation qui parle sans contrainte. Mais dans quel cas cela peut-il avoir lieu? Quand le despote est foible, ou quand à force de maux il a poussé à bout ses esclaves. Mais si le despote est fort, que lui importeront les gémissements secrets de la foule ou l'indignation impuissante de quelque honnête homme? Il ne faut pas croire d'ailleurs que le plus rude despotisme produise un silence absolu, excepté chez les nations barbares. A Rome, sous les Néron même, et sous les Tibère, on faisoit des satires, et l'on alloit à la mort. *Morituri te salutant.*

Dans un autre endroit l'auteur suppose que la société primitive étant devenue trop nombreuse, *on s'assembla et l'on convint.* C'est donc admettre un *contrat social*, et retomber dans toutes les chimères philosophiques que les *Essais* combattent avec tant de succès?

Quelques points de métaphysique demanderoient aussi plus de développement. On lit, page 48 : *Toutes les ames sont égales ; leurs développements ne peuvent dépendre que de la conformation des organes*. Page 21 : *L'esprit est une faculté; une faculté est une puissance... Il n'y a point d'idées fausses, mais des appellations fausses*, etc.

Il y a là-dessus vingt bonnes querelles à faire à l'auteur ; et si l'on pressoit un peu ses raisonnements, on le mèneroit à des conséquences dont il seroit lui-même effrayé. Mais nous ne voulons point élever de question intempestive, et quelques propositions douteuses ne gâtent rien à un ouvrage d'ailleurs rempli de principes excellents.

Nous ne nous permettrons plus de combattre qu'une seule définition. *L'imagination se montre dans tous les instants,* dit l'auteur. *Quel que soit l'objet qu'il examine, l'esprit doué de cette qualité est toujours frappé des rapports les moins abstraits.*

L'auteur semble n'avoir été frappé lui-même que d'une des facultés de l'imagination, celle de peindre les objets matériels : il a pris la partie pour le tout. Nous lui soumettons les observations suivantes.

Considérée en elle-même, l'imagination s'applique à tout et revêt toutes les formes : elle a quelquefois l'air du génie, de l'esprit, de la sensibilité, du talent ; elle affecte tout, parle tous les langages ; elle sait emprunter, quand elle le veut, jusqu'au maintien austère de la sagesse, mais elle ne peut être long-temps sérieuse ; elle sourit sous le masque : *patuit Dea*.

Prise séparément, l'imagination est donc peu de chose. Mais c'est un don inestimable lorsqu'elle se joint aux autres facultés de l'esprit : c'est elle alors qui donne la chaleur et la vie; elle se combine de mille manières avec le génie, l'esprit, la tendresse du cœur, le talent. Elle achève pour ainsi dire les heureuses dispositions qu'on a reçues de la nature, et qui, sans l'imagination, resteroient incomplètes et stériles. Elle marche, ou plutôt elle vole devant les facultés auxquelles elle s'allie; elle les encourage à la suivre, les appelle sur sa trace, leur découvre des routes nouvelles. Mariée au génie, elle a créé Homère et Milton, Bossuet et Pascal, Cicéron et Démosthènes, Tacite et Montesquieu; unie au talent et à la tendresse de l'ame, elle a formé Virgile et Racine, La Fontaine et Fénélon; de son mélange avec le talent et l'esprit, on a vu naître Horace et Voltaire, [1].

L'auteur veut que l'imagination ne soit frappée que des *rapports les moins abstraits.* Jusqu'ici on lui avoit fait le reproche contraire; on l'avoit accusée d'un trop grand penchant à la contemplation et à la mysticité. C'est sur ses ailes que les ames ardentes s'élèvent à Dieu; c'est elle qui a conduit au désert et dans les cloîtres tant d'hommes qui ne vouloient plus s'occuper des *images* de la terre. Bien plus, c'est par la seule imagination que l'on peut concevoir la *spiritualité* de l'ame et l'*immatérialité* des esprits : tant elle est loin de ne saisir que le côté matériel des choses!

Et les plus grands métaphysiciens ne se sont-ils pas distingués surtout par l'imagination? N'est-ce pas cette imagination qui a valu à Platon le nom de *rêveur*, et à Descartes celui de *songe-creux?* Platon avec ses harmonies, Descartes avec ses tourbillons, Gassendi avec

---

[1] Il ne s'agit pas ici de jugements rigoureux. Racine avoit du génie, Bossuet de l'esprit, etc; on n'indique à présent que les traits caractéristiques.

ses atomes, Leibnitz avec ses monades, n'étoient que des espèces de poètes qui *imaginoient* beaucoup de choses. Cependant c'étoient aussi de grands géomètres; car les grands géomètres sont encore des hommes à grande imagination. Enfin Malebranche, qui voyoit tout en Dieu, et qui passa sa vie à faire la guerre à l'imagination, en étoit lui-même un prodige; Sénèque, au milieu de ses trésors, écrivoit sur le mépris des richesses.

Mais nous voulons que l'auteur des *Essais* nous serve de preuve contre lui-même. Il s'occupe des sujets les plus sérieux, et cependant son style est plein d'imagination. On lit, page 95, ce morceau contre l'égoïsme, qui semble être échappé à l'ame de Fénélon.

« Il faut que l'homme unisse sa vie à quelque autre
» vie. Sa pensée elle-même a besoin d'une douce union
» pour devenir féconde. L'égoïsme est court dans ses
» vues; il reste sans lumière, solitaire et sans gloire. Nos
» facultés ne se développent jamais d'une manière aussi
» heureuse, que lorsque le cœur est rempli des senti-
» ments les plus doux. Belle nature d'un être qui ne
» s'aime jamais tant que lorsqu'il s'oublie, et qui peut
» trouver son bonheur dans un entier dévouement. »

Nous conseillons à l'auteur de maltraiter un peu moins cette imagination qui lui prête un si heureux langage. Il seroit trop long de citer tous les morceaux de ce genre que l'on trouve dans les *Essais*. Nous ne pouvons cependant nous refuser à transcrire cet autre passage, parce qu'il fait connoître l'auteur : « Le genre humain, dit-il,
» paroît blasé. Les générations qui naissent, désenchan-
» tées par l'expérience des générations qui les ont pré-
» cédées, considèrent froidement leur carrière, et spé-
» culent sans jouir. Et moi, qu'on doit accuser ici de
» présomption ou de confiance, j'appartiens à l'une de

» ces générations tardives, et je n'ai point échappé au
» malheur commun; du moins je déplore mes misères,
» et je n'ose en parler qu'en tremblant. Porté naturelle-
» ment à l'étude des choses qui font le sujet de cet ou-
» vrage, je fus entraîné à l'écrire par les goûts de mon
» esprit et la continuité de mes loisirs : ce sont de simples
» réflexions que je publie. On y reconnoîtra, j'espère,
» un amour pur du vrai. J'aimerois mieux les anéantir
» jusqu'à la moindre trace, que d'apprendre qu'elles
» renferment une opinion qui puisse égarer. »

Rien n'est plus noble, plus touchant, plus aimable que ce mouvement; rien ne fait tant de plaisir que de rencontrer de pareils traits au milieu d'un sujet naturellement sévère. On peut appliquer ici à l'auteur le mot du poète grec : « Il sied bien à un homme armé de jouer de
» la lyre. »

On prétend aujourd'hui qu'il faut toujours, dans l'examen des ouvrages, faire une part à la critique : nous l'avons donc faite. Cependant, nous l'avouerons, si nous étions condamnés à jouer souvent le triste rôle de censeur, ce qu'à Dieu ne plaise, nous aimerions mieux suivre l'exemple d'Aristote, qui, au lieu de blâmer les fautes d'Homère, trouve douze raisons pour les excuser. Nous pourrions encore reprocher à l'auteur des *Essais* quelques amphibologies dans l'emploi des pronoms, et quelque obscurité dans la construction des phrases; toutefois son livre, où l'on trouve différents genres de mérite, est purgé de ces fautes de goût que tant d'auteurs laissent échapper dans leurs premiers ouvrages. Racine même ne fut pas exempt d'affectation et de recherche dans sa jeunesse; et le grand, le sublime, le grave Bossuet fut un bel esprit de l'hôtel de Rambouillet. Ses premiers sermons sont pleins d'antithèses, de battologie et d'enflure de style. Dans un endroit il s'écrie tout à coup : « Vive l'Éternel ! » Il appelle les enfants la *recrue* continuelle du genre humain; il dit que Dieu nous donne par la mort un *appartement* dans son palais. Mais ce rare génie, épuré par la raison qu'amènent naturellement les années, ne tarda pas à paroître dans toute sa beauté : semblable à un fleuve qui, en s'éloignant de sa source, dépose peu à peu le limon qui troubloit son eau, et devient aussi limpide vers le milieu de son cours que profond et majestueux.

Par une modestie peu commune, l'auteur des *Essais* ne s'est point nommé à la tête de son ouvrage; mais on assure que c'est le dernier descendant d'une de ces nobles familles de magistrats qui ont si long-temps illustré la France [1]. Dans ce cas nous serions moins étonné de l'amour du beau, de l'ordre et de la vertu qui règne dans les *Essais*; nous ne ferions plus un mérite à l'auteur de posséder un avantage héréditaire; nous ne louerions que son talent.

---

[1] Ce qui révéla le nom de l'auteur, c'est que le volume des *Essais de morale* se terminoit par la vie de Mathieu Molé.

DE LA
RÉVOLUTION
DE
FERNAMBOURG [1].

Les derniers événements du Brésil, bien qu'ils aient été sans doute exagérés dans les premiers rapports, ont fixé les yeux de tous les hommes qui jugent de l'avenir par le présent, comme ils avoient cherché à deviner le présent par le passé.

Il ne faut pas croire que la révolution de Fernambourg soit un fait isolé; il est placé dans une chaîne de principes et de conséquences qui enveloppe aujourd'hui l'ordre social.

Il sera utile de réveiller un peu l'attention sur l'état actuel des choses. Il est toujours bon de savoir d'où l'on vient et où l'on va.

Toute révolution a des conséquences inévitables. Ces conséquences sont plus ou moins grandes, plus ou moins

[1] Juin 1817.

heureuses, plus ou moins funestes, selon qu'elle a lieu chez un peuple plus ou moins puissant, plus ou moins civilisé, plus ou moins influent sur tous les autres peuples par son génie, plus ou moins en rapport avec eux par sa position géographique.

Nous prêtâmes, en 1778, nos bras à l'Amérique républicaine. Nous revînmes de Boston la tête remplie de chimères républicaines.

A peine notre révolution étoit-elle commencée, qu'elle agita l'Angleterre. Il ne fallut rien moins que l'inflexibilité de Pitt, le génie de Burke, une position insulaire et une guerre de vingt-trois ans, pour préserver la Grande-Bretagne. La religion, la morale, la vraie liberté, tirèrent un cordon autour de l'Angleterre contre notre athéisme, notre démoralisation, notre fausse liberté. On mit les principes françois au lazaret, et la peste n'entra point pour cette fois à Londres.

L'Europe continentale fut moins heureuse. Elle prit, il est vrai, les armes contre notre révolution, mais elle fut battue. L'énergie de la France révolutionnaire, habilement détournée de sa direction, se changea en force conquérante. Buonaparte, qui craignait l'impiété, la liberté, l'égalité, mêla, dénatura, écrasa, broya tout cela : il en fit de la gloire. L'Europe tomba, la France se tut.

Dans cette nouvelle position, il y avoit plus de danger moral. Les principes révolutionnaires dormoient en France au bruit de la victoire : ce que la patrie avoit perdu en liberté elle le retrouvoit en puissance. L'esprit d'égalité s'arrangeoit même du despotisme : tous les hommes y sont égaux, avec cette différence que dans la première ils sont tous également grands, et sous le dernier tous également petits.

De ceci il résultoit pourtant des institutions fortes et monarchiques. La populacerie de la révolution disparoissoit; et comme, après tout, les principes d'une sage liberté sont éternels, ils se seroient sauvés à travers une tyrannie passagère.

Le bon sens et la modération manquoient à Buonaparte : par ces défauts, il perdit ce qu'il avoit fait. Vaincus avec lui, nous cessâmes d'être les compagnons de ses triomphes, pour n'être plus que les flatteurs de sa gloire : comme tels nous avons été punis.

La magnanimité des alliés fut réelle pourtant. Elle écouta la France qui redemandoit son roi. En nous rendant le premier des biens, l'Europe fit dans ses intérêts une chose habile : consacrer le principe de la légitimité, c'étoit pour les souverains consacrer leurs droits.

Mais ce n'est pas tout qu'une déclaration de droits; il faut encore prendre les mesures qui les soutiennent, connoître le mal qui reste, prévenir celui qui peut renaître.

Tout n'a pas été fini lorsque le joug de l'usurpateur a été brisé : les triomphes disparus en France ont laissé voir la révolution cachée derrière eux. Buonaparte, pendant les cent jours, a rappelé cette révolution, son ancienne alliée; elle seroit redevenue son esclave après la victoire. Buonaparte a fui, la révolution est restée. Hâtons-nous de la renvoyer à son maître.

L'Europe, à son tour délivrée de la guerre, et n'étant plus obligé de penser à sa sûreté, a vu reparoître les symptômes du mal que nous lui avons inoculé.

Que les gouvernements connoissent donc leur situation politique; que de petits détails ne les empêchent pas de voir l'ensemble des objets; qu'il n'y ait parmi nous ni *ultra* ni ministériels divisés, mais des François étroitement unis, lorsqu'il s'agit du roi et de la patrie.

Il n'existe aujourd'hui qu'une grande chose : le combat de l'incrédulité contre la religion, de l'esprit républicain contre l'esprit monarchique.

Les idées irréligieuses et républicaines sont plus actives dans cette lutte, parce qu'elles sont plus jeunes et qu'elles ont l'attaque.

Elles trouveroient encore un puissant appui en Amérique. L'insurrection du Brésil et des colonies espagnoles doit faire trembler tout homme sage. Une moitié du globe républicaine va se trouver en face de l'autre moitié restée monarchique. Ne vous rassurez pas sur l'étendue de la mer qui sépare les deux hémisphères : les malheurs et les passions volent plus vite que les vaisseaux. L'Europe descendit sur les rivages de l'Amérique; elle extermina les rois de ce monde nouveau. Il faudroit craindre pour les rois de l'ancien monde, si jamais l'Amérique venoit à son tour aborder en Europe, l'épée dans une main, les droits de l'homme dans l'autre.

« Mais le Mexique, le Pérou, le Brésil seront libres et heureux comme l'Amérique septentrionale ; ils ne seront plus régis par des lois tyranniques surannées ? »

D'abord, c'est une ignorance d'avancer que toutes les lois qui régissoient ces grandes colonies étoient tyranniques; et en fait de loi, les lois surannées, les *vieilles* lois sont ordinairement les meilleures.

Ensuite, sur cent révolutions qui arrivent chez de vieux peuples, quatre-vingt-dix-neuf sont funestes et finissent par le despotisme.

« Mais une révolution en Brésil ouvriroit une porte au commerce?» Vraiment! consolons-nous donc du sang qui va couler. Que le monde soit bouleversé; tout va bien, pourvu que des marchands s'enrichissent. Portons à Fernambourg des pacotilles de bottes et de souliers, nous en rapporterons des bonnets rouges; il y a tout à gagner pour la société à cet échange.

Je me demande souvent si l'ancien monde peut éviter une révolution générale. La chute de la religion, qui entraîne celle des lois et des mœurs, a toujours été suivie, chez les peuples, d'un bouleversement politique. Quand le polythéisme tomba, l'empire romain, c'est-à-dire le monde, fut renversé.

La religion chrétienne, à qui la parole de Dieu assure une éternelle durée, s'établira chez des nations où elle n'existe pas encore; mais elle menace de quitter l'Europe. Or, c'est depuis que le principe chrétien est affoibli, que la France a été bouleversée, que tant de gouvernements semblent menacer ruine.

Je crois donc à des modifications politiques assez générales; mais je pense qu'avec de la raison et de la sagesse, on peut éviter les maux qui résulteroient d'une chute violente. Je pense qu'avec de l'habileté on peut arriver au but par une progression insensible : on s'y reposera, si l'on y descend; on s'y brisera, si l'on y tombe.

On ne s'arrête pas, dit-on, sur une pente rapide. Cela est vrai pour le foible, cela n'est pas vrai pour le fort. L'homme robuste s'accroche aux rochers, s'assied, reprend haleine; il attend que ses forces soient réparées : par un vigoureux effort, il peut quelquefois remonter la pente, regagner le terrain perdu.

Voici les ressources :

L'esprit du siècle est républicain; mais les mœurs sont en contradiction avec l'esprit du siècle. On peut avoir les goûts républicains, mais on n'a pas les vertus républicaines lorsqu'on a besoin de luxe, de jeux, de théâtres, en un mot de tous les plaisirs nécessaires aux peuples corrompus par une longue civilisation.

De cet esprit indépendant, de ces mœurs qui tendent à l'obéissance, se forme le caractère du siècle.

Ainsi, dans notre révolution on nous a vu passer de la licence la plus effrénée à la plus lâche servitude, selon que notre esprit et nos mœurs l'emportoient dans la lutte où nous étions engagés.

Voilà ce que les gouvernements monarchiques doivent connoître : l'esprit du siècle est contre eux, les mœurs du siècle sont pour eux. Ce contre-poids sciemment employé doit faire pencher la balance du côté des trônes. Mais il faut savoir comment on manie cet esprit et ces mœurs : une erreur perdroit tout. Si l'Europe ne peut être républicaine à cause de ses mœurs, elle peut toutefois tenter de le devenir. Cet essai amèneroit des malheurs épouvantables.

Il y a deux moyens sûrs, quoique opposés, de produire une révolution :

Le premier pèche par excès : il consiste à contrarier en tout l'esprit de son siècle. On prévient cet excès en donnant au peuple les libertés politiques que le siècle réclame.

Le second moyen de révolution pèche par défaut. Il résulte d'une condescendance funeste pour les hommes qui font le plus de mal à la société.

Ainsi, soyez généreux pour les choses, précautionnés pour les hommes. Accordez à la raison, au progrès des lumières, à l'esprit du siècle tout ce qu'il faut lui accorder; mais ne cédez jamais sur les principes de morale et de religion qui doivent se trouver dans les agents que vous employez. Faites la part au temps, à l'invincible nécessité. Par delà cette part, tout doit être donné à la justice, non à cette justice rigoureuse qui élève des échafauds et passe partout où le crime a passé, mais de cette justice morale qui consiste à préférer le bon au méchant, le sujet fidèle au traître, l'homme qui a tenu ses serments à celui qui les a violés tous.

C'est ainsi que l'Europe pourra devenir constitutionnelle sans devenir gothique ou républicaine, deux sortes d'états qu'elle ne supporteroit pas; le premier est repoussé par son esprit, le second par ses mœurs. C'est ainsi que les monarchies pourront subsister avec des chartes, si en même temps on ne confie l'exécution de ces chartes qu'à des mains fidèles.

Il faudra fortifier aussi le côté aristocratique des institutions, pour mieux défendre la royauté contre l'invasion populaire.

L'Angleterre, selon moi, vient de faire une chose bonne et une chose nuisible pour elle.

Le parlement a repoussé le bill d'élection, et en cela a bien combattu l'esprit républicain du siècle; mais il a rejeté le bill des catholiques, et par là il me semble avoir contrarié les mœurs du siècle qui inclinent à la tolérance.

Enfin, pour maintenir les monarchies, il faut surtout que les rois consentent à être rois; il faut qu'ils croient en leur propre pouvoir, s'ils veulent que leurs sujets y croient. C'est la foi qui sauve.

J'entends dire : « Les rois étrangers s'embarrassent peu » des révolutionnaires de leur pays; ils ont de bonnes » armées qui mettroient les rebelles à la raison. »

Louis XVI, en 1789, avoit aussi de bons soldats.

J'entends dire encore: «L'Europe ne craint nullement » les jacobins de France. S'il y avoit un mouvement, » dans huit jours les alliés seroient à Paris. »

La Russie, la Prusse, l'Autriche, l'Espagne, qui ont si noblement secoué le joug de l'oppresseur de l'Europe, savent, par ce qu'elles ont fait elles-mêmes, qu'on ne prive pas pour long-temps une grande nation de son indépendance. C'est avec les honnêtes gens de la France que les alliés veulent et doivent combattre les révolutionnaires françois.

La France, de toute façon, n'a donc rien à redouter, pourvu que l'on sache profiter de ses ressources et que l'on connoisse son génie.

Cette France est un singulier pays ! Vous semble-t-elle abattue, soyez tranquilles : un mot la relèvera ; quelques gouttes de pluie y sèmeront des trésors, un coup de canon la couvriroit de soldats. Aimons donc la France, et le roi qui est toute la France.

LETTRE

SUR

LES TUILERIES.

AU RÉDACTEUR DE L'ARTISTE.

12 avril 1831.

J'ai lu dans votre journal un judicieux article au sujet des changements que l'on prétend opérer dans le château des Tuileries. Des réclamations se sont élevées de toutes parts. Chacun a cru pouvoir proposer son plan. Voici, Monsieur, sans autre préambule, quel seroit le mien, si j'étois architecte, ou Roi.

J'abattrois les deux adjonctions massives qui lient le pavillon Marsan et le pavillon de Flore au palais de Philibert de Lorme. J'isolerois ce charmant palais et j'étendrois le jardin à l'entour jusqu'à la huitième arcade au-delà de la grille qui ferme la cour sur la place du Carrousel. Lorsque les deux adjonctions seroient démolies, il resteroit nécessairement au château des Tuileries deux façades nues, l'une au midi et l'autre au nord. Je les ornerois dans le style de l'édifice primitif; je raserois les toits de cet édifice qui se couronneroit de ses balustrades en diminuant la hauteur du pavillon du milieu surchargé de constructions post-œuvres.

Cela fait, Monsieur, je jetterois par terre le pavillon Marsan et le pavillon de Flore; je couperois de la galerie du Louvre et de la galerie correspondante sur la rue de Rivoli trois arcades pour élever en leur place deux pavillons harmoniés avec le palais isolé des Tuileries, pavillons auxquels viendroient s'appuyer et se terminer les deux longues galeries parallèles. Si ces pavillons étoient bâtis sur l'emplacement des masses carrées que je veux extirper, ils masqueroient latéralement le chef-d'œuvre de Philibert de Lorme, et l'on viendroit toujours, en passant le Pont-Royal, se casser le nez contre un mur. Les deux nouveaux pavillons bâtis en retrait découvriroient un ensemble d'architecture se jouant au milieu des arbres.

Lorsque je porte le jardin des Tuileries jusqu'à la huitième arcade au-delà de la grille du Carrousel, c'est que je veux faire entrer l'Arc de Triomphe dans le jardin même; trop petit comme monument dans un immense forum, il seroit charmant comme fabrique dans un jardin. Ce jardin seroit clos sur le Carrousel par une grille de fer dorée.

A partir de la porte bâtie qui sépare la nouvelle et l'ancienne galerie du Louvre, je planterois un autre jardin en faisant disparoître l'amas de maisons qui encombrent le reste de la place. Ainsi, quand on iroit d'une rive de la Seine à l'autre, du quartier Saint-Germain au quartier Saint-Honoré, on passeroit entre deux magnifiques palais et deux superbes jardins. L'espace entre les deux grilles seroit d'environ trois cent soixante-quinze pieds, ce qui permettroit d'établir de larges trottoirs à l'orée des deux grilles.

Il ne m'en coûte pas davantage, Monsieur, puisque j'ai le marteau, la truelle et la bêche à la main, d'achever mon ouvrage.

A l'est, en face de la colonnade du Louvre, je renverse ces laides habitations qui cachent la rivière et le Pont-Neuf, et qui font la moue au chef-d'œuvre de Perrault; j'arrache les masures accolées dans les angles et aux murs de Saint-Germain-l'Auxerrois; j'entoure d'arbres cette basilique, et je la laisse subsister comme mesure et échelle de l'art et des siècles en face de la colonnade du Louvre.

A l'ouest, au-delà du jardin des Tuileries, j'exécute bien autre chose, Monsieur; au milieu de la place Louis XV je fais jaillir une grande fontaine dont les eaux perpétuelles, reçues dans un bassin de marbre noir, indiqueront assez ce que je veux laver. Quatre autres fontaines plus petites, aux quatre angles de la place, accompagneront cette fontaine centrale. J'appliquerai sur les deux massifs d'arbres des Champs-Elysées, à droite et à gauche, deux colonnades doubles à jour pour donner une limite à la place. J'achève la Madelaine, cela va sans dire; je prends sur le pont Louis XVI les colosses qui l'écrasent, et je les aligne en avenue le long de la voie publique qui traverse les Champs-Elysées. Au point rond j'élève un des deux obélisques qui nous viennent d'Egypte, et je termine l'Arc de Triomphe de l'Etoile. Eh bien! Monsieur, je prétends que de cet Arc de Triomphe à l'église Saint-Germain-l'Auxerrois, cette foule de monuments, de statues, de jardins, de fontaines, n'auroit rien de pareil dans le monde; et comme d'après ce plan il s'agit moins d'édifier que d'abattre, c'est le plus économique de tous ceux que l'on pourroit adopter. Déjà des fonds ont été faits pour les embellissements de la place Louis XV, et je crois, sauf erreur, qu'un grand nombre des hôtels et des maisons qui obstruent la partie supérieure de la place du Carrousel appartiennent au gouvernement. Les matériaux des démolitions, ou vendus ou employés, serviroient à diminuer les frais des constructions nouvelles.

Je n'ai pas besoin de faire remarquer que les inégalités de niveau et de terrain, les défauts de symétrie et de parallélisme des monuments du Louvre et des Tuileries, s'évanouissent dans les décorations de mes jardins. Celui qui occuperoit la cour actuelle du château des Tuileries devroit être planté en arbres verts; ces arbres se marient bien à l'architecture par leur port pyramidal, et formeroient une promenade d'hiver au centre de Paris.

Vous allez me demander, Monsieur, ce que je fais du palais de Philibert de Lorme? Un musée de choix où je dépose nos plus belles statues antiques et les tableaux de l'école italienne. Nous n'aurions plus rien à envier aux Villa-Borghèse et Albani.

Et moi, qui suis architecte, ou Roi, où me loge-t-on? Architecte, dans une attique de Philibert de Lorme. Roi, au Louvre.

J'ai l'honneur d'être, etc.

LETTRE SUR LA DÉMOLITION

DE

SAINT-GERMAIN-L'AUXERROIS

A MADAME ***.

Genève, 11 juillet 1831.

Je vous ai écrit hier, et voici encore une lettre. De quoi s'agit-il ? *de Saint-Germain-l'Auxerrois.* A qui conterois-je mes peines et mes idées, si ce n'est à vous ?

On va donc commencer, disent les journaux, la démolition de ce monument, le 14 juillet[1]. Noble manière d'inaugurer la monarchie élective par la destruction d'une église, d'exécuter de sang-froid, et à tête reposée, ce que le vandalisme révolutionnaire faisoit jadis dans la fièvre et les convulsions ! Le chapitre des comparaisons

---

[1] Quelques journaux avoient en effet conseillé cette œuvre de destruction ; conseil resté heureusement sans effet.

et des considérations seroit ici trop long à parcourir; un mot seulement à ce sujet. La révolution de juillet ignore-t-elle que ce qui lui a le plus nui en Europe a été la dévastation de Saint-Germain-l'Auxerrois? que les peuples, qui tous, sans exception alors, sympathisoient avec nous, ont reculé, et que leurs dispositions favorables ont changé? La *non-intervention*, si bien gardée, a achevé l'affaire. Une stupide manie de quelques François, depuis quarante ans, est de compter pour rien les idées religieuses, et de les croire éteintes partout, comme elles le sont dans leur étroit cerveau. Ils oublient que tous les peuples libres ou tous ceux qui veulent l'être et qui sont en rapport avec nous sont religieux. Aux États-Unis, la loi vous *force* d'être chrétiens. Dans les républiques espagnoles, la religion catholique est la seule reconnue, excepté; je crois, au Mexique, où l'on vient d'essayer quelque chose pour la tolérance. Les cortès d'Espagne avoient décrété *le seul exercice de la religion catholique*. Si l'Italie s'émancipoit, elle resteroit chrétienne. La Belgique a fait sa révolution pour chasser un roi protestant. Il est vrai que par un merveilleux choix on veut lui donner pour maître un préfet anglois protestant. L'Allemagne, si philosophique, est chrétienne, et les Polonois, que sont-ils? Ils vont au combat ou à la mort en invoquant la sainte Vierge. Skrejinecki porte un scapulaire et fait des pèlerinages. Nos démolitions religieuses sont donc à la fois une ignorance historique et un contre-sens politique.

Sous le rapport des arts la chose n'est pas moins déplorable. Quoi! renouveler le vandalisme de 93! Que ne fait-on ce que j'ai proposé? Que ne masque-t-on l'église par des arbres, en la laissant subsister en face du Louvre, comme échelle et témoin de la marche de l'art? Saint-Germain-l'Auxerrois est un des plus vieux monuments de

Paris; il est d'une époque dont il ne reste presque rien.
Que sont donc devenus vos romantiques? On porte le
marteau dans une église, et ils se taisent! O mes fils! combien
vous êtes dégénérés? faut-il que votre grand-père
élève seul sa voix cassée en faveur de vos temples? Vous
ferez une ode, mais durera-t-elle autant qu'une ogive
de Saint-Germain-l'Auxerrois? Et les artistes ne présentent
point de pétitions contre cette barbarie! Comme le
plus humble de leurs camarades, je suis prêt à mettre
ma signature à la suite de leurs noms. Détruire est facile,
on l'a dit mille fois; et je ne connois pas au monde d'ouvriers
qui aillent plus vite en cette besogne que les
François; mais reconstruire! qu'ont-ils bâti depuis quarante
ans?

On veut percer une rue! très bien: commencez les
abattis par le côté opposé au Louvre, par la place de
Grève, cela vous donnera du temps; vous serez deux
ou trois ans, peut-être davantage, à tracer votre voie,
alors, quand vous arriverez à Saint-Germain, vous aurez
mûri vos réflexions, vous jugerez mieux de l'effet
même du monument, à l'extrémité de l'ouverture. S'il
gêne trop, s'il ne peut être conservé, vous l'abattrez en
connoissance de cause et sans remords; voilà ce que la
raison conseille. Pourquoi se hâter de raser un édifice
qu'un jour on pourra regretter? Si vous n'achevez pas
votre ouvrage, s'il survient des changements, des révolutions,
même de simples variations de place, vous en
serez pour la perte d'une architecture séculaire, sans
compensation aucune. Vous laisserez des décombres
contre lesquelles s'amasseront des immondices ou des
échoppes. On a abattu la Bastille et l'on a bien fait. La
Bastille étoit une prison. Je ne sache pas qu'on ait enfermé
personne à Saint-Germain-l'Auxerrois; mais

même sur l'emplacement de la Bastille, qu'a-t-on élevé? d'abord un arbre de la liberté que le sabre de Buonaparte a coupé, pour faire place à un éléphant d'argile; et puis après l'éléphant que va-t-il survenir? et tout cela, vous le savez, étoit à *toujours*, pour *les siècles*, pour *l'éternité*, comme nos serments. Quand Napoléon ordonna les travaux du Carrousel et de la rue de Rivoli il croyoit bien voir la fin de son entreprise; la rue de Rivoli, a vu passer l'Empire et la Restauration sans être achevée. Qui vous répond que la nouvelle monarchie ira jusqu'au bout de la rue qu'elle va ouvrir par une ruine? Nous autres François nous sommes trop conséquents dans le mal, et pas assez logiques dans le bien : parce qu'une imprudence taquine a produit à Saint-Germain une vengeance sacrilège, est-il de toute nécessité de continuer la dernière? Les Parisiens ne peuvent-ils s'amuser sans jeter les meubles par les fenêtres, ou sans abattre les monuments publics? On honoreroit mieux les héros de juillet en leur donnant à enlever les places fortes bâties contre nous avec notre argent, qu'en livrant à leur courage une église ravagée où ils ne trouveront pas même le curé pour la défendre. N'enfoncerons-nous plus notre chapeau sur notre tête que pour marcher contre un vicaire ou pour monter à l'assaut d'un clocher, et aurons-nous encore long-temps le chapeau bas devant l'insolence étrangère? Il seroit triste qu'on apprît l'entrée des Russes à Varsovie le jour où notre gouvernement entreroit à Saint-Germain-l'Auxerrois.

Vous rirez de ma grande colère, vous me direz : « Qu'est-ce que cela vous fait, vous, exilé, qui ne reverrez peut-être jamais la France? » Ne le prenez pas là, je suis François jusque dans la moelle des os. Que la France entre dans un système politique généreux, et si la guerre survient, vous me verrez accourir pour partager le sort de ma patrie. J'aurois cent ans que mon cœur battroit encore pour la gloire, l'honneur et l'indépendance de mon pays. Déchiffrez, si vous pouvez, ce griffonnage écrit *ab irato*, une heure avant le départ du courrier.

TABLE DES MATIÈRES

CONTENUES

DANS CE VOLUME.

POLITIQUE.

Opinions et discours. — Opinion sur le projet de loi relatif à la dette publique et à l'amortissement, prononcée à la Chambre des Pairs dans la séance du 26 avril 1826. . . . .

Discours sur l'intervention en Espagne, prononcé à la Chambre des Pairs en mai 1823. 3

Discours sur les débats du Parlement d'Angleterre, prononcé à la Chambre des Pairs le 26 décembre 1821. 47

Discours sur la loi des postes, prononcé à la Chambre des Pairs dans la session de 1827. 59

Discours contre le budget de 1828, prononcé à la Chambre des Pairs. 67

Réponse à un amendement relatif au budget de 1828. 101

Discours prononcé le 10 mars 1828 devant le Conclave. 105

Discours sur la déclaration faite par la Chambre des Députés le 7 août 1830, prononcé à la Chambre des Pairs le même jour, à la séance du soir. 109

Documents généraux. — Extrait des instructions envoyées au ministre de la police. 121

Ministère de la police générale. 123

Copie de la lettre du ministre des finances aux divers agents de son ministère, sous la date du 18 septembre. 124
Lettre du marquis de Clermont Mont-Saint-Jean à M. T... 127
Écrit dénoncé dans la lettre précédente. 129
Préfecture du Pas-de-Calais. — Collèges électoraux. 134
Copie de la lettre écrite par M. de Forbin aux ministres de l'intérieur, de la police et de la justice. 135
Mémoire sur les élections du département du Lot, à la Chambre des Députés. 137
Instructions sur les élections. 142
Lettre d'un électeur du département de . . . à M. . . . . , député de la dernière Chambre. 145
Désaveu de la pièce intitulée : *Instruction sur les élections.* . . . 149
Désaveu de la lettre d'un électeur du département de . . . . , à M. 150

FRAGMENTS.

Avis de l'éditeur. 157
Variante du chapitre de l'Incarnation. 161
De la Virginité. 163
Du Divorce. . . . . *Ibid.*
L'Extrême-Onction 166
L'Orgueil. 168
La Charité. 170
Le Décalogue. . . . . *Ibid.*
La Genèse. 172
Histoire naturelle. 174
Le Serpent. 183
Bailly. 184
Le Sinaï. . . . . *Ibid.*
Le Déluge. 185
Spectacle général de l'univers. 186
La Création. 187
Le Dimanche. 190
Des plantes et de leurs migrations 192
Spectacle d'une nuit. 201
Désir de bonheur dans l'homme. 204
Objections contre la Providence. 209
Le Riche athée. 212
Les Rois athées. 214

TABLE DES MATIÈRES.

La Femme athée.	220
Corruption du goût.	221
Résurrection et Jugement dernier.	224
Paradis chrétien.	228
La Henriade.	238
Chrysès ou le Prêtre.	246
Le Guerrier athée.	247
L'Amour.	249
Paul et Virginie.	253
Songe d'Enée.	254
Enfer du Dante.	255
M. Bodmer.	257
Architecture.	261
Musique.	262
Fragment d'un épisode.	267
Esquisse.	272
Défense.	273
Le Temps.	274
Gilbert.	275
Essais de morale et de Politique.	292
De la révolution de Fernambouc.	305
Lettre sur les Tuileries.	313
Lettre sur la démolition de Saint-Germain-l'Auxerrois.	317

FIN DE LA TABLE.

www.ingramcontent.com/pod-product-compliance
Lightning Source LLC
Chambersburg PA
CBHW060412170426
43199CB00013B/2113